直顯心之奧秘

大圓滿無二性的殊勝口訣

The Great Secret of Mind:
Special Instructions on the Nonduality of Dzogchen

作者 / 祖古貝瑪・里沙仁波切
譯者 / 楊書婷

目錄

2 修，是爲道

3 行 297

5 四個中陰 375

前言　貝諾法王

祖古貝瑪．里沙所撰寫的《直顯心之奧秘》一書，濃縮了佛陀教法的眞義，特別是寧瑪派教法的內涵，並受到怙主多芒．揚唐仁波切的高度賞識。我很高興看到這個著作，並向三寶和菩薩祈願，希望本書能利益對於佛法有意樂的學生們。

巴珠．貝諾仁波切❶

於二〇〇九年二月五日

編按：註號●為中譯註；○為原註。

❶「巴珠」（Paltul）是「白玉祖古」（Palyul Tulku）的縮寫，有幾位白玉寺的祖古都會以此署名（例如：蔣波佛爺、圖桑法王等），但巴珠（巴楚）仁波切的巴珠（Paltrul），與此意思不同。此外，雖然英文書名為「心之大秘密」（*The Great Secret of Mind*），但是若依藏文原書的名稱（拼音為 *Sems kyi gsang ba mngon du phyung ba*），則有「直接了當、和盤托出」（mngon du phyung ba）之意，因此依藏中譯者敦珠貝瑪南嘉師兄的建議而將書名翻譯為：「直顯心之奧祕」。

前言　多芒·揚唐仁波切

《直顯心之奧秘》一書的作者祖古貝瑪·里沙，是一位我所信賴的弟子。年少時的他，個性調皮，父母和親戚們甚至都懷疑這位轉世是否有能力利益眾生和佛法。在他遇見業緣註定的上師喇嘛堪千達威·歐瑟之後，整個人都改變了，變得態度沉穩，並懷有強烈而無需費力的出離心。他一路從學於堪千，直到堪千圓寂；期間，堪千賜予他所有和灌頂相關的口傳，而他則為堪千舉行最後的法事。其後，他追隨西藏多康地區著名的上師堪千貝瑪·卻英·恰達，並領受許多的教導和口傳。他在尼泊爾洪拉山區的南卡穹宗寺院，自作修持並教導數百位弟子時，寫下了這本書。

或許這本書的重點就在於，想要追求佛果和解脫輪迴的人，可以全然仰賴大圓滿法的修道。為了闡明大圓滿法的見、修、行，貝瑪·里沙從多位上師的生平中，找出和個人經驗相關的插曲，並討論到在這個現代世界中，我們所要面對的一些實際課題。這本書進一步強調，日常生活中的不幸，提供了大圓滿法實修的基本素材，而最終引領我們成佛。

大圓滿法的實修，其描述簡要，所有對佛法有興趣的人都應該閱讀之。這本書清楚顯示，一切現象如何顯現而無實際存在、大圓滿法的見地中何以一切覺受是以菩提心為基，以及在禪修中如何認出心性而不做任何修飾。

此外，貝瑪．里沙強調，大圓滿法的行止不應被忽略。書中寫到，無論食、睡、行、坐，見地和禪修都應該要合一而修。以此修持，成佛之果並非仰賴任何他人，因為自生本智❶是自然、自生的。這是本書所呈現的方法。

對於那些不喜冗長文典的人，四個相續的中陰，書中是以簡短的形式呈現。對於每個中陰的描述，都伴隨著簡要而完整的指示：生後中陰（或稱生處中陰）、死亡中陰（或稱臨終中陰）、法性中陰（或稱實相中陰），以及生有中陰（或稱投生中陰）。各個中陰，都值得分別修持❷。

本書依據許多可信的經、續所撰，並有貝瑪．里沙根本上師的個別教言和論釋，更顯可貴。而其個人的經驗，也讓本書更增點綴。

我強力推薦本著作給所有的禪修者，我相信它能為東、西方世界對大圓滿法有興趣的人們都帶來利益，因此我敦促想要修持佛法的人，都能花點時間來閱讀。

多芒．揚唐祖古

於二〇〇九年三月二十五日

❶本書所採用的藏英翻譯名相與一般所見稍有不同，建議有興趣或有疑問的讀者，先閱讀書末的「詞彙選列對照表」，會比較容易了解其中的內涵。

❷「中陰」（bardo，又名中有、中蘊）本義為「二者之間隔」，此處只談到四種，後面則說到六種，也就是前四種再加上禪定中陰和夢境中陰。

前言　祖古東杜仁波切

心的自性爲究竟空界，猶如虛空。
虛空的自性爲心的本具自性之義。
兩者實際無二無別：合一，是爲大圓滿法。
請當下務必了悟這一點。

——龍欽．冉江❶

自生本智（本覺）的覺醒，也就是心的如是本具自性的覺醒，即是對萬法究竟自性的了悟，以及佛果的得證。這就是心的大祕密。

❶即龍欽巴尊者。關於本書的眾多引述，由於譯者才疏學淺，僅能就英文本身斟酌用字，為了幫助讀者更加深入，因此選擇國人較為熟悉的論典而找出舊譯對照；若是英文意思較為晦澀者，則請藏漢譯者協助中譯，希望不會因為譯者的無能而導致讀者的不解。

每個人都是由身和心所組成。身雖然珍貴，但仍像個旅館，是心的暫時居處，這個粗重大種的聚集，註定要消融，入於地大。

心則是一道心識的流續，其來源和運作的方式，是透過執取於心意對境、認爲它們有著眞實存在的「我」或「本體」，並帶著煩惱的情緒，而造成正向和負向的行（業），並產生喜悅和苦痛的反應。一般人都認同，這個心，而非身，就是我們的本體。

根據屬於密法的佛陀教法，例如大圓滿法，心有兩個面向：概念的或相對的心，以及自生本智、心的眞實自性，後者也就是佛果。自生本智爲究竟界和本初智一味的合一，向來都在。

藉由禪修的訓練，我們能清淨心的兩種遮障：煩惱障和所知障，並圓滿兩種資糧：福德之行和智慧之悟。

如此禪修的結果，是能了悟心的自生本智，其本質爲開闊（或稱空性），其自性爲明性和不滅且遍在的大悲力。其後，我們自然能證得佛果三身：兩種清淨的圓滿，是佛果的究竟法身（，實相身）。五方佛部和淨刹向來都在的清淨身相，具有五智和五決定❷，是報身（樂受身）。爲了承事凡俗眾生所化現的無量顯現，則是化身（應化身）。遍知者龍欽．冉江說到：

圓滿了善巧〔福德〕與智慧，便能成就佛身、佛智和佛行。①

一切眾生的本具自性中，都有著如此的佛性。然而，對於我們大多數人來說，由於它被自心根植於分別執取的煩惱雲和所知雲全然遮蔽，以致我們甚至連它在或不在都無從知曉，因此，它依然是個祕密。

證得佛果，無關乎透過某些外在方式而到達某個他處，而是關乎我們自心本具自性的覺醒，如實本貌，且超越概念所想。持明吉美・林巴寫到：

> 了悟那超越心的自生本智，
> 乃是大圓滿法的獨一法教。②

第三世多竹千（多智欽仁波切）寫到：「於大圓滿法之中，你單單禪修於心的自生本智，將其

---

❷「五種決定」是報身佛的五種功德，分別為（一）身決定：圓滿報身；（二）處決定：色究竟天密嚴剎土；（三）眷眾決定：聖者菩薩；（四）法決定：唯一宣說大乘正教；（五）時決定：乃至輪迴未空之際（或常轉法輪時、密意不變時）。

①引用自止美・歐瑟（無垢光，龍欽巴尊者的法名）的著作《大圓滿心性休息》《རྫོགས་པ་ཆེན་པོ་སེམས་ཉིད་ངལ་གསོ་》（*Rdzogs pa chen po sems nyid ngal gso*）：多竹千仁波切於印度出版，書頁 51b/5。

②引用自吉美・林巴的著作《功德寶藏・喜雨》，藏文《ཡོན་ཏན་རིན་པོ་ཆེའི་མཛོད་དགའ་བའི་ཆར་》（*Yon tan rin po che'i mdzod dga' ba'i char*）：多竹千仁波切一九八五年於印度出版，書頁 42b/4。

作爲修道之用。這個方法並不運用念頭，因爲念頭就是心。區分心和自生本智的不同，之後，就只要安住於此。」③

於此傳承，不僅已有許多禪修者了證眞實的自生本智，也就是佛果，且他們的色身於死時也從粗重的肉體轉變成細微的光身，或是連任何遺物都不留下而全然消融，這是他們融入究竟界和本初智合一境的徵兆。

大圓滿法是最迅捷的修道，也是最容易證得的目標。然而，矛盾的是，它也是我們很多人最難了悟的，這是由於我們徹底受困於戲論分別的概念和煩惱之中，一點兒都不曉得要如何讓它們安穩，並使我們自心的究竟開闊性（空性）覺醒。這也就是何以怙主敦珠仁波切會給我這極簡單又深奧教導的原因：「大圓滿法禪修最困難的地方在於，它簡單到讓很多人難以領會！」

要行旅於這樣的修道上，並了悟自心如是的眞實自生本性，依止一位眞正覺醒上師的謹愼指導是必要的。若無這樣的指導。在禪修的過程當中，我們由於分別念想的強大習性，很容易落入分別念想的陷阱中，無論是在心的粗重或細微層次皆然，並且也對此毫不知情。

大圓滿法所教導的心的內在祕密，從數世紀以來，於喜馬拉雅的神聖境地之中，在那些全然覺醒的大師之間口耳相傳，而這些在本書中，都已由高度成就的上師祖古貝瑪．里沙仁波切以清楚而徹底的方式加以揭示。凱斯．道曼（Keith Dowman）則以其精湛的文字天賦，將這個著作極爲謹慎地轉譯爲英文。

祖古仁波切屬於敦珠・林巴法脈德嘉仁波切的傳承，他從二十世紀最偉大的大圓滿上師們之處，領受了這個法教。特別是，他曾在東藏的偏遠高山修學，受教於來自喇霍的堪布達威・歐瑟和來自霍序的堪布卻英・恰達，於這兩位龍欽心髓傳承的卓越學者兼苦修隱士門下多年，並各爲其心子。

對於大乘佛法的整體根本法教，特別是有關大圓滿法的部分——其甚深哲理見地、精確禪修方式、究竟證果目標，本書提供了至爲清晰的闡述，並分別針對學者和初修等人，加入了多則引述和軼聞。心的神聖祕密，我們所有人都視之爲寶藏，任何想要學習此一內涵的人，本書將讓人眼界大開、倍受啓發。

祖古東杜仁波切

於美國佛乘基金會（The Buddhayana Foundation, USA）

③引用自吉美・滇巴・尼瑪的著作《大圓滿類》，藏文《རྫོགས་ཆེན་སྐོར་》（*Rdzogs chen skor*）：多竹千仁波切於印度出版，收錄於《多竹千教言集》（*Dodrupchen Sungbum*）（多竹千仁波切彙編版），第 Cha 函，書頁 7b/2。

引介作者　董瑟・聽列・諾布仁波切

祖古貝瑪・里沙仁波切生於一九六三年，父親是一位智者，為第二世德嘉仁波切貝瑪・吉美・浦南傑，母親為恰瑪・慈琳。三歲時，怙主敦珠法王認證他為企美仁波切的轉世，後者即阿里・仁・謝・佩林寺首座喇嘛，屬於山居甘丹派❶。企美仁波切為第一世德嘉仁波切最具格的弟子之一，並被認證為印度大聖哲帕當巴・桑傑的後續轉世之一。祖古貝瑪・里沙在父親德嘉仁波切的指導下，學習了藏文的閱讀、書寫和寫作等，以及「敦珠新嚴傳」法教的儀軌修持，直至十九歲。

年滿十九歲後，超過十年的時間，貝瑪・里沙仁波切在堪千達威・歐瑟的陪伴下，從堪千卻英・恰達仁波切領受了法教。當他從學於堪千卻英・恰達仁波切，研讀並思修了《十三部大論》（*Zhungchen Chusum*，堪布賢嘎撰），以及榮松巴、龍欽巴、米滂仁波切、吉美・林巴和阿里班禪的法教。

仁波切於一九八五年在尼泊爾西北方偏遠地帶，於洪拉佑旺的普巴千建立了南卡穹宗寺院，包括其外在建築和內部供奉的所依（佛壇、圖書館等）。目前，大約有一百五十位僧眾駐錫於此。他持續教導經、續法教，尤其是《十三部大論》，並特別著重於米滂仁波切的智慧見地，此外，他也進行閉關，以讀誦《甘珠爾》和《寧瑪十萬續》，並已完成了三年六個月的嚴謹閉關。

一般來說，對於洪拉山區和來自西藏阿里地方的人們，特別是那些眞誠修持者，仁波切給予的法教包括「新巖傳前行法」、《普賢上師言教》、《入菩薩行論》，以及《山淨煙供》、《淨治明相．自生實相》❷，與其他「敦珠新巖傳」的法教。他一直在教導並弘傳此傳承的甚深法教。

仁波切主要是從他的幾位根本上師處領受灌頂、口傳和教導，包括怙主敦珠仁波切、怙主頂果欽哲仁波切、怙主多竹仁波切、怙主貝諾仁波切，以及堪千達威．歐瑟。在他的上師名單裡，他也提到了我的名字，對於他十分慷慨地讓敝人名列其中，我在此致謝。

因此，以其現在的狀態和情況來說，貝瑪．里沙仁波切並不缺乏學問和眞誠的尊貴功德。不過，就我個人與他相處的經驗而言，我認爲，這種功德之所以出現，必然是因爲傲慢魔的消失。

祈願崇高的持明者和一切具有智眼者，恆時以悲心眷顧他。我以任何個人所知的願文來祈求，他爲整體的佛陀教法，以及特別是得自其祖先直至其尊聖父親的寧瑪教傳、巖傳和新巖傳法教，所帶來的利益大浪，能如夏日的河流般增長，且願他能保有長壽。

---

❶里沃．格登巴（Riwo Gedenpa），格魯派的別名。

❷Nangjang Neluk Rangjung藏文作 སྣང་སྦྱང་གནས་ལུགས་རང་བྱུང་，意為「淨治明相、自生實相」，應指這兩本書的合稱：前一本簡稱《སྣང་སྦྱང་》（sNang sbyang），全稱為《直顯自性大圓滿本來面目之教授．無修成佛》（《རང་བཞིན་རྫོགས་པ་ཆེན་པོའི་རང་ཞལ་མངོན་དུ་བྱེད་པའི་གདམས་པ་མ་བསྒོམ་སངས་རྒྱས་བཞུགས་སོ།།》，Rang bzhin rdzogs pa chen po'i rang zhal mngon du byed pa'i gdams pa ma bsgom snangs rgyas bzhugs so），後一本為《淨相智慧網．金剛藏自生實相續》（《དག་སྣང་ཡེ་ཤེས་དྲྭ་བ་ལས། གནས་ལུགས་རང་བྱུང་གི་རྒྱུད་རྡོ་རྗེའི་སྙིང་པོ་》，簡稱 gnas-lugs rang byung，全稱為 dag snang ye shes drva pa las gnas lugs rang byung gi rgyud rdo rje'i snying po）。

英譯者的註記

扼要說明翻譯本書的方式。其一，祖古貝瑪．里沙是因東亞的學生所請而寫下此論。其二，他在撰書的時候，也思及其西藏和尼泊爾的僧眾學生。其三，他同時也想著西藏的青年，由於他們現代機構中接受教育，被流亡社區中濃厚而保守的傳統氣氛所排除在外，可能因而〔對他們〕懷有同情而想以較爲現代的樣貌來表述佛法。其四，這本書也是爲了那些可能因爲當今媒體高度關注大圓滿法而受其吸引的西方佛教徒，以及西方的大圓滿法學生所寫。爲了適應這些多樣化的讀者群，我們決定，於每個可想像到的轉折處，針對心性所想表達的意義應該放在首要，而非藏文的文法和語言特性。因而，這次的翻譯就變成了對於原始文字的轉譯描寫。此外，爲了利益某一群或另一群的讀者，我們在翻譯過程中所做的編輯，有時會稍作增刪修訂，以便澄清和闡明重要的意義。

對於祖古貝瑪．里沙讓我有機會翻譯和編輯這本書，並爲它寫下導言，我感到非常感激。在此也要謝謝麥可．富來德曼（Michael Friedman）以及雪獅出版社的內部編輯麥可．瓦口夫（Michael Wakoff），他們爲本書提供了精細而大量的編輯協助。

凱斯．道曼

二〇一〇年三月一日

於尼泊爾加德滿都的博達納斯大白塔

作者序

在這個科學化的時代，無論東、西方，於世界的各個角落，科技都正在改善我們的外在環境。然而，在科技發展的同時，卻一併生起了各種衝突、疾病，以及環境的惡化。與此類似的是，許多新式的戰爭型武器，對於世界和居住其中的生物也造成了極大的威脅。這樣的結果，使得我們全都要承受強烈的痛苦，這是五百年前的人們根本無法想像的事情。由新興疾病所帶來的痛苦，和對現代武器所懷有的恐懼，遠遠打敗了從科技進步中所產生的歡愉，以這方面來說，世界上的每個人，無論貧富，都同等受苦。具有全然且圓滿的身心安樂之人，可以說是少之又少。如果我們進一步考量到，無論人們擁有多麼豐厚的財物，許多人還是走向自殺，且每天依然有愈來愈多的人打著文化或宗教的旗幟，並以其爲擋箭牌來威脅他人，由此就可以清楚看見，物質主義並無法使這個世界成爲快樂且愉悅的地方。

如果我們希望能享有愉悅且快樂的生活，首先，就需要具備快樂之因，那就是慈愛和悲心。舉例來說，爲了讓一家子都能獲得快樂，在夫妻之間就必須要有愛和情感；同樣的，這類的情愫，在朋友之間、文化之間、國家之間，也都是需要的。簡言之，只要有兩個人共同希望得到快樂和安適，那麼，彼此都必須生起對另外一方的慈愛和悲心。更甚者，他們還需要有清淨的動機，不帶有期待回報與自私自利的心態，這點是非常重要的。如果缺乏了這些，我們的慈愛和悲心就是懷有偏見、帶著私心的，當我們遇到逆緣的時候，便會感到衝突，因而再度受苦。正如藏人的諺語所說：「當我們的悲心消磨殆盡時，憤怒就成爲了敵人。」

不帶有自私自利與期待回報的動機，這樣眞誠的慈愛和悲心，就像是靈丹妙藥，可以利益整個社會。在無偏無黨的慈愛和悲心出現之前，無論一個好人目前心中有著多麼強大的情感，或不同國家之間有著多麼強大的連結，此類的情愫永遠不會長久。對於積累行爲以得回報的希望，可能會造成失落，進而促發悔恨，並且再度生起衝突。問題的根源就在於自私。如果我們能放下這種自私，而帶著慈愛和悲心，那麼就會如黃金之上再加了香氣那般，整個社會都能得到改善。

在這本名爲《直顯心之奧秘》的書中，我已盡力說明，如何以大圓滿法的修持，捨棄自私的態度，轉而生起不造作的慈愛和悲心。以佛法修行者的一般角度來看，這是一種於下輩子成就佛果並享有究竟快樂的方法。不僅如此，就連不同意有來生的人也能清楚看到，無論在我們每個人之中，或是在整個大社會之中，癡（無知）、貪（貪愛）、瞋（拒斥）、慢（傲慢）、妒（嫉妒）這五毒會帶來什麼樣的痛苦；以及瞋（拒斥）和妒（嫉妒）不只會造成國家之間的糾紛和伴侶之間的不和，甚至會導致人們使用謀殺和自殺的激烈解決手段。我希望這本書能爲所有苦於這些困擾的人們，帶來安撫和慰藉。

這本書主要是爲了那些對佛法有興趣的年輕世代者所寫。此外，我所居住的寺院，位於尼泊爾西部的洪拉山區，這裡離岡底斯山不遠，所以我經常可遇見來自東、西方的年輕登山者，正要往山上前去。雖然其中不少人對佛法並無信仰，但卻有好奇心，因此當我和他們討論佛法並回答問題時，他們絕大多數看起來都有所欣賞。不僅如此，有好幾次，我都收到人們的來函，表示我所說明的佛法，對他們的生活帶來很大的利益。基於上述理由，且心中思及這些年輕人，我常常想到，要是我能寫一本書，應該會對他們有所利益。更甚者，我在台灣的學生，包括沈一雲等人，都一再告訴我，如果我能將曾給過的開示集結成冊，會對大家有很大的幫助。

謹在此感謝幾位在我寫作過程中給予幫助和翻譯的關鍵人物，首先是祖古昆卓．尼瑪和僧人永滇對於文字初稿的整理，再來是僧人洽涅在我撰文期間協助尋找參考書籍等等資料，以及簇清將藏文文稿以電腦打字並多次校閱。

我也要謝謝我的譯者和編者凱斯．道曼，他花了相當多的時間和努力將文稿翻譯成英文、彙整爲英文版，並寫下關鍵性的導言；天津．多傑無償且長時的協助前者；索南．倫珠於翻譯過程中給予許多重要的說明；我的學生尼瑪．嘉辰在我一年的閉關期間，協助澄清譯者的各種疑問；麥可．富來德曼爲英文譯稿進行最終的編輯；以及舍弟桑傑．嘉措監督整個計畫的進行，並幫助詮釋爲英文。對於所有曾經給予協助的人們，我衷心地深深感謝你們。

祖古貝瑪．里沙

英譯者導言

首先，容我強調，《直顯心之奧秘》這本書的作者祖古貝瑪．里沙．多傑乃是一位領受具足戒的出家人。他不僅是一位比丘，還是一座大型寺院的住持，這間寺院和它所服務的喜瑪拉雅社區在組織架構上有著功能性的連結，而寺院裡的大大小小僧人共約一百五十位，全都依止仁波切的指導而修持寧瑪派的大圓滿法道。另外還有一群續部的瑜伽士和密咒師，也是在他的指導之下，他們之前從仁波切的父親領受了大圓滿的教言，而後者乃是在二十世紀初期來自康巴某家族而落腳於岡底斯山區的瑜伽士，他德高望重，並在當地建造了一座寺院（也就是「南卡穹宗」）。此外，貝瑪．里沙仁波切還精通《敦珠新嚴傳》的法教，而敦珠仁波切乃是他的根本上師之一，對於如何將寺院和續部的精神加以結合，投入了相當多的關注，也因此曾再三強調，寺院、菩薩、續部的這三種戒律，其法教都是相融合一而無有矛盾的。不過，貝瑪．里沙仁波切則以身為持守《毗奈耶》（律藏）和《阿毘達摩》（論藏）戒律的佛教僧人來教導大圓滿的法教。

祖古貝瑪．里沙的背景因為下述的幾個原因而頗具重要性。首先，能在中國共產政府尚未介入且西方流行文化尚未干擾的情況下，領受完整傳統修學利益的最後一批西藏轉世上師，仁波切是碩果僅存的其中一位。他也是少數還能用傳統方式來管理寺院的轉世上師之一；而在同時，還能回饋予建造這些寺院的當地社區。尼泊爾西方和西藏交界的洪拉山區，提供了這樣的機會。祖古貝瑪・里沙從學於多位受到高度尊崇的堪布學者，他們分別來自尼泊爾、錫金、不丹、印度，以及西藏。這不僅讓他建立了大乘經部的傳統基礎，也讓他在印度開啓了看見現代西方世界的窗戶。仁波切爲了平衡經部的教育，也爲了深深投入金剛乘嚴密的西藏文化，他花了七年的時間待在西藏，其中的五年是在西康的佐欽貢巴。如此一來，他成爲能夠結合這多方層面的轉世上師——有著佛教班智達的學者氣質，對寺院生活怡然自得，並且是曾在雪線高度獨居而了知閉關艱苦的瑜伽士。他將這些教育的成果運用在教導一般的佛法，以及特別是大圓滿的法教，所到之處遍及東南亞和東亞，他不僅勇敢地面對在現代世界中實修金剛乘的窘境，也從中找到對於這些窘境的各式重要解答。最後，他是修持大圓滿法教的佛教僧人，這樣的身分能讓經部和大圓滿之間似是而非的錯綜複雜關係，變得清晰聚焦。

因此，乍看之下，這本書或許像是逐漸開展大圓滿修持的教科書，由於它著重在佛教大乘的經部內涵，看來又像是爲寧瑪派的僧人所寫。然而，若是我們能從其中過濾出純粹的大圓滿教誡，則我們手中便握有舊派續部純粹大圓滿的根本之鑰。這本書的架構，由祕密的大圓滿教言爲主軸，配以道德上的教誡和關於禪修技巧的教言，其實是仿效了在金剛乘的修持架構中，識得自心本性的認出方式。因此，實質上，這裡所要傳達的訊息就是：「盡所可能地領會究竟的意義，否則不如還是沉浸於舊時西藏的續部文化傳統之中而安居樂業，直至你的時機來到，或是直至那俱時忽現的當下時刻來到。」就像榮松巴於《入大乘理》中所說的：

對於那些無法安住在大圓滿本然狀態中的人，我們便教導要努力求取的方式。

而貝瑪·里沙仁波切自己也主張：

對於一切皆爲本覺妙力的了證，讓我們得以解脫。如果我們未能有此了解，將繼續執持主體和客體兩者，並於輪迴流轉，而在彼處，我們便需要仰賴對治法和止惡行善的漸進道。

在我們還未認出妙力爲本覺的妙化幻相之前，在我們還未對於自己的妙力具有確信、讓它發揮最大作用並得到解脫之前，我們都必須在漸進道上修持。

只要我們還受到分別概念的煩擾，就像把藝術家的二次元（平面）畫作看成是三次元（立體）畫作的觀眾一般，就必須區別見地和禪修。爲此，瑜伽士應該於僻靜之地致力禪修。①

另一種表達的方式，則是這樣說的：直到心中能俱時同步而生起證悟的因素之前，再沒有比坐下來禪修更好的方法了。由此所累積的福德，還可促進自己與他人和環境之間的溝通，因爲，刻意而爲的禪修大部分都能對出家修持或行菩薩道帶來較大的能力。更特定的說，在還沒有了證見地之前，或是對見地有著某種重大的退轉時，奢摩他（止）和毘婆舍那（觀、內觀）的禪修技巧是最有幫助的修持。當上師講授漸進道的價值、堅持奢摩他的重要，強調它能帶我們更上一層樓而修持大圓滿法教的「立斷」（且卻）和「頓超」（妥嘎）次第，而不談了證的方法，這時，上師所講授的其實是金剛乘寺院的文化價值。要是奢摩他能有效地讓我們識得自心本性，那這個世界上就到處都有大圓滿的上師了。對此，貝瑪．里沙仁波切是這麼說的：

然而，實際上，大圓滿的自生本智並非由因緣所製造或開創，因爲清淨身（佛身）和本初覺智（佛智）的潛藏力本來就任運自成。

①所有在這篇導言當中的引述，都出自貝瑪．里沙仁波切的這本《直顯心之奧祕》。

努力運用經部的成佛法門，而同時連一絲絲對〔識得〕本覺的希望也不要有。

藏人對寺院文化的偏好，從西藏佛法的後弘期便開始了，而和自由市場的資本主義相比，這或許是較爲高等的生活方式。不過，對於實際了知自心本性或此時此刻那無時當下的任運解脫，寺院文化並不比其他文化來得更有促發的效果。西藏寺院所吸引而來的各種社會階層人士，有著各式各樣的心態，而所有的人都被預期要進入從經部開始而以金剛乘實修爲止的修學管道。在這些課程的內涵當中，並未能提供如何了證極喜金剛（噶拉多傑）《椎擊三要》之第一要「識得自心本性」的要素。佛教（和苯教）的寺院組織，反而大大奪去了舊時薩滿教的光彩，也大大壓抑了這個其實含有不少實修和自創的善巧方便法門。

爲了讓所有來參學的人都能精進投入以聞、思、修爲基礎的寺院生活，他們就必須具備一種內在的信念，認爲金剛乘的漸進道能眞的帶領他們走向大圓滿的頂峰；然而，對於目標和技術層面的善巧引介，則能培養並支持那樣的信念。對此，貝瑪．里沙仁波切如此說明：

無論是想要藉由止觀合一來禪修究竟大圓滿，還是想要求取天界或人界的五神通力和短暫快樂，首先，爲了勝任這項任務，我們就需要修持自心，就像耕種前需要先準備好一片沃土來種植穀物一般。如果我們一開始就以奢摩他來修持，便是在爲大圓滿的本覺作準備。

爲了使這樣的洞察得以顯露，我們需要對禪修有所信心；若是我們缺乏這種信心，則將無法清除分別迷妄的遮障。這稱之爲「禪修」的東西，無非是一種具有信心的見地，而將本覺寬坦地保持在見地之中。當我們對禪修獲得信心之後，輪迴和涅槃的所有現象，以及道次第上的種種法門，都會生起爲空性的樣貌，看似顯現而無實存在。這些樣貌就是修道，行於其上之時，既沒有對敵人的瞋恨，也沒有對朋友的情愛；既沒有對涅槃的希冀，也沒有對輪迴的恐懼。再者，當我們了證這種禪修的功德時，輪迴和涅槃就會安住於一種唯一原始的平等性中❶，離於所有的分別戲論，先前無論曾專精、聚焦於什麼，想像、參酌、戲論了什麼，都將如霧靄消散於天空般逐漸無影無蹤。

不過，在這本書中，儘管作者將金剛乘和大圓滿並排的平行討論，彷彿兩者是緊緊相連，但是

❶英文直接翻譯為「輪迴與涅槃就會相合於一個廣大的種子（one cosmic seed）中」，但此處應該是指一種未落分別的本初境界，cosmic 應該是描述它的無所不包，seed 應該是描述它具有蘊藏一切的潛能。因此這個詞，很難以精簡的術語準確地傳譯。

當作者清楚表示，如果行者依然受到九乘次第——包括立斷和頓超——當中任何的分別思惟雲層所遮蔽時，便無法現證自心本性，這就透露了一個事實：

讓自己以凡俗人等的不淨迷妄所見，或是瑜伽士和瑜伽女的清淨或不淨所見——端看實際情況，甚至是佛陀的清淨所見，而來行於道上，無論是哪一種，都無法避免要區辨：該捨某些感官顯相、該取哪些對治方法，道次第的漸進等級，以及業力和業果之間的差別所在。

此外，龍欽巴尊者於《毗瑪心滴》中則說到：

佛陀絕非因修持九乘次第道法門的見、修、行而得證。何以如此？因爲在九乘法門的見地中只有著智識上的推測，有時令人信服，有時則否，但終究無法引出赤裸的本質。

貝瑪．里沙仁波切對於這個內涵，有著如下的說明：

此一本覺，本初以來即離於分別戲論，乃是一切佛陀的密意禪思。若想用各種概念努力使之清淨或雜染，反而容易使它隱藏自性，造成不良後果。我們需要捨棄各種努力，以及演繹論理和推測概念。

和所有刻意禪修的方法一樣，奢摩他的禪修技巧也未能免除這種全然排拒：

> 於入定之時，粗重的苦樂都不會生起，但是當我們從奢摩他中起座，喜悅和痛苦就會如同往常一般的出現。當我們帶著塵土而緩緩坐在墊子上，起身的時候塵土就會如雲朵飛揚；就像這樣，在孩童嬉戲時的那份專注之中，粗重的念頭暫時受到阻擋，我們看似有著快樂的覺受，但是，當我們從專注中起身，卻發現有更多的粗重念頭打擾我們。

奢摩他（止）無法引發對於自心本性的認出，但是，它卻能提供一種相對性的安穩，而讓人能體會欣賞到富含文化的金剛乘其深奧精細之處。的確，沒有任何因或緣能讓本智的了證顯現，而那是所有因果現象生起的本基。不過，當今大圓滿的傳承則特別相信，持明上師乃是引見心之本然狀態、那此時此刻之無時當下的唯一途徑：

想要找到大圓滿、心的自然狀態，除了仰賴上師之外，別無他法。此外，我們也需要以信心、淨觀、虔敬來依止這位上師。

持明上師的心，具有無以言表的自性，其全然開展而成爲明光的恆時如幻戲現。或者說，他就是我們視爲佛陀的人：

若我們將上師視爲佛陀，便得到這位佛陀的加持；若我們將上師視爲瑜伽士，便得到這位瑜伽士的加持；若我們將上師視爲平凡人等，則什麼加持都得不到。

如此一來，那些「中等根器」的人，那些在上師引見時仍無法當下了證自心本性的人，那些將自己沉浸於傳統宗教文化模式中的人，也能於世俗（相對）與勝義（絕對）無有二元分別之處，了知本覺的空界。正如榮松巴於《入大乘理》中所說的：

對於那些無法安住在大圓滿本然狀態中的人，我們便教導要努力求取的方式。儘管他們的修持屬於漸進道的方式，但見地依然是以大圓滿爲基礎。既然菩提心大樂是一切覺受的根源，它便具有能治癒一切令我們苦惱之病的力量。

對於那些無法在無勤作大圓滿中安住的人，則教導需要精進費力的勤作之道。而在大圓滿的見地中，他們也是能夠成就的。

如此一來，實修禪修的生活便是所有人都能共享，並依九乘法門的不同次第，而可以有多樣的生活方式。以經部的法道來說，佛法的文化能爲這輩子帶來一些快樂，並讓中等根器者爲臨終和中陰的到來做好準備，因爲在那期間，有可能實際成佛，否則至少也能投生善趣。金剛乘的九種次第法道，在心理和文化之間未作清楚的區隔，而會因文化情境的不同有所差異。寧瑪派對於事物的看法和作法，能爲具有不同願求和人格型態的人，提供對社會有益的文化活動，例如爲這三種信徒提供各自的方法：出家人、在家人、出離者（瑜伽士）。隨著時間過去，在這些不同生活類型中所進行的活動，可能會改變我們的業力、習氣，因此引發較好的投胎，不過，其本身則無法使我們更接近大圓滿一絲一毫。就算這些走在漸進道上的僧人、菩薩、瑜伽士和瑜伽女，某時對於大圓滿見地的自心本性有了覺知，並且進入了無修的境界，他們還是不會放下和各自佛法戒律相符的生活方式。他們依止著阿底瑜伽「無迎無拒」的教誡，繼續走在經部的漸進道上，而不改變任何事，但同時以充滿大圓滿見地和禪修的心，遵循著無修的教誡。雖然，從外人的眼光來看，這位僧人或菩薩看來仍然還在漸進道上努力前進，但是，從內在來說，大圓滿的精神已成爲這位行者所有觀點的頂峰，超越所有其他的法門。

由此而來的則是，對西藏人來說，如果他們的自身經驗並未提供大圓滿的見地和其必然所致的無修，他們就必須要對自己每日周而復始的宗教文化感到滿意。他們的宗教修持，或許包含了苦行瑜伽士實修生起和圓滿次第的閉關生活型態，或是初學者修持前行法門的半閉關方式，或是在家的密咒師以無止盡的儀式進行爲達成佛的法事，或較有可能是在物質層面上利益自他的法事，或是有著家庭和職業責任的在家居士對於至愛和工作的深深投入，或是顯教的禪修者——不管是否受戒出家，皆以清淨生活恆時且實際的修持止觀禪修。在過去的西藏，這些都是可能出現的宗教生活型態，而各個也都被稱爲能走向證悟的漸進法門。然而，從大圓滿的見地來看，這些不過是受大圓滿見地所啓發而孕育出來的宗教文化型態。

對這些修道人士來說，大圓滿法教有如掛在驢子鼻子前方、搆不到卻又讓牠肯向前走的紅蘿蔔，是個從外面或下方趨近、只在唸誦祈願文時才會喚起的目標。例如，達賴喇嘛法王在法國的雷瑞林曾有一場著名的大圓滿講解，他主要就是對著大圓滿兜圈圈地說，並以漸進道的基礎來描述之。自然，從那個角度，便會著重於大圓滿的文化層面、金剛乘的基礎和基本功、對上師的尊崇和虔敬等，而不會談到見地和禪修的根本教誡。或許，這種想讓學生心性成熟的強調方式，是因為過去於西藏寺院的環境中，為了培養西藏遊牧者和務農者未受調伏的心，而必須如此透過中觀辯證的方式來教導。但是，理解的本身並無法帶人走向對於無二心性的認出。巴珠仁波切在他的《椎擊三要》中便相當清楚的表示，大圓滿的法門是以覺受為基礎。那些無法立即認出此時此刻鼻子前方有什麼的人，或許能在法性中陰之時認出明光。不然，他們便應該在今生和來世都讓自己埋首於金剛乘的宗教文化之中，修學性相乘漸進道的經部和佛教邏輯（因明）。如此，達賴喇嘛便和今日主流的大圓滿教師們站在同一陣線，強調大圓滿的相對、時空層次，而非進入其無二的神秘核心。

倡導以經部角度來說大圓滿的人，依照大乘經典所描述的漸進道來過著生活，並讓生活中充滿著菩薩戒的精神，而在自我奉獻的艱難道上努力。他們可能會順著步伐而剃度出家，或是修持續部儀軌以便加速幫助他人的腳步。在這個範疇之中，業力因果的過程主宰一切也消耗一切，清淨業緣的過程，或該說是改造自心的過程，要花好幾輩子的時間，甚至長達數劫之久。故而，在西藏的政權還是政教合一而未受中共入侵時，於這片雪域的山谷中，大圓滿的瑜伽士和瑜伽女會進行各種的佛教活動。而在喜馬拉雅山區的邊境，例如多波地區，大圓滿的瑜伽士和瑜伽女則以務農或放牧來當作主要的活動。到了流亡的難民營中，他們則可能是醫生或傳教士，農夫或生意人，工匠或店老闆。

敦珠仁波切所教導的「三合一」理想型態，特別是他在對阿里班禪《三律儀決定論》的釋論中所說的，乃是在瑜伽士已然入於金剛乘三種實修次第的前提下所作的闡述。這三種次第包括了因經部受戒而來的戒律法規、波羅蜜多法門的菩薩戒，以及將本智視為最上的續部三昧耶戒。這三套戒律或許可說是和修持的外、內、密三層次有關：寺院的修學為外、靈活運用而至上的道德修學為內、保任續部的三昧耶戒為密。將這三個層次合而為一種生活型態的修道之人，我們就認為他是寧瑪派的瑜伽士，不管從外表來看，他穿的是僧人、俗人，還是密咒師的衣裝。由這些修道行者社群所作的活動，便構成了寧瑪派的整個文化，而，對這些文化的實踐，無論它是否由大圓滿的見地所啓發而來，是獨立自主而持續進行的❷。若是它眞能充滿著大圓滿的見地，則會成為由見地而任運呈現的業力形式，而這個文化就成為注滿光明和覺性的業力，最終，於虹身或光身中耗盡。若是大圓滿的見地並未實際充滿在此文化之中，則如前所述的那般，行者便各自以繼續在菩薩道上進展、並讓業力昇華而讓人投生善趣的信心，來培養這樣的文化形式。

若要繼續維護藏傳佛教大圓滿阿底瑜伽的精華活力，就不應該讓它與文化上的特定性質或型態相混，這是既明顯又極重要的事情。如果大圓滿依然屬於金剛乘的因素之一，而金剛乘也依然屬於中亞地區類薩滿教的概念和類印度教的續部儀式和概念之一，對於當代全球科學和科技的主流來說，它就仍舊不會有多少吸引力，或有多少相關性。有些傳統的上師，特別是敦珠仁波切和董瑟·聽列·諾布仁波切，他們由於自身對法教的精通，展現出靈活運用和敏銳回應的能力，讓傳統的法教和講述型態能依西方弟子的需求而有所調整。當這些上師終於了解到西方弟子不會遵循喜瑪拉雅山區的模式而成爲出家人或修行者時，他們也開始領會到，西方的精神文化（特別是迎接流亡印度上師前來的嬉皮文化）只需要在祈願的內涵上作一丁點的變動，就能讓大圓滿見地的魔法開始生效。對於這些上師來說，西方文化的型態並不需要進行大幅的更改而變形爲某種西藏的文化翻版，而只要單單將目標導向於大圓滿的典範，那些內在自然狀態原本就已開展綻放的人，便可因大圓滿所明示的廣空和覺性而受到激勵。

有些西方人對西藏的寺院系統抱持著密切的關注和崇高的敬意，甚至到了可能出錯的地步，總認爲那是幼稚園的階段。寺院的文化功能，到了難民社區之中已然有了改變（但在貝瑪·里沙仁波切的寺院則不致如此），而成爲傳統文化的保存中心，以及特別是男孩教育的維護場所，而他們原本並無意願成爲僧人，只是無法負擔或擁有現代機構的西方教育管道。然而，「幼稚園」的稱呼，所指的不僅是孩童受教育和社會化的功能，還包括對於少數具有業緣來作聞、思、修之僧人的訓練，他們的修學可能是大乘的經典、佛教的因明、修道的祈願、身心的磨練，以及例如讓人生大事和慶祝儀式昇華聖化的傳教作用。

❷這裡的文化，應該包含了整個宗教的陶冶和修養，而不只是一般所稱的文化層面。

不幸的是，在這些寺院中，依然保存著某些古代的佛教寺院觀點和原始的西藏人民態度。在書中，從貝瑪．里沙仁波切所談到的軼聞之中，便可看出蛛絲馬跡。佛教的社會向來都高談著寺院的無上和必要，出家人當然是站在第一線來支持這個觀點的人。隨之而來的，便是對於在家人和走方者（sadhu）的貶抑。特別是對於女性主義者來說，那種對女子——包括尼師——高高在上又稍加輕視的態度，有時會讓人感到難過。物質主義和伴隨的財富地位階層結構，本來是西方的特定困擾，卻在這些寺院中明顯呈現又倍受鄙視，而現在大家也應該都看得到，於當今的亞洲、特別是西藏，粗重的物質主義態度已然遍地可見。這種態度，一開始是因爲看到西方科技的高度發展、但亞洲卻是近期才有所致的天眞奉承，後來則因財富和炫人的消費看來像是代表著財神的所賜而來，或許還因爲其所代表的福德和善德。

因此，最後我所要說的是，《直顯心之奧秘》這本書引述了經部的指引文典和續部的教言珍寶，而在這些摘錄的字裡行間，隱藏著大圓滿的祕密教誡。有些讀者可能會了解貝瑪．里沙仁波切所談及經部寺院法道的文化內涵，並將大圓滿阿底瑜伽視爲於其之中所開展的神秘經驗，而和寺院系統無關。從另一方面來說，和大乘教義相符的經部法道，能提供形式，而大圓滿的見地和修行則能帶來空性。由業力爲主軸的經部法道，提供的是時空的背景，而當下的無時覺性則成爲大圓滿的本覺。對於「後文化復興運動」和「後宗教改革運動」的西方來說，宗教文化和俗家文化如此相混了好幾個世紀；而對於遠東地區的已開發社會來說，這些態度只不過是做了移位調換——就這兩方而言，上述所帶來的教訓便是：我們很難看得出來誰是大圓滿的瑜伽士，因爲他們既默默無名、又沒有任何外表的特徵，更無法定義他們的行爲。他們沒有既定的策略、也不穿戴任何的徽章或帽子，根本無法加以標籤或區分。若是他們的業力並未因證得虹身而耗盡，則他們的行爲從外在來看，乃是依各自業力而做。若是那因識得一切覺受皆本初清淨而來的任運，能呈現整體動相的無我覺性，並有菩薩的動力作爲倚靠，則可能也只有那些見證者才懂得對此私下激賞。

最後，再容我引述貝瑪．里沙仁波切的話：

因此，在實相中，一切現象不過就是心意的標籤；在實相中，再怎麼微小的事情，也沒有要取或要捨的。擁有這個見地的瑜伽士和瑜伽女，對於他們自己能有多不執著物體實質層面的假象經驗，或是多不執著煩惱的程度，是不去注意的。他們並不區分見地是高或低，也不留心修道的成就是快或慢。

凱斯．道曼

尼泊爾加德滿都

二〇一〇年三月

引言

本書的主要內涵在於阿底大圓滿法的意義，這是一切佛法見地與信仰系統的頂峰。我是依照個人經驗來說明這個見地，並運用了簡單易讀的文字，且交織著種種不同的生平故事。以此方式，我已盡力將大圓滿法說明得清楚易懂。此外，我也根據現今時代的心態，來解釋大圓滿法的見（見地）、修（禪修）、行（行止）。我希望這種呈現，能幫助那些以非常寬廣而無偏見的角度來研讀和探尋佛法之人，用不同於過往的方式，增長他們對於大圓滿法的了解。於此之上，我極力盼望，它能教導人們如何在日常生活的食、睡、行、坐之間，輕易地融入實修，以及如何將短暫的快樂和痛苦，帶入大圓滿法的範疇之中。這也是本書所闡述的意義之特殊功德。

我們每個人都想要快樂且厭惡痛苦。那麼，飄忽疾逝又不斷改變的染污痛苦，有什麼用呢？一旦生起想要獲得究竟、恆常快樂的願求，就必需於此生在解脫道上求取立足之地，特別是透過修持大圓滿法的甚深道而來，就顯得極為重要。除此之外，誠如前述，想要擁有快樂愉悅生活的人們，就必須培養快樂之因，也就是慈愛與悲心，而這兩者的眞實來源，即是大圓滿法。

況且，此時此刻，有好幾百萬人正受苦於憂鬱症、愛滋病，以及其他更嚴重的疾病。以憂鬱症

（或稱爲「受干擾的心—風」）爲例，它對整體社會的全面性安適、發展、和諧，有著非常高度的殺傷力。像憂鬱症、高血壓、肝臟病等等，簡單來說，這些都是與心有關的疾病，主要肇因於煩惱對於心的干擾，造成我們彼此競爭；再加上人口的增加——不只在城市，鄉村亦然，人們居住的空間變得非常有限，飲水、空氣等等就變得污濁不堪。上述的結果，也使得許多人的「心—風」變得煩擾不寧。

事實上，來自環境物質所造成的疾病和痛苦，對我們的負面影響只會到特定而有限的程度。不過，由於有情眾生的心，只能忍受少許的外在負面情況，一開始原本只是小小的刺激，就可以如滾雪球般地變成大量的附加痛苦，有時甚至大到成爲自殺之因。因此，如果人們能在所有類似的情況中修持大圓滿法，將會有廣大的利益。

爲此，如果人們能習慣將痛苦理解爲自顯，便能將所有不想讓它出現的疾病和痛苦，自然消融。如果我們對於外在的快樂和痛苦都不執著爲眞，那麼就算突然發生了地震或戰爭等災難，我們的心也依然能安住於祥和、自然、自在之中。如此，我們便有能力大大地幫助他人。因此，我將此書視爲重要。

遇見上師

我最大的福報，主要是在於能夠遇見幾位示現人間的證悟上師。儘管他們的行止和生活方式並非我所能評斷，無論如何，在我的感受中，每一位上師都有著令人驚奇的獨特行止和生活方式。我曾拜見於大約十四位上師的足前，也曾和其他幾位上師結下法緣。我的主要上師爲怙主敦珠・吉札・耶謝・多傑仁波切，在伏藏的授記中，這位大師具有僅由看見其身和聽聞其名就能引領眾生達至蓮師淨土的能力；另外尚有怙主頂果・欽哲仁波切；怙主多竹千仁波切；怙主初璽仁波切；怙主董瑟・聽列・諾布波切；怙主卓望・貝諾波切；怙主多芒・揚唐波切；堪千貝瑪・澤旺仁波切，尊貴的家父，貝瑪・德威・嘉波的第二世，貝瑪・吉美・南傑仁波切；我的舅父澤旺仁波切；堪千達威・歐瑟仁波切；以及堪千貝瑪・卻英・恰達仁波切。我謹在此描述我依怙主的行止和示現。

堪布貝瑪・卻英・恰達仁波切

在我遇見堪仁波切之前，我聽說他根本毫不在乎、沒有一切的世俗反應，但是當我看到他之後，我才發現他比人們所說的還更難以預測。那時，他年紀已大且身形瘦弱，住在一間四平方公尺的老木屋中，只有一個小木箱當作他的床，再來便是床前的一張小桌子，其他什麼也沒有，而他就雙盤坐在床上。他的僧袍老舊且色澤不一，若要看看他有什麼財產，環視整間房子裡，所有東西都不値五百印度盧比。我曾聽聞有關他的起居情況，但我那時並不相信；現在我可是親眼所見，就不得不信了。

我在頂禮三次之後，獻上了卡達和堪仁波切（堪千達威·歐瑟）的介紹信，並請求他給予我榮松巴《入大乘理》的教導。當我在描述自己爲何和如何前來見他時，他並未多加留意，除了給我些開示之外，還順帶斥責我，指出我的隱藏過失。他在看了堪仁波切的介紹信幾秒鐘之後，就把它丟開，說到：「我們常叫他『長耳朵』，我從來沒稱他爲『堪布』，他也不喜歡我叫他『堪仁波切』。」

當我想一想時，我認爲堪千貝瑪·卻英·恰達仁波切眞的與世人截然不同。一般來說，不管是誰，被稱讚時都會開心、被批評時都會生氣，事實就是如此。堪仁波切就不同了，就算有人對他說：「每個人都稱讚您的卓越功德！」，他也會深深感到被人冒犯，回答說：「如果他們看到我有卓越功德，爲何他們不學學我？我不需要讚美，我知道我自己是什麼樣子；我不需要批評，我知道我是誰。」當他這麼說的時候，我只覺得自己像是個坐在怙主龍樹尊者面前的辯論者，除了啞口無言，也只能坐著觀看。

在那段期間，就如過去開示等等所教導的「視師如佛」，不需費力就可自然生起，三不五時還會淚水盈眶。我後來才了解，他對堪仁波切達威．歐瑟的斥責，是為了斷除我自身傲慢的善巧方便。

簡言之，僅僅透過他的行止和生活方式，就能讓我了解到輪迴並無本質，只需要捨棄我執和對世間八法的固著想法。有時，當他對學生開示時，會對某位學生的行止顯示憤怒和其他的情緒；但顯然的，他隨時都不離於大圓滿四相，自在安住且三門自然廣開，無有罣礙並怡然自得。❶

當我在領受《入大乘論》之時，緣於此文本身的巨大加持力，以及傳法上師的高度善巧力，我彷彿到達了一個全新的世界。過去以來，對於不同教義系統的論述和各種偉大學者的不同闡述，對我來說都似乎各有牴觸，讓我相當掙扎。但由於這個法教和這位上師的大慈大悲，我就像是大病初癒一般，感到極大的舒緩。

自此之後，我了解到，經、咒（續部）的一切法教，都包含在大圓滿法之內，而所有的九乘法門也都在大圓滿法之下。在有了這層的了解之後，心中油然生起對於經、咒、續部教法大海的無偏頗信心，而這是從未有且不同於其他的信心。

我了解到，所有這些，都是帶領我們走向大圓滿法道的方法，法教並非像我過去所認為的那樣，只是枯燥無味、卻還得給予口惠的文字，而是真正能帶領我們走向了悟。我也了解到，所有的法門都包含在大圓滿法之內，並且領會到，何以各種修持的關鍵要點最後都匯集於大圓滿法。

如此的結果是，我內心生起了深深根植的確信，對於法教和上師都有著不可動搖的信心。有時，對於一切存在顯相皆爲不實和如幻的理解，會突然地在我的心相續中出現。

當我們在研讀《入大乘論》第五品時，有那麼一刻，堪仁波切的個人覺受綻放而出，我在提出問題時，到達了一種本覺赤裸的狀態，這是我從未曾經歷過的境界。此後，我獲得了如山一般的確信，知道於此之外，無有其他要決斷者、無有其他需了解者。

堪仁波切達威・歐瑟

無上的堪仁波切達威・歐瑟不僅博學於無量的經教傳承，也圓滿了身爲出家者的卓越功德，並且日日夜夜將自身沉浸於大圓滿法之中。他不受世間八風所染，長期的一人獨居，並愉悅地掌持著成就的尊勝旗幡，恆時爲隱密的瑜伽行者。

---

❶大圓滿四相應指法性現前、證悟增長、明智如量、法遍不可思議或法性遍盡，共有四相，為大圓滿法的修持成就。三門應指身、語、意。

每當我見到他時，都會有一種奇特的感覺。無論堪仁波切給予了什麼法教或指導，對我而言總是極為動聽。舉例來說，有一日，當他談到龍欽巴尊者《七寶藏》的利益時，我的內心生起了相當強烈的信心，令我毛髮直豎、眼眶瑩潤，於是我告訴堪仁波切，如果我相當有錢，就會承諾要努力將《七寶藏》用金汁寫下。他回答我：「將《七寶藏》用金汁寫下，這個計畫雖然很棒，不過，最重要的事情是以其所教導的涵義來生活，那麼，只用木刻版來寫，就是最好的。」

類似這樣，有一日，他談到有關庫努喇嘛天津．嘉辰的生平故事，講述他如何在十三年間遊方各處、值遇上師、進行朝聖，於各種文典大海聞、思、修，並待在幾個他全然沒沒無聞的地方。堪仁波切極力讚揚這樣的生活方式。我告訴他：「我也要這樣做。」他回答我：「這是令人嘉許的願心。不過，你應該要知道，對那些已經了悟的人來說，不管他們要去哪裡或待在何處，都沒有差別；但對我們這種人來說，最好不要到很多不同的地方旅行，而是待在同一處會比較好。要待在原處，並了悟佛法！」眾所皆知，我不是那種會突然衝動就決定行事的人，但是堪仁波切所慣用的教導方式，他對於眞理的宣說方式，卻會讓我動心並隨之起舞。

簡要來說，我現在所擁有的稍許知識，以及身為佛法行者的外相，直接或間接，主要都緣於堪千達威．歐瑟仁波切的慈愛。他是我這輩子之中，影響我最多的人，我將他視為我的根本上師之一，而這些根本上師都具有令我永難忘懷的三種慈愛。

至於我如何領受到大圓滿直指心性的口訣，那是在某一日，我正領受龍欽巴尊者的《法界寶藏論》時，我向堪仁波切說到：「這本書我們已經讀了大約一半，但是我到現在，就算懂得文字本身，對於本淨❷〔本覺〕眞義的了解或覺受，卻連一絲都沒有。我該怎麼辦？」堪仁波切回答我：「這沒問題。你只要一心一意的向龍欽巴尊者祈請，不斷地讀誦根本文頌，那麼，到了某個時刻，由於某個偶然的狀況出現，你就會認出本覺。」

「譬如，扎．巴珠仁波切❸是一位大學者，也是一位無可爭議的轉世，儘管他相當長期地依止且不離於幾位純正的上師，卻是透過以下的方式而識得本覺、心性：一次，巴珠仁波切離開師利興哈聖地時，途中遇見多．欽哲．耶謝．多傑，當時這位上師穿著羊皮，腰間還繫著一把劍，正獨自一人旅行。雖然巴珠仁波切對於多仁波切並不缺乏信心，但是他想到：『穿著合於佛法的衣服，有什麼不對？』多欽哲知道他在想什麼，便驟然抓住他的脖子，拉著他前後搖擺，並大聲叫道：『老狗！老狗！』就在這一瞬間，巴珠仁波切認出了本覺、識得了心性。

「像這樣，就連著名的堪布圖登．年達，當他成爲堪千（大堪布，擔任教學的法師）並向一大

❷pure presence 於本書中的藏文對等詞是「本覺」，請見書末的詞彙選列對照表。

❸又譯為巴楚仁波切、華智上師，著名《普賢上師言教》的作者。扎，表示來自扎曲卡，位於現在四川省甘孜州石渠縣。

群學生教導經、咒時，那時都還沒有識得心性。一日，當他正要往村子裡去舉辦一場法會時，在一座小橋上，他從馬背上滑了下去，掉入河中；就在當下那一刻，他認出了本覺、識得了心性。」

由於他對我講了許多這類的故事，讓我改變了感知，並且經常想著：「有一天，我也會這樣。」幾日之後，我在夢中進入了一個透明的空虛洞穴，有如今日人們於山徑中所建造的小隧道。洞穴之中有個石槽，充滿了鮮血和乾血。我認爲那必然是印度教進行祭祀的地方，就像他們在尼泊爾對黑女神（音譯「迦利」）所做的那樣。我一方面嚇壞了，一方面也對此感到噁心反感，想到：「我絕對要把這些恐怖的惡靈趕走！」於是我生起普巴金剛的佛慢，念誦四段的「吽字咒」以趨魔，並將「咒芥」灑了滿地❹。在此同時，大小嗩吶（甲鈴與銅欽）和鼓聲自然響起，在我的心與虛空相融之際，我安住於本覺之中。於此之後，我的恐懼感和噁心感便徹底消失了。翌日早晨，我告訴堪仁波切這個夢境，他問我：「本覺的狀態像是如何？」我根本無話可說。接著，堪仁波切說：「啊！那就對了！」他對此感到極爲開心。而這個認出，乃是透過上師的加持而得到。

董瑟・聽列・諾布仁波切

董瑟・聽列・諾布仁波切，是所有善巧於「輪涅一味、皆爲法身；顯相存在、皆爲教言」此義的人中法主。他持守著偉大隱密瑜伽士的外相，並將大圓滿法的口訣賜予其具福的弟子。他擁有某些非凡的功德。

於一九九七年的某日，在一大群學生的陪伴下，仁波切的朝聖之旅來到了思瓦楊布和博達那斯的舍利塔處。傍晚時分，當他回到住所之後，便做了一些指導和開示。當時，仁波切看來是因飲酒而微醺，而卻給了赤裸〔覺性〕的直指教言。他所教導的方式，和平日截然不同。他教導學生如何在貪著和瞋惡生起的當下，於大本然中保任本覺；在我領受仁波切的教言之時，我想到：「今日，所有在此的人都認出了本覺。他們眞有福報！」我因此感到快樂而喜悅得難以言喻。

另有一次，我在美國加州遇見仁波切。那天傍晚，我們有一場薈供，而仁波切正在給予教導，他斥喝我道：「你很博學，這是眞的，不過，你太傲慢了！」他並且還嘲弄我。某一天，他不只一次、而是再三說到：「當個大學者是沒有用的，你需要了悟；認爲自己很有學問，只會讓你更難了悟，不如別再教那些經書可能還比較好。」這讓我想到，我應該要發誓修持才對，因此我問仁波切：「我是否最好能做一年的立斷〔妥噶〕閉關，或是一整年閉關讀誦整套寧瑪的續部？請仁波切

❹四段「吽字咒」，應指四段帶有吽字的咒語。《持明總集》伏藏文寫道：「四吽咒並拋咒芥。」此處英文並未特別說明「咒芥」，而用「沾油的穀類」（oil-grain）來講，但應該就是真言芥子，指以忿怒咒加持過的乾芥子顆粒或青稞粒，用來拋撒除障。

告訴我。」他回答道：「兩個都很好，兩個都做吧！」我問道：「那該先做哪一個呢？」仁波切看來有些不悅，隔天又再度說到：「教導學生那些經書，把你給寵壞了！」

於是我自忖道：「以前，我什麼都不知道，那時堪仁波切達威・歐瑟要我從經書裡教導佛法，我告訴他：『我自己什麼都不知道，怎麼能教人？』他當時回答我：『我第一次到印度時，並不像你這麼有學問。』所以他鼓勵我，給了我信心。後來，差不多有十七年了，我都在教導大約五十位僧眾，至今還沒有中斷。看來我已經完成了堪仁波切的指示，該是達成董瑟仁波切教誡的時候了。」

我就向仁波切表示：「我發誓，從今而後，連一句佛法都不教了。」有一陣子，仁波切什麼話都沒說。接著他說：「如果我要你別再教導佛法，我不就是在造惡業？我可沒這樣講；我要說的是，你必須捨棄『自認爲很有學問』的那種傲慢。」

稍後在當天傍晚，於薈供之後，我回到自己的房間，坐在床上，心想：「今天發生的事情，眞讓人震驚。要是仁波切眞的要我發誓別再教導佛法，事情會變成怎樣呢？如果我放棄教導佛法，我這輩子的工作就走到盡頭了。爲什麼這麼說呢？因爲寺院的財務來源，就靠我在西方、台灣和其他各地的教學。如果我沒有要教學，就不會去那些地方；同樣的，如果我不再教導寺院的僧眾，就算我的人留在那兒，我身處寺院的整個目的也就沒有意義了。我還得同時放棄在洪拉山區以外的各種佛法聚會，例如在金剛上師咒語累計的各種儀式中，我也不能再說明何捨何取、何善何惡等道德修爲。我將失去工作，就像老了一般；從今天起，我除了待在一處沒有人煙的閉關地方之外，將沒有其他的事情可做，而且是矢志餘生就此待下。」

有好幾個小時我都難以入睡，思量著事情會如何演變。我緊張萬分，整個從頭到尾想了又想，才發現我就如仁波切所說的一般，對於自己教導經書涵義的這件事情有著非常強烈的執著。就算我相信自己並未像仁波切所講的那樣、因博學而感到驕傲，還是能清楚看見其實我對於教導經書這件事情的執著，已經強烈到要我離開會難以忍受的程度。最後我了解到無論是對於善、還是對於惡有所執著，那依然是個執著，而此執著都會直接遮蔽法身。在看到自己的過失之後，我對於經書的執著已然消滅。我認爲董瑟仁波切能了解他學生的心相續，而這是他的一項驚人功德。

多竹仁波切

多竹仁波切是以極大慈悲賜予我灌頂、口傳、講解的幾位偉大上師其中一位。尤有甚者，我還從夢境和淨相中領受到他的加持。當我在三年閉關的期間，快要圓滿普巴金剛的持誦時，有一日在夢中，我見到多竹仁波切於一間小佛堂裡，坐在法座之上，口中念誦並同時搖著手鼓和金剛鈴。我和其他幾位僧眾也在場，當仁波切念誦到某個段落時，他說到：「現在是要禮敬的時刻，因此要打手印。」接著猛然之間，我全身赤裸、倒在地上，兩腳從腰間彎繞又從前方出現；我的右腳伸展到左大腿上，左腳則伸展到右大腿上，兩腳在我腰後纏繞又從前方出來，在我腰間打了一個完整的結，我則轉變為普巴金剛。當我醒來之後，感覺就像是沒有腰一樣，好一陣子都保持這種空蕩蕩而無身體的體驗。

此外，在那次三年閉關的另外一個夢中，多竹仁波切坐在一座帳篷內，而帳篷位於一片草原中，在好幾座遍布花朵的山崗之上。我告訴仁波切，我已經圓滿了三年閉關和咒數持誦，他則說：「那你現在需要念誦一百一十萬次的阿拉巴雜〔文殊菩薩〕咒。如果你能這麼做，它將會像一把利劍，能斬斷你所有事業成就的障礙。」

事後，當我向多竹仁波切講述這些夢境時，他表示這些夢非常吉祥。我說：「我想要修持文殊菩薩的了證，但與此相關的經書那麼多，哪一個才是最好的呢？」仁波切答道：「我的上師是玉果・恰札，他認為續部的文殊觀修法非常殊勝，那就從續部來修整個念誦和成就法吧！」因此，我待在閉關之中大約三個月，持誦續部的寂靜尊文殊法。而續部的文殊咒語持誦，數量要累積一百萬次，再加上額外「修補」十萬次的咒數，總共為一百一十萬次，恰恰就是那次閉關我所累積的咒數。最後，我領會到：出現在我夢中的多竹仁波切，和真正在世的多竹仁波切是同樣的一位，我因而相信，來到我夢中的其實就是上師本人。

多芒・揚唐仁波切

一般來說，在密咒金剛乘中，尤其是以大圓滿阿底瑜伽來說，行者要將自己的上師視為佛陀的親現、遍在的壇城之主，並將上師的指示作為頂戴。這是個關鍵要點，表示那智慧傳承的加持，全然是由上師所傳遞而來。我們可從這位上師的生平故事，清楚看到這一點。

一九五九年，西藏發生了可怕的混亂，持有法教、寺院、道場的偉大之人，都受到惡意的重大攻擊。那時，多芒・揚唐仁波切將自己的根本上師林珠仁波切置於頂戴，即使曉得隨時都有生命危險、而且本來也有機會逃至印度，卻仍留守在寺院之中。文化大革命期間，儘管仁波切並無絲毫的過失，他依然扛下所有加諸其身的批鬥和撻伐。他被禁閉在（康定新都山丘）達多・讓嘎監獄長達二十三年。在那期間，政府將許多偉大的上師、轉世（祖古）、堪布、大多數位高權重的人士們等等都關起來，不只境況惡劣不堪，還用謊言欺騙他們，例如告訴他們，會在文化大革命中教育他們，給他們特定的權力和不同的職位，並且會很快的釋放他們。有些膽小而嫉妒的西藏人，批評佛法和上師，假裝他們相信文革，或是羞辱喇嘛，說他們有多麼丟臉，而身旁那些相信佛法的人，則感到極度心碎。在那段日子裡，多芒·揚唐仁波切依然如如不動，彷彿是暴風雪中的一座大山。他戰勝了所有障礙，不論受到多大的折磨和傷害，仁波切仍然記得上師的指示，並將大圓滿法當作內心重要的修持。

那時，他祕密依止色拉·揚珠仁波切作爲自己的上師，並與其分享自己的覺受和了證。他有許多覺受和了證的功德徵兆，並且與日俱增，成爲了當地人們口中的傳奇事蹟。

雖然仁波切持有不少的心意伏藏，不過，在他此生至今所撰寫的不同文典之中，這一部就擁有不可思議的加持力：《大圓滿講解：簡說見、修、行》。它和巴珠仁波切的《椎擊三要》相稱，是百位學者和千位成就者的唯一修持。

儘管我生於五濁猖獗的此一惡世，但由於我遇見如多芒·揚唐仁波切等上師的加持，他們全都具足大圓滿的智慧，因此我可說是具有大福報的人之一。我從這位仁波切身上獲得了灌頂、口傳、講解的加持，此外，無論在佛法方面或世俗事務方面，他都能賜予我一些甚深的指導和鼓勵。尤其是他告訴我：「如果你能寫一本書，將能大大利益這個時代的年輕人。」主要也是因爲這樣，我才會擔負起撰寫這本書的工作。

直顯心之奧秘

頂禮薄伽梵普賢王如來！

1

見

1·1 物質世界的自性

所有聰明的人類，對於想要在這輩子和下輩子獲得快樂的這件事情，看法是一致的。不過，對於要如何獲得快樂，什麼又是快樂之因，就各自有著相當不同的意見。有些人試圖從做生意當中獲得快樂，有些人選擇從政、耕種，或是投身於政府的公務，還有的從事機械和科技工作。其他人，由於惡業的驅使，甚至成爲竊賊、盜匪、或恐怖份子，並試圖從中獲得快樂。

大家所想要的不過就是快樂，而快樂首先就意味著目前沒有痛苦。大多數人都想要得到快樂，並且認爲自己知道，如何對他們和社區才是好的；如何又對自己的孩子、雙親和家人才是好的。根本來說，他們想要的就是這四件事情：賺錢發財且銀行有存款，身體健康且腦袋聰明，擁有美譽且聲名遠播，以及受到周遭人們的欣賞與尊敬。然而，他們所得到的卻事與願違：貧窮、痛苦、批評並且默默無名，以致備感失望。他們發現，想要依照自己的夢想完成所欲，是極其困難的事情，而且，就算他們的確達到了某個目標，一日終了之時，他們仍舊陷入懊悔和自責之中。

當釋迦牟尼佛仍在世時，有一位富有的地主名叫「佩吉」。在那個時代，於聖地印度，各類王宮貴族和地主富人，只要經濟負擔得起，大都會擁有三妻四妾，而他們的地位和名望，也是按照他們所擁有的妻妾數量來計算。佩吉則有八個妻妾，各個都幫他生了一男一女，因此他共有十六個子女。八個兒子的婚宴都辦得很豪華，八個女兒則都許配給富貴人家。多年以來，群眾、財富、名望，他通通都享有。可是，最終他仍變得老態龍鍾，髮蒼蒼、視茫茫，聽不清楚也沒有力氣，再也無法像以前那樣有能力了。過去總是如影隨形的美麗妻妾們，曾經一再迎合他各種興致奇想的子女們，現在全都對他置之不理、甚至鄙視。這個老人，因而變得憂鬱而沮喪。他想：「我曾那麼珍愛我的子女，給他們一切東西，無論是愛或金錢；我曾用華美的珠寶和高尚的衣服披戴在妻妾的身上，如今，不管是子女還是妻妾，都沒一個人理我。」他受不了這種轉變，進而對這個世界充滿了深沉的挫折感。不過，在他把這件事情像一坨痰那樣吐了出來之後，還是想辦法來到了佛陀的跟前，乞求這位大師接受他成為弟子。釋迦牟尼佛為他剃度，而他在臨終之時證得阿羅漢果位，獲得了恆常的快樂。

智者根敦．群培在《詩文雜篇》裡，作了這樣的描述：

鎮日埋首於俗務的泥沼，
生活就是疲勞之因，
佛法是我們唯一的慰藉，
偶然才從心中生起。

國王、總理、政客們，或許能統治國家幾十年，但是最後，在某個微小且不利的因緣下就能讓他們下台，賠上地位，甚至是性命。有錢有名的人，在他們累積財富的同時，有時就連生命或法律都不顧，對於這輩子和下輩子根本不作考慮。他們和父母、子女爭吵，和伴侶分手，最後才發現自己和家人、朋友疏離不合——這一切，都只是爲了金錢。

到了臨終之際，不管擁有堆積如山的財富，還是廣大響亮的名聲，都必須拋下。要把自己的錢送給別人——這看來是想都別想、不可能的事情，但我們也不可能將錢全都花在自己身上。我們的子女，可能會毫無節制也不假思索地就把我們的錢花在飲酒、賭博、耽溺女色上面，讓我們看得睡不著覺也吃不下飯，這時的生命，就變成了無盡痛苦的折磨；在我們嚴厲斥責孩子之時，他們要不是頂嘴說不干我們的事，就是當成耳邊風；隨著時間的消逝，曾經與我們如膠似漆的配偶，不僅變得陌生疏遠，還另結新歡；曾經與我們稱兄道弟的死黨，不知爲何，居然變成了敵人；看到這個世界如此詭譎多變又不可靠，人們深感心力交瘁。在這種情況之下，若能了解釋迦牟尼佛的法教，自然就會運用上它。

然而，只要是不了解佛陀的法教，就沒辦法征服我們的痛苦。我們可能會試圖用酒精、藥物（毒品）、賭博或其他逃避的方式，想把這種情況淹沒。但就算這類補救的方法似乎在當時有些快樂的作用，但事實上，那樣的快樂卻是表面而短暫的。使用這類錯誤的對治法，就好比是火上加油，只會讓火燒得更旺。不僅如此，飲酒和吸毒還會毀掉健康並導致疾病，並降低自制能力，以致發現自己像隻瘋狗一樣到處亂竄，最終被排除在人類社會之外。由於這完全是自作自受，並非由別人加諸於己的，它就成為更深層的悲嘆之因。從這個邏輯的因果來看，我們的錯誤就在於不了解釋迦牟尼佛的法教，不了解那有潛力能讓我們征服痛苦而滋養自心的訊息。

我最近聽到關於著名樂手麥可·傑克森去世的消息，享年不過五十就走了。好幾百人從世界各地湧來向他致敬，我在得知他的死訊時也有點激動。不過，我的心中立刻閃過釋迦牟尼佛的話語：這個世界上，一切眾生都受制於生、老、病、死。其實要說有誰能逃過疾病和隨後死亡的詛咒，應該就屬麥可·傑克森了，因為他算是美國境內最有錢的人之一，擁有龐大的世間財富供他使喚。人們都說麥可因為唱片的銷售和舞台的表演，而獲取極大的財富。像他這樣受到全世界愛戴的人，無數粉絲對他如此地瘋狂崇拜，有些人甚至為了要去看他表演而寧願賠上性命——就如一九九六年差點兒發生在台灣的事件，他怎麼可能逃不過造成他英年早逝的疾病呢？要是金錢可以延長壽命，情況當然就不會這樣演變。由於麥可打從九歲開始就名利雙收，我們或許會假設，他的生活應該是只有快樂。然而，根據媒體的報導，他的生活卻成了一本記載著訴訟、個人悲劇和傷痛的悲慘書冊。驗屍的醫學報告顯示，他死時只有五十公斤，而胃裡充塞著各式各樣的藥品，連個食物的蹤影都沒有。其實，他的疾病似乎是從某種的自我憎恨而來，特別是對於自己膚色和面容的厭惡，深切到要進行多次整形手術。

眞相是，名利對他來說並不能提供任何的滿足。從麥可的一生所得到的教訓就是，不管我們多麼努力想要像他那樣擁有名利，但對於快樂的追逐，終究註定要失敗。由於釋迦牟尼佛看見，在這個物質世界中沒有任何具體實質可言，所以他說，無論我們在三界之中擁有什麼地位，沒有誰可以逃離生、老、病、死的狀態。痛苦，來自於六毒煩惱——那六種神經質的症狀，而這又導致我們再度投生於六種相應的道界之一。佛陀接著說明在這六道的生、老、病、死之中，我們還會遭受到各種無盡的痛苦，例如愛別離（與愛人分離）、怨憎會（與怨人相會）、求不得（得不到所想），以及其他色身的痛苦。然後，佛陀講到，爲了逃離所有這些傷痛，我們應該仰賴眞實的修道，也就是空性的相續，如同《佛說緣起經》所宣說的：

> 由於佛陀知道，煩惱是一切痛苦之因，而且他告訴我們對治業和煩惱的方法，因此，他告訴我們的是離於生、老、病、死之苦的殊勝解脫。

因此，我們應該清楚的認識到，不管我們所處的是人間，還是任何六毒的牢籠，都依然被關在立即直接且無可爭辯的痛苦藩籬之中。若能進入導師釋迦牟尼佛所宣說的無瑕道路，則能度脫生、老、病、死的劇苦。不只是這輩子、下輩子，而且只要不斷努力，我們就能證得涅槃的無死寂靜。我們所有的人，無論地位高低，都像麥可．傑克森一樣，受到導致痛苦的情緒創傷所左右。儘管從表面上看來，這個世界好像提供了愉悅和美好，然而要緊的是，透過仰賴佛法，我們能認清楚，對愉悅的追逐，正是造成痛苦的肇因。

釋迦牟尼佛在「四聖諦」的法教中教導，是生、老、病、死構成了痛苦。此外，他也提到「三苦」：苦苦、壞苦、行苦。第一種是痛苦之苦，例如當所愛之人死亡時所感受到的傷痛；第二種是變異之苦，例如當財務地位改變時、同一種食物原本令人享受卻變成帶來疾病等；第三種是受制約存在之苦，或色身之苦，此爲一切生命所伴隨的緩慢腐敗及壞滅，就如同從年輕到年老這緩慢卻必然的改變過程。

一般而言，佛教、印度教、伊斯蘭教、基督教和天主教，所有的宗教，都同樣有帶來內在祥和和快樂狀態的潛力。大家也都同意爲了達到內在的祥和，我們需要修持某類「止」和「觀」的禪修，然而在這高度願求和實際了證之間的距離，卻有如天壤之別。有些宗教的實修者，能夠藉由禪修式專注的功效而將身心的痛苦一時壓抑；其他宗教的實修者則稍好一些，可成功確保未來能投生於天、人等善趣。但是，這又有什麼用呢？這和治標不治本的治病方式相比，並沒有更好。對於痛苦來說也是這樣：我們需要從根下手，斷除其因。

1·2 「當局者」禪修與「旁觀者」禪修的不同

絕大多數的宗教，都提供我們一種簡易思路的修行方式，而這和「旁觀者」見地所定義的世俗道路有關。這類禪修，在不同宗教當中有著相異的形式，能夠暫時緩解表面的痛苦。它有可能引發世間的神通，也就是四禪天的果位，或甚至投生於無色界天。不過，這算哪門子解脫呢？我們所需的是斷除我執，因爲我執乃是痛苦的根源。達到這個目的的方法，在薄伽梵釋迦牟尼佛這位眾生怙主的法教中，早已有所講述，而這是屬於「當局者」的修行方式。在這一條道路上，我們會了解，一切體驗都是空而不眞實的，而修行能夠達到不再有任何我執的那種度脫。於此，痛苦之因是從最根本之處被斷除。

「旁觀者」禪修與「當局者」禪修的關鍵差異之處就在於，前者尋求的是砍斷痛苦的分枝，後者則直接砍斷痛苦的根本。藉由培養對「無我」的了解，我們證得不同的果位和次第；藉由修持的各種功德，我們一路進展最終證得佛果。若要進入這樣的修持，我們就需要了解一切現象的自性，而既然心是整個歷程的主導因素，是那位領導者，我們就必須知道它的祕密。正如寂天菩薩這位詩人在《入菩薩行論》當中所說的：

若不知道心的祕密，

任何對於快樂的追求，
任何對於痛苦的摒棄，
全都是虛妄無用的。❶

1·3 物質主義的謬論：事實何以與我們對「自身苦樂乃有賴物質事物」的假設是相違的

除了釋迦牟尼佛以外，沒有其他人曾在欲界、色界、無色界之中，揭示心的祕密精要。對於任何想要得到快樂的人來說，首要關鍵的事情就是要知道，一切苦樂的根源就是心。這和我們平常人的假設相違，因爲從無始以來直到今天，我們都假定自己的快樂和痛苦，都有賴於外在的事物。由於有這個錯誤的假設，導致我們全都在尋覓可以注視的漂亮事物、可以聽聞的甜美聲音、可以享用的細膩芬芳、可以品嚐的精美口味，以及可以穿戴的柔軟衣著等等。簡言之，每個生物，從最高等到最低等，從四足獸到兩腳鳥，甚至是最小的昆蟲，日日夜夜都不斷地在追逐、尋求他們相信可以帶來快樂的客體對象。像這樣，我們也假設痛苦是有賴於物質的客體或外在的現象，並且製造武器來鎮壓那些造成我們如此痛苦的外在勢力。由於認爲某個特定外因會造成某個特定疾病，或是傷害

❶見原書第五品「護正知」：「若不知此心，奧秘法中尊，求樂或避苦，無義終漂泊。」如石法師譯。

我們，這使我們相信，只要能摧毀那看來是我們悲苦之因的外在物質客體，我們就會快樂。因此，我們的假設對六道眾生來說都是共通的：一切苦樂有賴於外在的物質客體。特別是有許多科學家，就秉持著這樣的觀點。

現在讓我們以一位漂亮女子爲例。這位美女對不同的眾生來說，有著不同的樣貌。對她的父親來說，她是女兒；對她的孩子來說，她是母親；對她的丈夫來說，她是妻子。對一隻老虎來說，她不太算是美女，而是某個可以獵捕的美食；對一位崇高的阿羅漢來說，她根本不是美女，而是不乾不淨且令人作嘔的東西。想想，若是一位女子的身體是個單一且實質的本體，對於如何認定這位女子，就不會有這麼多重的各式概念。這裡的重點在於，對每個物質客體有著多重概念的這件事情，就指出了客體的本身，並沒有實質的或絕對的眞實性。

如果客體是由不可變異的特徵來下定義，那麼就不會有可以改變那個特徵的情況出現。如果客體有著不變之樂或不變之苦的特徵，那麼就算情況改變，也不會對此有所影響。它的根本本體是不會改變的，就如火不會變成水，而水也不會變成火。即使有無數的人們試著證明火是冷的，火依然是熱的，這不可否認；相同的，世界上沒有人能證明，水具有熱的本自性質。然而，快樂和悲傷，顯然並不是某個東西的不變特徵，因爲不同的人對同一個客體，心中會生起各類的感覺。這裡的關鍵就在於——一切現象都是不眞實的，因此能以不同的樣貌出現。它們出現，但並非眞實存在。

1·4 物質事物的不眞實

《入楞伽經》說：

外在其實沒有具體的色相——
乃是我們的內心顯現於外；
直到他們能了解自心，
否則嬰孩所見就只是物質世界。

我們的國家、家鄉、住家，就像個容器；我們的孩子、本地和全國的社區、所有四足的動物、天空的鳥類，乃至昆蟲，簡言之，一切居住在這個世間的有情眾生，則像是容器中的內容物。要分析這個容器和內容物，首先就要看看容器本身的空間存在。就拿杯子做個譬喻，如果我們要問：杯子存在於何處？杯子就在桌子上，這一點毫無疑問。接著我們來問：桌子是在哪裡？答案是桌子就在房子裡。然後我們再問：房子位於何處？我們就會聽到房子位於哪個國家的哪個地方等等，這類的答案。科學家們認爲世界是圓的，而且是來自於一場「大爆炸」事件，地球就像其他行星一般繞著太陽轉。如果我們問科學家們：地球的空間位置在哪？他們一定會說：地球是在太空之中。接著我們再問科學家們：太空在哪？他們會說：就在組成太空的不可見粒子上。而這些粒子又在哪呢？它們就在比它們更小的其他不可見粒子上。再問，這些粒子的最終基礎是什麼呢？這個答案，就算是最具名望的科學家們，也無法確切回覆。

如果要說一個固體的物質客體眞實存在，它必須具有某種不可摧毀的實體，若是沒有這個根本的實體，就不能說這個物質客體是「存在」的。如果某個東西是實質的，就需要有個實體。若是沒有其他東西讓它「存在其上」，就不能稱它爲存在的東西。而此處不可否認的眞理就是，最終的粒子是沒有實體的。不管用幾千或幾百萬個爭論來作反證，其結論、那確鑿有效的眞理必然是物質的實際狀態是沒有實體的，因此它就是我們在這個分析當中所稱的「不眞實」。不過，有誰相信這樣的說法呢？

無與倫比的根敦．群培在《龍樹意莊嚴論》中說到：

老虎的見證是犛牛；犛牛的見證是山羊；山羊的見證是小鳥；
小鳥的見證是小蟲；究竟的有效眞理，就在小蟲身上。

一般來說，不管是學者或愚夫，我們都是以個人的直接經驗來當作推論的基礎，並將此視爲究竟。但是，舉例來說，許多我們在小時候認爲是好的事情，長大之後卻變得不堪忍受；許多我們現在堅信不疑的準則，往後卻變得經不起批判。那又如何能信任個人的直接經驗就是究竟呢？以前，好幾位大學者都一致相信，這個世界就像盤子一般的扁平；幾個世紀過後，伽利略等大科學家則相信，這個世界有如一顆球那樣；沒過多久，又有科學家改變這個概念，相信這個世界的形狀接近橘子，在兩極旁邊的表面是平的……。關於這件事，科學家們還在繼續探究，對於世界的形狀還不能確定（也許其實比較像是椰子的內部），因此我們不應該這麼固執己見！每一年、每一季，都會出現新潮的概念。曾經一時，科學家們很確信原子就是物質的根底；但現在他們知道，原子還會進一步分裂。除非這個心想要介入並控制的傾向眞的耗竭，否則它對這個物質世界的探查就不會有盡頭，也不可能決定停留在任何一個概念之上，一個都不可能。

唯有當我們了證釋迦牟尼佛所教導的所謂的心性，也只有如此，我們才能夠獲取那最後的確信。而這種確信，就算面對充斥在整個欲界、色界、無色界之中的正、反面喧鬧爭論，也不會受到改變。如果我們並不具有佛陀這種絕對的確信，那麼，我們便什麼事都搞不清楚，甚至可能會容易變得驚慌失措。

譬如，我們的心，昨天把一位女子看成是可人的配偶，明天卻把同一人當作是敵人的妻子，而那個敵人要把我們的所愛都殺掉，那我們怎麼能夠信任這個心呢？我們的心，將同一位女性，年輕時看成是迷人的天女；中年時看作是痲瘋病痛或喪失四肢的受苦者；老年時看到的是醜陋得令人反感，那我們怎麼能信任這個心呢？這個心，並非單一而不變的眞實體。只要稍微有點輕忽怠慢，死黨密友就有可能變成反目敵人；只要碰巧有個正面示意，殺父仇人也有可能變成親密好友，這必然的變異性是不證自明的。我們一定要看看自己的親身體驗，並了解這一點！

有些人試圖要兩邊通吃，儘管他們能夠接受客體是「受到」我們各種的投射，然而，他們卻相信客體必然至少有著某種本具的自我存在。就算他們承認，不同的人對「同一位」女子會加諸以不同的特性，可是仍會堅持這位女性的身體實際上是存在的。這裡出現了一個危險，那就是他們會假定有兩個女性的身體，一者本自存在，一者受他人標明而指稱爲此或彼。雖然有些人對事情的本身和事情的樣貌（例如一位女子在不同人的看法中是不一樣的）加以區分，其他人卻主張，不管是本自的存在或特性，這其中的種種元素都無法由任何人所改變：也就是說，火之熱度、水之流動性、土之硬度、風之輕盈性和移動性，是不會變的。如此一來，現象怎麼可能只是心的各種虛妄造作呢？這個問題有其根據。當然，如果一切現象都是心的投射，那麼四大元素（大種）就不會屬於例外。

關於這個問題，若是我們用中觀學派的哲理推論來檢視並探究這個現象，顯示現象的非一體性且非多重性，我們就可以知道，現象並沒有實質的存在。舉例來說，我們所有人無論是高是矮、聰明或愚笨，都同意我們所稱的「房子」這東西是個單一的本體。這一體性是個名義上的事實，眾皆同意。問題就在於：門和窗也是單一的本體，而它們這些本體，卻是這單一房子的部分零件。因此，「房子」是許多物質零件的聚集。但是如果我們承認這裡有個多重性，那麼這一體的整體——「房子」，就變得無效了。同樣的，譬如這個門，把它當作單一的整體，就不允許區分為上半部和下半部。要是我們主張有分開的上半部和下半部，這門就有了分別的本體，我們對於「門」是單一本體的概念就喪失效用了。如果我們認可，人的身體是由上半部和下半部結構所組成的單一組合體，那麼，頭和腳就變成完全相同了。這顯然並不合理。依此推論，如果我們探究原子或粒子，運用單一和多數的邏輯，就會發現，以它們既非單一又非多重的存在方式來看，它們不過就是心所加諸的假名，實際上是空的。

空性，並非空無。它一直充滿著各式各樣的顯相：房子、財產、山岳、禽獸、感覺和判斷等等。所有的這些東西，雖不存在卻又顯現，如此滿載著期盼和憂心，便稱為「輪迴的現象」或是「心意的投射」。

再舉一個例子來說明：人類相信土是支撐我們的地基，但有些動物，比如專門吃石頭的青蛙，則把它看成是食物。同樣的，人類認為水是可以飲用和清洗的液體，也是植物的滋養來源；但是對魚來說，同樣的水卻被視為是房子或衣服。以此類推，在各類眾生中有著不同的業力印記，這些會左右他們對同樣物質的不同反應。比方說：對老虎和其他肉食動物而言，肉類會帶來愉悅，但是對兔子和其他草食動物而言，肉類卻會引起極大的厭惡感。諸如此類，同樣是菸味，抽菸的人聞了自得其樂，而不抽菸的人聞了就覺得頭痛噁心。

如此這般，不同種類的眾生，共享著同樣的共業（集體業力）所見，卻同時經歷著不同的個人業力所見（別業）。水、土（地），以及其他的大種，對於整體人類而言，看來都類似，是外在世界的共通感知。不過，在個別的個人所見之中，卻是依其自身氣質、觀點、聽聞和經驗所來的產物；後者這些各不相同的條件，使得我們將同樣的事物看成是不同的愉悅或悲傷之源。

1·5 一切事物皆爲心的虛妄造作

實際上與我們心意投射不分離的顯相，被誤以爲是客觀而獨立的外在部分；而我們對看似獨立的內在實際體驗，則被誤以爲是獨立而能作理解的主體。然而，這兩端都顯而易見但未必爲眞，全都超不出我們智識心的界限。

在《如意寶藏論》中，龍欽巴尊者說到：

中了帶刺蔓陀蘿的迷幻之毒，
在這廣大顯相範疇中的一切生起，

全都是幻覺而因此並不存在；
六道眾生和所有迷妄的顯相，
也如這般乃是錯解智識的混成品：
要知道這每一個都是空性的影像！

當我們受到酒精或其他改變心智的物質所影響時，事物看起來就有許多不同的樣貌。酒醉時，可能會把一個東西看成有好幾個，很多個東西又看成只有一個。地板好像會晃動，且我們看來似乎快要掉入其裂縫中。或者，房子和樑柱感覺上都正要往我們身上坍塌一般。當人們爛醉如泥時，甚至在父親的葬禮上也會載歌載舞，製造粗魯的噪音，做出各種不得體的行爲。他們甚至無法分辨善惡好壞，乾淨或骯髒。簡言之，在酒精的控制之下，他們的作爲就像披著人皮的野獸。這類的成癮性毒品，會引發各式各樣愚蠢無理、令人不悅、製造危險、丟人現眼的行爲。錯，卻不在這個人身上，是那藥物打開了那扇門。

在上述的偈頌中，成癮性毒品隱喻著迷妄。只要心是迷妄的，我們對外在世界和內在有情的一切所見，就全都、也只能是迷妄。成癮性毒品和迷妄之間的差別在於，前者是短效性藥物所致的瘋狂不清，後者則是我們本初無明而來的神志不清。

依據我們所投生善惡道界其主要煩惱所致的痛苦之不同性質，我們遂被分類為這六道眾生的其中一種。

1.6 這個色身如何從依業之心而來，以及我們對下輩子可以有何種預期

如果我們檢視這個由四大種（地、水、火、風）所組成的色身，就會知道它是由心所來。它的最初來由，是那個沒有源頭的心識（識），而其必要的條件就是父精和母血。根據個人不同的業，心識會進入相應的母胎並攀附其上。由於無明，一種自我感就慢慢產生，而自我感會引發色、受、想、行這四蘊的出現，接著在九、十個月之內，感官（根）就形成了。生，不過就是「我」和「我的」這種本自感的粗重顯現。我們覺得全然孤單、赤身裸露，又兩手空空。那時，我們連個名字都還沒有；當我們覺得饑寒交迫時，唯一能做的事情就是嚎啕大哭。

接著，我們漸漸開始認識母親、父親、叔伯、兄弟姊妹，以及其他的家人，這就促成了「我們」這一群和「他們」那一群的相對概念。其後，我們發展出對於乾淨與骯髒、好與壞、朋友和敵人的粗重想法，我們也不再是那個全身光溜溜又沒有名字的傢伙。我們假定各種的恆常，並累積許多的物品，稱之為「我的」房子、「我的」財富、「我的」祖先、「我的」父母、「我的」敵人、「我的」國家、「我的」朋友，等等這些，而貪、瞋、癡就如沸水般湧出。一種對於五蘊所成自我

的深切強烈攀執，就如無法拔除的釘子那般產生。從此以後，就算我們身邊擁有成堆的食物，還是覺得飢餓；就算我們擁有如海的飲品可喝，還是覺得口渴；即使我們擁有如山的財富，依然想要累積更多；即使我們擁有如王一般的權勢，依然總是不覺滿足。隨著時間流逝，生命逐漸耗竭，年華逝去、毛髮灰白、齒牙動搖，臉上佈滿了皺紋。視力變得模糊，不再看得明晰；聽力已然減弱，不再聽得清楚；嗅覺漸不敏銳，無法辨別味道；味覺漸不細膩，無法品嚐口感；觸覺漸漸喪失，身體也跟著虛弱。

但是，心的本身，卻不會隨著年歲而變老，對於敵人的憎恨，可能還會如山林著火那般地增加，對於家眷和伴侶的貪愛，可能還會如大海波濤般地洶湧。若是不作修心的訓練，也不考慮到往後的生生世世，我們就會陷入迷妄的輪轉之中。直到有一天，我們擔負著一身的罪業，就像從母胎出生那般的死亡——孤單而空手。我們何時會死，無可預期；死亡就像天空的閃電一樣，一擊而落。當死亡來臨時，就算妻子擁有天女般的美麗，你也得拋下這位伴侶；同樣的，就算子嗣有著國王般的權勢，你也無力帶走他們；就算有著堆積如須彌山那般高廣的財富，你連一毛也拿不走。物質的身體已被拋下，未來的投生卻還沒決定，我們猛然地發現自己正處於中陰的過渡狀態，只有一個心意所生的「中陰身」。由於對中陰的恐懼，我們在這個「意生身」中，遭受極大的痛苦，心裡有著劇烈且寒冷的感覺。我們就像海浪般無一刻的停歇，或是像風中羽毛般地到處飄搖，滿腦子都想著：「究竟這恐懼和痛苦要持續多久的時間？」

那些世界級的大領導家，和那些年輕時堅信沒有轉世且和數千群眾分享這個信念的科學家，當他們死亡的時候，對此卻不再確定並感到怯弱，大家都能看到，他們從仰賴醫藥科學轉為仰賴古老的宗教信仰。這就表示，他們對自己的信念缺乏信心，反而接受了轉世投胎的更大可能性。

在《入菩薩行論》當中，大菩薩寂天菩薩說到：

儘管有友伴環繞，
這死亡的感受，
必然得獨自承受。❷

如果我們一一檢視這些對於痛苦的感受，就會發現它們沒有一個是真實的。當然，主體層面（我）和客體層面（原子）的粒子，雖然帶著那身為具體本體的「偽裝」，還是不真實的。到目前為止，既然我們領會到，我們所見其實並不真實，因此，如果我們假設：內在對於得意和苦痛的體驗也必然是心的如幻遊戲，這可說是合理的。

據此了解，我們現在便能明白，如果要究竟根除痛苦，那麼，心就是痛苦和快樂的唯一根源。

我們也知道，在心和其根本自性之中是有區別的。儘管我們對此尚未有透徹的了解，至少我們可以假設，一切不過就是心的虛妄造作，就此，便可以讓自己擺脫粗重和無可忍受的苦痛。最起碼，如果我們了解到貪、瞋、癡、慢、嫉（我們所有的煩惱都屬於這五類）有如昨夜的夢境，我們就能眞正擺脫苦痛。「貪」是我們渴求永遠都能不喪失快樂的欲望；「瞋」是我們因懼怕痛苦而想要免除痛苦所揚起的憤怒；「嫉」使我們與地位相同的人競爭以增進自己的快樂，且我們也嫉妒他人的好運；「慢」（傲）讓我們相信自己有著乾淨、快樂又永恆的身體，且這個知覺又促發我們去挑戰別人的信念系統；「癡」（愚）則是缺乏對於身體、能量、心意這三個向度的覺察力。上述五毒，是造成自己和他眾痛苦的主要原因。然而，如果我們知道，這些煩惱本來就沒有實質的存在，只不過像昨夜的夢境，且它們乃是心的如幻遊戲，則痛苦的特定特徵、那難以忍受的尖刺難過，就不會生起了。

於夢境之中，如果我們夢到摯愛之子喪命，我們會感到憂悲苦惱。但是醒來之後，隨即知道那喪子之痛不過是在夢中，就不再感覺痛苦。同樣的，當我們了解到不管是哪一種煩惱，如貪、瞋、癡與種種，都沒有實質、本自的存在，只不過是心的虛妄造作，那我們便能讓它消融於心，則痛苦

❷可能是第八品「靜慮」的這一段：「生既孤獨生，歿復獨自亡，苦痛無人攤，親眷有何益。」如石法師譯。

的基礎也將消逝無蹤。無需仰賴任何的成癮物來消除痛苦，也無需從他處獲得任何的指導，我們就是自己的導師。當我們快樂時，很容易變得傲慢自大，這會成爲拖拉我們下墮的鈎子；如果在那時能夠了知，一切都是幻化的幻相，則對於財富和權勢的傲慢，將成爲帶來更大內在祥和的方法，整個痛苦的輪轉也從此停息。巴珠仁波切於《勸閱七寶藏》說到：

堅持不懈，便可斬斷折磨此心的鐵鍊，
快樂變得芳醇，挫折變得和緩；
這是無可欺瞞的訊息，
因此，請如歌地吟詠《法界寶藏論》！

如此，一切現象超越了它們如幻的二元自性。

1·7 辨別不清淨的外在顯相和清淨的實相自性

在人們一般的對談當中，無論是正面或負面的斷言，都是由他們自己心中所生起的體驗來決定的。如果他們對於某些看不到又不明顯的事情提出主張，就會受到質疑，因爲這些主張看來難以證明，所以沒有根據。從這方面來看，心的運作和語是一樣的。由於心只接受清楚可見、明顯可證的東西，所以釋迦牟尼佛在鹿野苑時，首先教導的是「四聖諦」，乃因這個內涵能適合一般人們的心。根據因、果和何者當取、何者當捨的觀點來看，「苦諦」（痛苦的眞諦）和「集諦」（痛苦之源的眞諦）分別爲輪迴的果和因，而這是要捨棄的；「滅諦」（滅止痛苦的眞諦）和「道諦」（修道滅苦的眞諦）則分別爲涅槃的果和因，而這是要培植的。一直到後來，我們才逐步發現，唯一最有效的方式就是讓自己熟悉於那無可戲論的眞諦：一切經驗的眞正自性，就是空性。對於一般人來說，釋迦牟尼佛毫不含糊地明確教導了「四聖諦」。若說釋迦牟尼佛沒有能力教導大圓滿法那不可思議且不可言說的涵義，當然是不可能的，只是「必須要有水窪，才能照得出月影」，因此也得有具足本初覺智和極廣大心量的人，才能領受並領會大圓滿法的甚深法教。除非物體來到了視覺範圍之內，否則眼睛是看不到的，其他四種感官也是相同的運作方式。超越了人們的感知範圍，他們就無從得知。

現代的年輕一輩，或許會質疑這種論點。例如飛機和其他美好的事物，這些過去在感官中未曾得知的東西，現在都變得理所當然，人們甚至可以航向月亮。他們也許會說，許多偉大的事物都已發明，更別提其他那些——迄今爲止感官尚未覺知、而往後將被發現的事物。

當然，他們是對的，不過，從全知全能的科學家到無知無能的愚夫，每個人都是以自己現有的知識來作爲信念的基礎，而那些知識就來自五根和心。無論是哪個新發明的東西，都是先在心中加以投射，透過焦點關注之後所發展而成。於此之後，再以各種不同的物質爲基礎，將它製造出來。所有目前存在的、未來將要存在的，所有已然出現或將要出現的東西，全都在心的範圍之內。由於這個原因，因此說沒有人能超越自心，從著名的科學家到不學無術的凡人皆然。就此而言，我們不過是被關在玻璃瓶中的蒼蠅，不管往上飛還是往下飛都沒差，根本逃不出去。只要我們無法脫離心意妄想的牢籠，地位高低或有無名望都一樣，全都毫無選擇，只能在輪迴痛苦的大海汪洋之中泅水，正如所說：

富人抱怨痛苦，
所言一如乞丐：
眾生之心皆有痛苦的負擔，
輪迴之中沒有一刻的快樂。

我們總是給自己帶來痛苦。如果我們要問：「有沒有逃離的辦法？」答案是：「當然有！」答案就是了悟自心本性、實相自性。我們的眼睛目前看不到本初覺智，需要借用佛陀的無上本初覺智之眼。如果我們的夜間視力不良，又得在伸手不見五指的無月闇夜中冒險，要不就得拿個火把，要不就得摸黑行走。我們能不能借得到佛陀的本初覺智之眼呢？釋迦牟尼佛自己在《阿難陀經》裡是這麼說的：

> 我將爲你指出解脫之道，
> 但你必須自己往前行進。

如同講述了義的佛經中所說，我們必須依止釋迦牟尼佛所教導的究竟之道作爲了義（無需再作解釋的最終意義）。我們都對一切眼所見、耳所聞、鼻所嗅、舌所嚐、身所觸，所有這些五根的知覺，感到有一種在知識上的確定性、信任感。然而，看看我們的眼睛，只能看到目力所及之處的事物。當光線太強時，再怎麼漂亮的東西，我們都無法直視。要是我們企圖直視那種光線，眼力就會受損。同樣的，我們的鼓膜既細小又纖弱，只能聽到頻率範圍之內的聲音，要是太過靠近數千哩以外都聽得到的巨響，我們瞬間就會變聾，就像那些因雷鳴而耳聾的人們一樣。那麼，信任這些如此薄弱的器官，還算聰明嗎？一般人總是堅持，應該要透過眼見、耳聞和心意上的感知爲憑，來證明各種的存在。只要不能用眼耳或心意所感知的事物，就會被視爲沒有實質存在是個錯覺、妄想。向來保持懷疑的批判者，稱呼有福報相信那不可言說且不可思議之尊聖法教的人們，是盲目信仰的迷信蠢蛋。

對於這些批判者，我想說說這則軼聞。有一天，一位男子剛好撞見一個猴子的王國。猴子們抓住他並將他打量一番，猴群中的長老說：「這是猴子」，「只不過他沒有尾巴。」於是整群的猴子坐在他周圍，對於他沒有尾巴這件事哈哈大笑。

再者，於釋迦牟尼佛的時代，智慧（本初覺智）第一的弟子舍利弗，和從阿閦佛（不動佛）淨土來的梵祇陀，對於賢劫第四位人天導師釋迦牟尼佛的剎界功德，進行辯論。舍利弗的論點是，第四佛釋迦牟尼佛的剎界並不清淨，處處可見岩塊和石頭，並且佈滿荊棘的灌叢，釋迦牟尼佛和他的眷眾也都比駐錫在其他剎界的佛陀身相還矮小。梵祇陀是一位已登八地果位的菩薩，對於舍利弗有關釋迦牟尼佛剎界較為劣等的這種主張，便加以駁斥。他說，賢劫第四位人天導師釋迦牟尼佛的剎界，具有和大日如來（毘盧遮那佛）剎界同等的清淨功德，而後者也就是至高無上的佛土、一切佛土的根源。他們對於這項議題無法達成共識，於是決定直接去請教釋迦牟尼佛，以便得到解答。佛陀為了遣除他們對於劣等和高等的看法，就以神變力將整個情器世界轉變為清淨剎界。佛陀說到：「我的剎界向來都是如此。」這令舍利弗大為吃驚。接著，釋迦牟尼佛問舍利弗：「盲人見不到東西，是太陽的錯，還是眼睛的缺陷？」舍利弗回答：「當然是眼睛的問題。」於是佛陀告訴舍利弗：「我的刹界對梵祇陀的感知來說，向來都是如此。」接著又說：「至於無法看見的問題，則在於你自己。」

如果主觀的「能知者」是清淨的，那麼客觀的對境就會是清淨的經驗。舉例來說，患有黃疸症的人，會把白色的海螺看成是黃的。然而，經過治療，他們就會把它看成是白的。同理，一個人自己的器官是否清晰，會決定其感知是否美好和精細。地獄中的惡靈，會把一般的水看成是折磨他們的鎔鑄鐵漿；餓鬼道的眾生，則把同樣的水看成是污穢如糞而令人憎惡的膿、血；對於動物（畜生道眾生）來說，水不過就是可以喝的東西，人類則還拿來飲用和清洗；在天神（天道眾生）的感知中，同樣的水就成了甘露；對於駐錫淨土的諸佛菩薩來說，水就是瑪瑪姬佛母，顯現爲清淨的佛性。對於所有其他的大種來說，也是相同的情況。❸

這些不同的感知全都是有效、有根據的嗎？對於六道眾生來說，一切的顯現都依照各自不同的業，而對其本身來說都是有效、有根據的。但是，那些投生在善趣的眾生，由於其業障較輕，因此能感知的效度也比較大。在《定解寶燈論》中，蔣貢．米滂說到：

❸五方佛中，中央佛部大日如來的佛母為空大的淨分，東方金剛部不動佛的慧眼佛母為地大的淨分，南方寶部寶生佛的瑪瑪姬佛母為水大的淨分，西方蓮花部阿彌陀佛的白衣佛母為火大的淨分，北方事業部不空成就佛的三昧耶多羅佛母為風大的淨分。有興趣進一步了解者可搜尋關鍵字：「五方佛部主尊及相對智慧」。

隨著愈來愈多的迷妄得到清除，
依照從低到高的見地，
道界愈高，有效度就愈大：
而這是我們可以接受的主張。

當蘇瓊．謝拉．札巴的聲名遍傳十方之時，有一位性喜爭論的學者名叫「巴傑通」，前來找他討論實相的自性。他看見謝拉．札巴正在寺院周圍繞行禮敬，就向前請教謝拉．札巴，是否可以允許他坐在其所鋪著的墊子上，因為他有一些問題想要提出。蘇瓊．謝拉．札巴同意了他的請求，讓他發問。這位格西拿起一塊石頭問道：「你們寧瑪派的人都相信這石頭就是大日如來，不是嗎？」蘇瓊．謝拉．札巴回答：「從究竟的所見來看，這當然是大日如來。」格西接著用勝利的表情下了斷言：「那它其實並非是石頭？」大師回答：「如果我們看著它如幻的顯現，它就是個堅硬的石頭。」接著大師問格西：「你敢不敢否定或詆毀業的力量？」此時，格西對於自己的假說已經喪失信心。後來，他成為蘇瓊．謝拉．札巴八位持有傳承的弟子之一。因此，很重要的是，要知道顯現情況和真實情況之間的差別，受因緣條件制約的狀態和實相之間的差別，相對和絕對（究竟）之間的差別，以及心意造作和一切物質事物自然狀態之間的差別。

1·8 所有現象皆不眞實：一切只是心的迷妄展現

有些人說，眼見爲憑，沒有人看見的事情，就不承認它發生過。數十年前，有一位尼泊爾的教師名叫嘎皮爾，是個倡導共產主義的思想家，他公開聲明，沒有轉世這回事，理由是：活著的人沒有一個可以親自作擔保。他還聲明，如果眞有轉世的存在，就應該能用感官的力量來正面肯定：既然沒有人見過，轉世就不存在。我認爲「只要五根無法感知的東西，就因此不存在」的這個論點，一點兒都不值得考慮。要是我們堅持只相信可以看見或聽見的東西，那我們就得放棄對於「我們的祖先曾經存在於這個世上」的相信。即使我們能活到一百五十歲。這誰都做不到，在這如此廣大的世界中，也很難眞正遇見我們的祖先，並因而見證他們曾經的存在。如果因爲沒有任何活著的人能見證祖先的存在，就證明祖先從未曾存在過，那麼，我們的父親怎麼有可能會存在？有可能會有果的出現卻沒有因的存在嗎？如果我們相信絕無可能有果卻無因，那麼若是嘎皮爾坐在我正對面，他自己就不可能存在，因爲他否定了自身的因的存在，也就是嘎皮爾從未見過的祖先們。然而，否定五種感官的證明，合適嗎？對此，尚無答案。就算我們見不到那個因，如果有個指標性的東西或邏輯上的證明能表示它的存在，即使是現代的科學家和知識份子，也都得接受它的存在。

於一九九八年，有一次，我遇見一群美國的旅行者，當時他們正要前往岡底斯山。他們對於佛法存疑，不過大多數都對此有些興趣。其中有一位名叫約翰的人，他一直安靜地坐著、一言不發，雙足鬆散而坐。我問他是否有些疑惑，他直率地回答說他並不相信佛法。我告訴此人，應該要相信佛法，因爲這與事物的眞實自性有關。約翰表示，這個宗教主張有前世和來世，以及業的因和果，而他並不相信來世，因爲沒有誰曾經到過未來並回來告訴我們這種事情。我問他：「明天你們要去岡底斯山，但是有誰見到了明天？就只因爲世上沒有人見過明天，連你們著名的比爾·柯林頓總統都沒見過，這就表示沒有明天嗎？你唯一的回應會是，既然有今天，就有可能會有明天。相同的，如果有今生，不就有可能會有來世嗎？」約翰說：「你的回答很有意思。」並再度緘默不語。我繼續說到：「儘管它無法看見或聽見，只要有個指標或理由和它相關，我們還是應該接受這個可能性。物質的東西可以用三種方式來看：外在的形式、內在的心識，或者兩者皆非，端看它本身的來源。就好像青稞的苗芽來自青稞的種子，稻米的苗芽來自稻米的種子那般。毫無疑問的，感知來自於前一個類似的心識活動。因此，前世和來世、業因和業果，都屬於常識的範圍，它們的關連性是可以直接推論的。」聽我這麼一說，約翰似乎感到滿意，一邊說著：「這相當有意思！」然後就離開了。

如果我們檢視此時此刻個人的自我心識，藉由謹愼的辨識，將它分割爲數千片段，我們會發現什麼都沒有。就算幾千位科學家都將這個血肉之軀切割成塊並作顯微分析，也找不到有任何具體的心識存在，而只是四大元素所組成的各種物質。然而，不能只因爲他們找不到心識，就說「這證明了心識不存在」。執意堅持說心識不存在，其實是對常識的否定，根本就是沒有見識！與此一致的是，既然有了今世，也應該會有來世。由於今天存在，我們可以合理的推論，也會有明天。

《三摩地王經》中說到：

眼、耳、鼻皆不可靠；
舌、身、意皆不可信：
若這些感官能作有效指引，
誰還要來遵循那尊聖之道？❹

如果以眼所見和耳所聞，其本身就足以建立有效的認知，如果我們的五根本身就可以看到實際的眞相，就不需要佛陀的覺智之眼和種種的道次第修持。此外，既然我們認爲以眼所見就是最終的眞相，那麼就連能觀察到原子的顯微鏡也沒有意義了。釋迦牟尼佛在兩千五百年前說過，在眼不可

❹《三摩地王經》，漢譯為《月燈三昧經》。本段於《大藏經》電子佛典中的內容為：「眼耳鼻無限，舌身意亦然，於根分別者，聖道則無用。」高齊天竺三藏那連提耶舍譯。

見的原子（微塵）上面，住著幾千個眾生，而科學家們到近期才證明了這個論述的有效性：例如，在結核病患者的一滴血中就有無數的病菌。因此，佛陀和科學家們已經達到共識，只不過佛陀並非透過機器來看，而是用他的本初覺智得知。

二十一世紀的西方國家，外在的世界已然高度開發，且仍在開發之中，看來人們的生活已經毫無問題，但是在此同時，我們仍看到許多人由於苦痛而憂鬱哭喊。從較不開發的國家來到美國的人，每個都會因看到這個國家的亮麗和高度開發而感到驚艷，這是因爲不管是亞洲人還是西方人，都認爲快樂有賴於物質的東西和金錢。人們爲了獲得這種快樂，終日不顧飲食又通宵達旦，只是庸庸碌碌地忙個不停。再看看其他的動物、鳥類和昆蟲，牠們又是如何在物質世界中日夜追尋著快樂，我們可能會假定，牠們和人類一樣，都渴求快樂而憎恨痛苦，想要愛而討厭侵犯和苦痛，也相信快樂是來自物質的事物。這樣的事情，怎不令人驚訝！

現在，讓我們來想想百萬富翁的例子。這位富翁有著裝潢得非常漂亮的房子，前方有個相當迷人的花園，後方則是游泳池，房子裡則有柔軟的枕頭與床鋪，快速的網路連線，和一台可以看到國際新聞和娛樂節目的電視，床邊放著電話，可以隨時和遠在他方的父母通話而不受干擾。冷了，就把暖氣打開加溫；熱了，就把空調打開降溫。房子周圍還有好幾公頃的土地，此外則有精美的電子設備、豐富的佳餚美饌、豪華的代步轎車、頻繁的往來美女和交際娛樂，而且僕人總是隨侍在側。

但是，當我們聽到關於這些有錢人的新聞或報導時，就會發現外在的顯現和內在的性質，似乎相互矛盾。這些有錢人看來都很有幹勁，但若是沒有仰賴酒精和毒品，他們怎麼有辦法安然自在？對於比他們具有優勢的人，他們會燃起嫉妒之火；對於階級和地位與自己同等的人，又會大力競爭；至於那些處於劣勢的人，他們則企圖暗中損傷。有時候，由於不好的習性，這些人從事不法行爲並受到法院判刑，被關在監牢裡好幾年，心中的苦處難以道盡，可能還得向政府表態，承諾不再犯下同樣的罪行，以便乞求緩刑或減刑的原諒。

這類的事情，清楚顯示了讓自己執著於物質快樂、以爲那樣可持續永久的本質性錯誤。這些有錢人，本來就不應該這麼做。但是，從自我之根而生出傲慢之枝，枝上還懸掛著帶有劇毒的果實，讓自己和他人都因此毀墮。如果快樂眞的有賴於客觀的物質事物，這些有錢人就不會像這樣受苦，而是能享用天神般的愉悅。不過，快樂一刻都不會停留，它每分每秒都在改變，無情地從快樂變成了痛苦。

1·9 清除「相信實有」此痛苦之因的方法

一切痛苦的根本，在於對物體實質本質的執著和攀取。首先，我們得學會理解物質事物的不眞實。

快樂和痛苦，並不存在於事物的自性當中。我們所認爲的快樂之源，例如孩子、伴侶、財富等等，有時反而變成了痛苦之源，比如說：愛子之死、美妻不貞、珍財遭竊，甚至是一命嗚呼。有時，某個我們視爲痛苦之源的事件，卻變成了愉悅之因。譬如，只要講出幾個僥倖中意的字語，就可讓敵人轉變爲願意捨命爲己的密友，不是嗎？再來是聖雄甘地的例子，他在火車上受到嚴重羞辱的經驗，讓他引發了要爲印度獨立打拼的勇毅念頭。此後他成爲倡導無暴力之道的先驅，而變成世界的名人。於此，那個負面的情境，轉變爲高度正面而讓人受惠的事件。

還有另一個例子，很久以前，有一位印度大詩人，名叫杜爾西達斯❺（Tulsi Das）。有一天，他的妻子回娘家探望父母，但是到了晚上，由於沒有妻子的陪伴就無法入眠，因此他便前往去找妻子，而在他們兩家之間的路上得跨越一條大河流。當他到達岳父家時，妻子語帶曖昧並逗弄他：「你這個沒羞恥的色胚乞丐！爲了要來找我，連命都可以不要。」看到妻子的態度，他傷心不已，便離開妻子而走向畢許山，並在此禪修多年。某日，他在淨相中見到一位神衹，並從而獲得了撰文力。他寫下了《羅摩衍那》詩篇，受到全印度人的摯愛並聲名遠播。因此，這就是受到妻子的羞辱，反而創造了他寫下文學大作的機緣。

當尼泊爾發生毛主義份子的暴動時，軍隊燒掉了幾個小村莊裡的簡陋小屋。等到情勢回穩，尼泊爾政府給了那些屋主一大筆金錢作爲賠償，他們就用這些錢在都市裡蓋了大房子。對他們來說，房子被毀的悲劇變成了快樂之源。

如此這般，一個特定的事件，可能會帶來快樂，也可能會帶來痛苦。進一步來說，當我們快樂時，不管看到什麼，每一件事情都能讓我們欣喜，每一個東西都可以愛屋及烏。當我們痛苦時，則不管看到什麼或聽到什麼，沒有一樣能令自己覺得開心。在我們怒血沸騰之時，管它面前是什麼東西，全都一概拒絕、破壞，或摧毀。我們知道，有時候一些人會在盛怒之下，連自己的房子都會燒了，甚至還會自焚。當我們生氣時，無論什麼東西都會引起憤怒和不快。舉目望去，看到的人、事、物，都成爲讓我們痛苦的根源。

儘管一切的顯相的確是我們自己的投射，但這些顯相的特定性，卻不那麼可預期或慣常一律。兒時對於事情的看法，到了老年就有很大的差別。此外，早上看來毫無疑問是愉悅和眞實的東西，到了晚上就變得完全相反。我們每個人都能從個人經歷中回想，從某個未下定義的事件中，這類變化多端、無可預期、模稜兩可的體驗。上述事實有助於讓我們發現，一切現象，都是我們自心的投射。另一方面，如果我們未能理解現象乃是幻相，它僅僅是沒有實質性的顯現外相，則我們將習於相信，自己的敵人其敵意絕對不變，而我們的朋友其愛意恆常永遠。

❺一般作 Tulsidas（1532—1623），莫兀兒王朝阿克巴大帝時期的人，又譯吐西陀斯或圖希達斯。

當名人和富人相信自己的聲名和財富都眞實存在時，他們便是處於迷妄的，脫離輪迴的機會也永遠不會出現。那麼，「眞實存在」又是怎麼一回事呢？因爲，如果要說某個東西是眞實存在的話，它就必須本來就是實質的，具有恆常不變、堅固穩定、無可摧毀的本質。要是顯現的物體並不眞實存在，它們怎麼可能成爲讓人持續痛苦的特定來源呢？痛苦怎麼可能會因一個本來不具實質存在的物體而總是生起呢？類似這樣，如果想著某個本來就是「幻相的事件」的念頭，它們其實並不眞實，就不可能會有造成痛苦的信念之基礎存在。唯有當一個本質並不固定的事件，被錯解爲具有實質存在，諸多的念頭才會跟著生起並成爲信念，進而造成痛苦。想想錯把黑繩當作毒蛇的例子就可以知道了。由於相信心中所創造的妄相是眞的，所以引發我們的恐懼。痛苦來自對於事物的迷妄感知，來自無法見到事物眞正自性的錯誤。

再來，讓我們看看這個例子：有個人，在某個無月的夜晚，整晚都待在沒有電燈或光線的地方。他用棉被蒙住頭部，並且夢到自己進入一座開滿花朵的大花園，園中正在舉辦一場熱鬧滾滾的宴會。他也置身群眾當中，彼此快樂交談，周遭則是花團錦簇，他一邊嚐著美食佳餚，一邊摸著並嗅著百花芬芳。在夢中，他認爲這些美妙的花園和交談、視覺全都是眞的。當他醒來以後，便知道夢是不眞實的，而花園也沒有實質的存在。

假定我們都認爲白天看到的都是眞的，晚上夢到的都是假的。那麼首先讓我們來觀察，白天的感知是從哪裡來的？其次，它們停留在哪裡？第三，它們去往哪裡？這樣的檢視，應該可以讓我們發現，我們平常的經歷都是不眞實的，也可以幫助我們了解這些其實都只是幻相。我們一般人認爲是眞實的東西，在覺悟者來看則是夢中世界。由於他們知道，無有一粒微塵實存，便能隨時了知事物的如幻自性。基於這個理由，他們從不會受到快樂來自外在事物的這種想法所干擾。

凡夫所持的見地就是，能知者（主）和所知者（客）都是眞實存在的，而他們也因此受苦。另一方面，聖者了悟能知者和所知者的非眞與非實，所以生生世世都快樂連連。這兩者之間的差距就在於，世俗之物質主義道路和佛法之超越輪迴道路的天壤之別。於《入菩薩行論》中，寂天菩薩說到：

> 一般人看外在的物體
> 相信它們眞正又實際，
> 瑜伽士則視其爲幻化：
> 故和凡夫之意見不合。❻

❻見原書第九品「智慧」：「世人見世俗，分別為真實，而非如幻化，故諍瑜伽師。」如石法師譯。

這世上的許多宗教學派，包括佛教、印度教、基督教和天主教、伊斯蘭教等，以及分析事物自性的大科學家，再來是無神論者，對於事物究竟能不能被感知到，這三方都不會有所爭論。如果事物無法被感知到，就沒有可以爭論的意義；如果我們看到的都一樣，也沒有什麼好爭論的。不過，這三方還是有所爭議。每個宗派對於種種顯相的起源和自性，都有各自的意見。關於顯相是由哪一方所決定——客觀層面還是主觀層面，以及我們在某一刻感知到的顯相，是否與事實相合？三方的想法並不一致。爭論的重點就在於是誰、是什麼，創造了這些顯相，也就是外在顯相的起因究竟爲何。「科學家們」，這些理性的、西方的知識份子，需要檢視從各方不同意見所決定的不同哲思，哪一個才眞正能解釋顯相是如何被感知的。每個人都同意，顯相的自性是彼此爭執的重點，也是需要加以檢視的必要焦點。顯相乃非存在的這個信念，與我們的常識有所違背，因爲要是顯相並不存在，所有那些我們推斷可以感知的物質事物，就會像虛空一樣。科學家們必須想辦法解決的關鍵問題就是：顯相所依而在的物體究竟是否眞實存在。如同早先已經說明過的，這個問題的答案，必然一定是「任何顯相所依而在的物體，沒有一個是眞實的存在」！

1.10 將不實世界安立爲魔術幻影的方式：不同層次的途徑

就連佛教早期的相對論派「說一切有部」（或稱「毗婆沙部」）和傳統論派「經量部」這兩者，

也都認爲例如山岳、房屋等等粗重現象，都是因指稱而存在。依照這兩個部派的看法，以心和心意作用這兩層面所感知、言語、作爲者，都是虛妄的：只要是用粗重標籤來立論的東西，都被視爲是虛妄和如幻的。不過，他們也相信，有著究竟眞實的基本粒子，並非只是有名無實的指稱，而是具有眞正實質的存在。舉例來說，心識的一刹那，就被看作是具體的不可分割本體，因此是究竟的眞相。

大乘「唯識宗」的主張則是，以本初來說，一切事物的顯相，是由以眾生善惡心念爲根本基礎而印記的各類習性來決定的。隨著習性的力量逐漸增長，因而出現了整個世界和居住其中的各類眾生。「唯識宗」並不像「說一切有部」和「經量部」認爲原子的組成是眞相的基礎，而是主張這類原子經不起分析，就如世親尊者於《唯識二十頌》❼所指出的，

如果其六面都被視爲各自分別，
那麼基本的原子就會變成六個；
如果其六面都被視爲合爲一體，
整個宇宙就會是一個單一原子。

❼此處英文原來是無著尊者和《三十唯識》，經作者修正為中譯內容。

基於這個理由，「唯識宗」的立論是，顯相只在心意上存在（萬法唯心造）。感知主、客二元為空，被視為自身覺性和明光的究竟眞相（勝義諦）。若將一切外在的現象都立論為空性，並說它沒有實質且非本自存在，則那能知的心識，甚至包括自身覺性和它的明光在內，則不必有基礎且不必被安立而仍眞實。客體對境的場域中如果沒有藍色，就不可能有對於藍色的眼識。如果我們知道，心識雖有二元感知但依舊是空的，它其實是自身覺性和它的明光，那麼由分析概念所來的指稱，就是毫無基礎的。

「中觀宗」則主張，所感知事件的客體層面，也就是對境本身，是不眞實的。然而，和「唯識宗」不同的是，「中觀宗」並不同意那本身並無對境的感知、自身覺性和它的明光為眞實的，而是主張：「將主體和客體的空性感知為自身覺性和光明」的那個感知，只不過是散漫之心對於虛幻經驗的另一個標籤而已。它主張，若是用分析邏輯來仔細檢視，這個照理說來應是眞相的自身覺性和光明，其中根本沒有一絲一毫的眞相。月稱菩薩在《入中論》裡說到：

> 不要認為色能獨立於心之外而存在；
> 不要認為心能獨立於色之外而存在：
> 佛說要知其非此、非彼，亦非非此非彼，

而這一點已於《阿毘達摩》中詳加敘述。❽

因此，輪迴和涅槃的一切現象，皆以相依緣起的無欺顯相而生起，其乃屬於相對的眞理（世俗諦）。於究竟的眞理（勝義諦）中，主體和客體這兩個層面都是本自爲空、無可安立，沒有辦法被確認或戲論爲「存在」、「不存在」、「兩者皆是」，或「兩者皆非」。❾

從果乘續部的觀點來看，中觀宗強調所見的對境，而將世俗和勝義二諦做出令人不滿的分別。這是因爲，就中觀宗的觀點來說，它同意，從究竟的角度而言，所顯現的一切物質客體是究竟爲空且本來不實；然而，它卻主張，我們一般將顯相如幻地感知爲堅固實質物體的這個相對眞理，是可被探究、被淨化的，且最終應要捨棄的。從究竟的見地來說，一切現象都是空性，既離於概念戲論，也離於任何淨化的媒介。但是，從相對的見地來說，以業的習性而言，我們卻需要有所取捨。相反地，果乘續部則認爲，既然相對和究竟這兩種見地也不過同樣是有名無實的指稱，則堅持這種

❽英文 form 可說是形色、外相。這一段，見原書「第六現前地」：「無色不應執有心，有心不可執無色。般若經中佛俱遮，彼等對法俱說有。」法尊法師譯。《阿毘達摩》所指原為佛法三藏當中的論藏。

❾即月稱菩薩於《入中論》所談到的四邊謬見，分別為：「有、非有、亦有亦非有、非有非非有」，白話的意思是：存在、不存在、既存在也不存在、既不存在也非不存在。

毫不妥協的分類，認為何者有效而何者無效，便沒有它的基礎。所有的見地，都只是在想法上、概念上，這是因為於實相的本然或根本狀態中，無論是相對或究竟的見地，也都不存在。

無與倫比的班智達至尊榮松巴在著作《見地備忘錄》中說到：

如果我們的根本本體是佛陀，
則我們的特徵就也只能是佛陀；
既然某特徵是本體的一部分，
那特徵和本體兩者就都是佛陀。

當我們了悟自身和佛陀無有分別，便能處處見到實相，而非特定只在某處見到實相，也不會特別想要做些什麼。如了義的佛經中所述，「觀」和「止」都是釋迦牟尼佛的修道。

在既非相對、亦非究竟的實相中，沒有好壞之差，也沒有取捨之分。想一想夢境的經驗，我們便可推論出事件是從因緣而來的這個道理：播種能帶來豐收，飲毒會導致死亡，而吃藥可幫助康復。然而，就算這些事件依序出現——譬如，我們也不能說飲毒後的死亡和吃藥後的治癒是前後相連的，因為，無論是飲毒和死亡、吃藥和治癒，都是夢中的事件。對於夢中事件的每一刻感知，都是平等而相同的，離於任何對於因果相連的指稱。既然，醒時狀態的每一刻，都是等同如夢的自性，我們對於相對或究竟眞理所下的任何偏好判斷，都是迷妄中的迷妄作用。就如至尊榮松巴於《入大乘理》中所說的那般：「於夢之外，好比於夢之中：在有作用與無作用的幻相之間，並沒有根本的區分。我們醒時狀態的一切現象，也如海市蜃樓、夢境、倒影、幻影，既不具眞實，也沒有基礎。」儘管在夢中，水壺看來有著盛水容器的作用，但它所具備的作用能力也不比鏡中水壺的映像來得多。我們無需證明，夢中的顯相和它們的特徵是尚未被確定，或是否具備了作用能力。同理，也無需證明，我們一般對於內在和外在物體的感知、那相對迷妄的顯相，是否以因緣的結果而生起，或是否能起任何的作用。對於智者和愚夫來說，這些都是相同的顯現。我們或可將顯相指稱爲清淨的或染污的，但並不需要將它們貼上任何一方的標籤。因爲在實相中，是因是果、是眞是假，全都只是智識上的指稱。如此一來，相對和究竟便是相同的。

續部的瑜伽士不同於中觀宗的學者，他們所執持的看法並非「二諦於世俗諦中相異，而於勝義諦中無別」。對他們來說，世俗諦是究竟清淨的，而勝義諦是究竟平等的——在此，清淨性和平等性這兩者是完全一樣的（淨、等無別）。以法身爲「覺、空合一」這個獨特的有益觀點，便看出了世俗和勝義二諦的究竟無二無別。於《如意寶藏論》中，龍欽巴說到：

那相對的等等乃超越區分，
超越兩個有名無實的眞相，
因此任何戲論都是多餘的。
無有分別的這個眞相，無法加以證明或否定。
在廣空之中，顯相和空性無二，
因此眞相爲一。

在輪迴與涅槃之內，無論生起了什麼，在出現的當下，都是生起於究竟而無時的空性中。此處，沒有絲毫要取之善，也沒有絲毫要捨之惡，稱爲「無時而無別的大眞諦」。雖空而顯，雖顯仍空，空性與顯相這無時間限制的莊嚴平等性，稱爲「大圓滿的見地」、「棄離一切的見地」或「離於一切論點的見地」。因此，在實相中，一切現象不過就是心意的標籤；在實相中，再怎麼微小的事情，也沒有要取或要捨的。擁有這個見地的瑜伽士和瑜伽女，對於他們自己能有多不執著物體實質層面的假象經驗，或是多不執著煩惱的程度，是不去注意的。他們並不區分見地是高或低，也不留心修道的成就是快或慢。

讓我們想一想榮松巴於《入大乘理》中所講到的這些例子：人們看見水中蛇影，而有了不同的反應；或是害怕而逃跑；或是想拿蛇毒當藥；有的認爲那是水中倒影且告訴他人、但自己並不碰觸；有的認爲那是水中倒影且不僅告訴他人、還自己親身碰觸以顯示它的不眞實。還有一些人在遇見任何蛇的顯現時則認爲，不管是看成眞的而逃跑、以爲是倒影而碰觸等等這些，都不過是孩童的遊戲。對此不作取捨，自在安住，顯示這些人的見地爲：無論何種的判斷和反應，都是如幻的。

再看看另一個例子：「說一切有部」和「經量部」這兩個佛教早期學派的僧人們，藉由避免煩惱的原因，努力將自己從輪迴中解脫出來。「唯識」和「中觀」這兩個大乘願心學派，尋求空性的悲心層面，以作爲所有煩惱的對治。外續部的瑜伽士和瑜伽女認爲，煩惱的原因難以顯示，因此爲了面對恐懼，他們觀想佛陀本尊並念誦咒語。內續部的瑜伽士和瑜伽女則了知，煩惱本無實質，因此他們致力清除對於煩惱的任何一點恐懼，將煩惱取爲道用，踩著它們前進。不過，大圓滿的瑜伽士和瑜伽女，他們了知所有的煩惱都不過是有名無實的迷妄，沒有實質可言。由於了悟到對煩惱加以威脅恐嚇的徒勞無用，這類的瑜伽士和瑜伽女猶如勝利的烏鴉在死蛇身上盤旋那般，安住於本然自在的狀態中，全然超越任何對於客體特性層面的取捨反應，這是因爲他們已然掌握自身覺性的不變堡壘。

1.11 人們不知其無實自心的如幻自性，而在錯亂中打轉

如果一切現象本初解脫且本自解脫，沒有需要培養應取之善，也沒有需要拒斥應捨之惡，那麼

有情眾生何以會在輪迴中流轉？《三摩地王經》中說：「菩提種子遍在眾生之中」。在《幻化網祕密藏續》中則說，

我們或可在四方尋覓，
但仍找不到圓滿佛陀；
自心本身即是圓滿佛陀，
因此莫要另往他處尋求！

如果自心本性即是圓滿佛陀，迷妄怎麼有可能生起呢？於個別有情眾生之中的散漫念頭乃不請自來地生起，並因我執而使之加重，進而投射出整個輪迴的宇宙。因此，輪迴乃是如夢的自我顯現。

這裡有一則古老的日本故事：在好幾千年之前，那時還沒有所謂的鏡子，住著一個農夫和他的妻子。每天，農夫都到田裡工作。隨著時間流逝，妻子注意到，農夫開始每天都花不少的時間往下盯著田裡的某處看。農夫一邊看，妻子還聽到他一邊反覆不斷地念著某句話。妻子納悶著，究竟那地方有什麼特殊之處，老讓他這樣盯著不放。有一天，她便偷偷摸摸地跟蹤丈夫，看看他到底在做什麼。她驚訝地看見，農夫所盯著的是一片破碎的玻璃。妻子從農夫手中奪走那片玻璃，往裡面一

瞧，卻發現有個美麗婦人的臉，正反過來盯著她看。她氣壞了，痛罵農夫說：「原來你這些日子以來是在田裡做這種事情」，妻子大叫著：「你喜歡上另一個女人了！」農夫回答到：「那你可就大錯特錯了，我對其他女人沒有興趣。在那片玻璃裡，有我死去的父親，這讓我一直很在意。」妻子又將玻璃拿過來，再看一次，還是看到那個漂亮的婦人。她把玻璃還給丈夫，盤問到：「拿去！自己看看那裡面是誰！」農夫再次向妻子保證：「是我父親啊！」妻子便責怪起丈夫的花心不忠，以及不肯承認她眼中所清楚看見的事情。當他們正吵得不可開交的時候，一位日本的瑜伽士剛好經過，便停下腳步，問問他們究竟是怎麼一回事。妻子回答：「那片玻璃中明明就有一個女人，他還說是他的父親。我們就是為這個吵起來的。」瑜伽士說到：「讓我來看看吧！」他便將玻璃拿了過來，往裡面一瞧，看到了一位五官清秀的年輕瑜伽士，於是他告訴這對夫妻：「裡面既沒有女人，也沒有老男人，卻有個帥氣又年輕的瑜伽士。你們都別吵了！無論如何，這剛好是我需要的」，於是他將這面鏡子恭敬地放在頭頂輕觸，帶走了它。

正如這則趣聞所顯示的，由於我們無法看清自己心意歷程的自性，於是將自己所執取的東西加以外化，並認為有個客體「在外面那裡」。至於那個執取客體的人則加以內化，並認為那是主體，而色、聲、香、味、觸，就被看作是外在的物體。接著，對於有吸引力的、讓人討厭的，或是沒有感覺的對象，便生起一連串貪愛、厭惡、無感的概念波濤。原先的無二，就這樣被認為是二元，再基於各自累積的特定善惡業果，我們便投生於輪迴六道各自特有的環境中。我們在輪迴中的投射，其根源一點兒也不具體、不恆常、不實質。對農夫、妻子、瑜伽士來說，鏡子的表面顯示出三種眞相，讓他們各自看到不同的版本。瑜伽士有了貪愛的反應，妻子有了厭惡的反應，農夫則爲漠然無感。

簡言之，由於我們錯亂的念頭，而將那無實質、無可尋的幻相，信以爲存在：這只是個迷妄。只要我們尚未了解到那面鏡子所映照的就是我們自己的樣子，就會有無盡的爭辯隨之生起。直到因我執所致而對於幻相的爭議消融，直到我們對於鏡中映象的爭辯不再，否則，我們依然會受困於輪迴。

天、阿修羅、人、畜生、餓鬼、地獄，這幾處的眾生，都有著各自不同的身體、歡愉、環境，以及特有的苦樂感受。由於我們面前不斷出現各種大不相同的映象，就像在電影裡那樣，我們全都攀執於「我」和「我的東西」，「我的」財產、「我的」父母、「我的」愛人、「我的」孩子、「我的」國家等等。基於這些理由，我們變得受制於顯然看似爲分離的主體和客體，受困於這種信念，有如被鎖鏈綑綁的囚犯，從無可能品嘗解放的滋味，也從無可能獲取脫離輪迴的自由。

如果我們認爲這些對於迷妄顯相的二元感知鎖鏈，其本身具體而實質，那麼我們當然就陷入再度的誤判。迷妄之刻，其實並無綁縛，也無解脫：好比一位魔術師把如幻的大象綑綁在如幻的柱子上，沒有誰去綑綁，也沒有誰是被綁住的。⑩煩惱和痛苦猶如鎖鏈一般出現，若以推理來檢視，卻沒有任何實質的存在。這個綑綁顯相的來源是什麼呢？答案是某個偶然的自我念頭製造了這個幻相。比方說，想像面前天空中有一條繩子，我們將它打結並鬆開。這個繩子是我們的自心本性——佛性，從初始即清淨猶如天空。這些繩結，就是二元感知的糾結，是由「不」和「不是」的否定與「是」和「是的」的肯定所來，並因而製造了輪迴的迷妄顯相，就像看見一個廣大的魔幻國度一般。在魔術師打破他用咒語和道具所造的魔術幻影之前，我們都相信那是眞的，但是實際上，那幻影打從一開始就沒有基礎或起點可言。在我們捨棄二元感知的執著之前，都會受輪迴的可怖幻相所欺騙，其實它們根本什麼實質都沒有，我們卻將它們視爲眞的。

1.12 本覺即是佛陀

在無始的輪迴中，痛苦的根源就是好惡的煩惱。雖說我們需要去除從這些煩惱所來的迷妄心意投射，不過首先要做的，可能應該是區分哪些是要清除的、哪些是能對治的解藥。舉例來說，有一塊木柴要砍，也有一把斧頭可砍；有病要治，也有藥可治；有煩惱的迷妄影像，也有清除這些迷妄影像的解藥。而其對治的解藥就是對於無我的了悟，或說是本初覺智，在其中，不會生起二元的顯

❿作者解釋，光是聽聞和認知「迷妄之刻，無綁縛亦無解脫」這一點，是不夠的，要能夠了悟這個境界，才算是證悟之刻。前者是後者的基礎，但真正的證悟之刻有賴自己的了悟。

相。但是，若我們相信自己需要仰賴解藥，單獨依循並修持之，那就錯了。無論所生起的是哪一種煩惱的念頭，如貪愛；所出現的是哪一種迷妄的投射，它們全都是輪迴的自性，在實相之中全然相同地完整與圓滿，本初即解脫，超越錯誤或過失。為何如此？這是因為輪迴的自性就是空性。《三摩地王經》中說到：

菩薩逐步削弱物質主義，
因為一切的存在都是本初為空。
智者不與孩童爭論，
也不與將空性看作虛無的極端主義者爭論⓫。

進一步而言，在輪迴出現的那一刻，其實並沒有實質的存在，它是無瑕疵的本然圓滿。夢中的現象和作夢者的心，在心中是合一的；就如二元的顯相，經過檢視之後，便可看作是實相的魔術幻影。同樣的，推轉輪子的自我，和輪迴與涅槃中被具體化的客觀場域，也都是自心本性。這是因為自心本性就是顯相的本身。

龍樹尊者在《中觀根本慧論》中說到：

輪迴與涅槃之間，
甚至沒有細小的區分；
連絲毫般的差異都無。[12]

當我們了解到相應於涅槃和輪迴之對治和斷除、取受和拒斥、肯定和否定等一切想法，都只不過是心意概念的戲論時，我們就了悟到，所有的散漫概念，其本身都是空的，也都相同於實相的本身。再沒有比這個更爲深奧或無上的見地與禪修了。《相契諸佛》中，記載了蓮花生大士的話語，

若妄念即爲法性，
則無他法界可修。[13]

---

[11] 猜測此處的物質主義相應於「常見」，極端主義相應於「斷見」，兩者皆為「邊見」。由於全書內容甚多，經查後可能和這一段有關係：「諸法不可得，非無諸法想，若能如是知，彼想亦不見，我知如是想，凡夫妄分別，於離分別法，知者不迷惑，此為智者地，非是愚境界，是菩薩所行，謂空無分別。」高齊天竺三藏那連提耶舍譯。

[12] 見原書「觀涅槃品」第二十五：「涅槃與世間，無有少分別，世間與涅槃，亦無少分別，涅槃之實際，及與世間際，如是二際者，無毫釐差別。」姚秦三藏法師鳩摩羅什譯。

[13] 由索南倫珠老師依照藏文中譯。

夢中，二元感知的主觀層面將自己誤以爲客觀的場域。類似這樣，我們將輪迴的二元顯相錯解爲外在的客觀場域，而這就是迷妄。事實上，自心本性向來就是本然圓滿，也就是事物的眞如。好比大海中的星辰倒影，和大海向來是無法分開的，一切的善惡念頭也向來都離不開自心本性。當一個人安住於那鬆緩而無造作的自心本性虛空中時，對於無念法身的了證便自然生起。《普作王續》中說到：

一切顯現、如所顯現，眞如中爲一，
於此莫作修或整！
唯以無作平等王，
無念法身密意中任運。⑭

在我們進入本覺的不作修飾（無有造作）虛空之後，將會經歷到偶然念頭的突然生起（忽爾妄念起）。對此我們稱爲本覺的妙力耽著，看來是以由因生果的形式出現，當我們加以探究時就會發現，在我們認爲是前因的剎那和後果的剎那之間，其實並無關連。這是因爲覺性的面貌安住於本初清淨的本然圓滿之中，那無根源且無基礎的廣空（法界）之間。在妙力的多重表顯之生起中，實際上並沒有連續性，因爲每個剎那的本性都是切割分段的。收音機的電波可以在一秒鐘環繞地球三次，這是透過一連串接續性的時間剎那所達成的；另一方面，妙力的一剎那，則是個瞬間性的開展，並非有個時間存在的過程或是有如毫不間斷的水流。時間的每個片段、每個剎那，並不具行動的能力，因爲它本身沒有延展性。行動，也就是業，在單一的剎那之中是無法出現的；唯有在短暫的相續之中，也就是透過許多片刻的串連所延展的時間，才有可能。對於實質存在的概念，即是透過這類相續的錯誤想法而生起的。但是，過去的片刻已然止息，未來的片刻尚未得見，如果我們檢視當下的片刻，就會發現它既非實質存在，亦非停留在外、內、中這些層面。我們看到，每一個剎那都在生起時即消逝，因此它就是本覺那本初而無時的覺性之自性，亦即如天廣空（法界）之自性。

從看似有主、客的合一場域之主體軸向外端查，我們見到一個表面的客體場域：於是我們錯將自己的眞正面貌——那本初佛、本初清淨的實相，誤以爲是受到投射的心意顯相。而這個受到制約之心的主體層面，大大壓過了客體層面；且看似生起爲多重樣貌顯相的戲現，然而於實相中卻是享有其自顯的本初覺智。好比那大海的波浪，不管它們有多麼洶湧，總還是大海的一部分。實際上，念頭的相續，儘管有著五毒的繫縛，卻就是本初覺智的戲現，本初清淨。這是無與倫比的無上法門之禪修。在《普作王續》中說到：

⑭由索南倫珠老師依照藏文中譯。

沒有念頭，沒有修持，於實相之中
從念頭本身，生出了本初覺智。

敦珠仁波切在《遙呼上師．本初道歌》中說到：

任何生起爲法身妙力者
皆非好、亦非壞：
當下慧即是直接佛。

簡言之，當下的直接、平常感知，離於任何二元感知的攙雜，直截了當、單純如是，沒有絲毫修飾，維持一般狀態，在這之中，我們進入一種本然的狀態。於是，那時刻都在的自生本智，便揭示其普賢王如來的眞正面貌。

這是由尊勝、圓滿之佛薄伽梵所傳遞的首要訊息，也是所有成就佛果法門的最重要一項，那就是：一切現象都是本自無有實質的空性，僅僅是有名無實的指稱。

1.13 闡述世界和魔術幻影的相似之處

所有的知識可能都只不過是一堆的概念標籤，沒有任何的具體性和可預期性。但是，我們那些對於好壞、關於能夠利益有情眾生和可以避免造惡的知識，又該怎麼說？那些關於療效利益和毒性作用的共通性知識呢？這類的知識，乃是來自不容置疑的常識或歸納思惟。例如植物或蔬菜的成長：端看七種相關的因素（因：種子、嫩枝、莖幹、樹葉、新芽、開花結果）和六種相連的條件（緣：地、水、火、風、空、時），而使植物依照種子的狀態而成長。這一點，我們從直接的觀察就可以得知。又如有情眾生的生命階段是根據十二緣起的歷程，從無明為始到老死為終，如經典上所教導的那般。

對於這類約定俗成的資訊，究竟應該如何處理呢？答案是，只要自身仍擔負著二元感知的迷妄，我們就依然會像一位受迷魂性蔓陀蘿①控制的薩滿巫師那般，無論所生起的顯相為何——顯相的生起從不間斷，我們都會認為那個被標籤的現象世界就是已知的事實。於是，依照那些概念性指稱和基於分別念想所見的世界來作分析，我們除了接受和忍受之外，別無他法。

以前，有一位偉大的國王，一日，他要求一位偉大的魔術師來示範魔法。這位魔術師先問了國

①在印度濕婆教瑜伽和美洲印第安薩滿教所使用，能左右精神狀態的植物。譯註：又名醉心花、鳳茄花、朝鮮牽牛花等。

王，他是否在意稍微來點窘困的狀況。國王保證自己可以忍受，沒有問題。因此魔術師就開始作法。就在這時，一位侍者剛好拿著茶水走來，正在倒茶的時候，國王聽到一聲馬鳴，便往窗外一看，他見到一片花團錦簇的美麗牧草原地，周邊還有幾條清溪流過。在這草原上，他也看到一匹來回漫跑的天藍色美麗馬兒。當國王看到這匹美麗的馬兒，覺得自己無論如何都非得要騎牠不可，他一邊想著，一邊衝過去蹬上馬背，才剛坐上，馬兒就開始四處奔騰，速度越來越快，直到飛上天空，離開了草原。越過了幾千哩路之後，最後來到一處寸草不生的荒野，看來就像是惡魔之地。當國王下馬之後，這匹帶他來到這裡的馬兒，從此消逝無蹤。國王開始擔心，不知道自己該怎麼辦，沒有裝備、沒有食物，也根本不清楚回到自己王國的路要怎麼走。就在他如此沉思之時，他發現到遠處山谷有些炊煙裊裊，決定要一探究竟，希望能找到一些可吃可穿的東西。當他走近一瞧，看到炊煙是從深谷那邊傳來的，於是他一邊往下走，一邊叫喊著，這時出現了一位中年婦人，他便請求是否能讓他過夜。這位婦人同意了，儘管國王心想，或許隔天日出就能回到自己的王國，可是，對於要如何回到他那遙遠的國度，自己根本毫無頭緒。因此他又待了幾天，很快就成了幾月，最後過了幾年。國王和婦人繼續相處，也度過一些美好時光，並生下了九個小孩。這個家庭仰賴著六隻山羊的乳水，而顧養家畜就成為他的責任。但是以這麼大的家庭來說，這些家畜的乳水實在不足，因此孩子們總是哭著喊餓，此外還各個衣衫襤褸。最後，這位婦人逐漸年邁、齒牙全落，毛髮也灰白了。就這樣過了十八年，除了痛苦和悲慘之外，別無其他。忽然，在毫無預警之下，國王彷彿大夢初醒，一瞬間回到了自己的寶座之上。他馬上咒罵那位魔術師，怎麼可以害他在那麼久的時間中吃了那麼多的苦頭，在一陣嚴厲指責之後，他啜泣起來。魔術師接著安慰他道：「我只是在示範一場魔術幻影給您看，您根本沒離開您的寶座，也沒有經過十八年，這全是個幻象。況且您的侍者端來放在您面前的茶，都還沒有涼啊！」國王聽到魔術師的話，再看到面前的茶仍在冒煙，不禁訝異不已。

正如這個故事，國王認爲他在深谷中與一位老婦人養育家庭的幻影，是個眞實的事情；他把小孩看成是自己的，經歷著種種的快樂與苦痛，但實際上卻連一步都沒離開他的寶座。我們的情況也一樣，我們將這個世界看待爲具體的物質事實，但它實際上卻不過是個魔術幻影。就連夢中所見到和所聽到的經歷，不必靠著眞正的眼、耳等感官就會出現，它們也只是讓自心受到制約的印記。這些乃是藉由我們所加諸的標籤而在，除此之外沒有絲毫微物是存在的，而這就是眞相。

1·14 依據佛經而懷持「一切並不眞實」的信念

既然，迷妄心所投射出來的顯相是不存在的，那麼，讓我們來看看，敵人所造成的傷害和友人所帶來的助益，受到侮辱所導致的攻擊，以及狂烈難控的色欲等等。就和夢境一樣，看著它們並首先尋找它們的來處，次而尋找它們的所在，終而尋找它們的去處。你會發現，根本找不到這種特定的起始。

我們當前苦樂的感受和種種夢中的感覺，從何而來呢？答案是，這些顯相是因受到業力牽引的心的習性所來。若是加以檢視，便能看到它們並不具有實質的存在；若是毫不加以探究，則看來似乎眞實、具體，又眞切。

《寶積經》中說到一段故事：從前，在摩竭陀國，有個聰明的魔術師名叫「跋陀羅」（巴札），他的名聲遠傳四方。一日，他想到：「要是我能用魔術捉弄佛陀，我就會成爲世界上最有名的魔術師。」於是他前往晉見佛陀，並想要加以欺瞞。跋陀羅來到佛陀當時所駐錫的地方，並提出邀請，希望佛陀和其隨眾們明日能來應供，佛陀也同意了。翌日來臨，跋陀羅用魔法變出一棟花環裝飾的漂亮房子，一個寶座和許多桌子，上面擺滿各種珍饈。住在附近的人們都對此感到驚異。在跋陀羅的判斷中，這對佛陀的遍智來說是個很好的測試，因爲，如果佛陀什麼都知道，自然不會前來用餐，免得自取其辱，讓自己看起來既愚蠢又可笑。不過，到了中午時分，佛陀和五百位僧眾依約前來，跋陀羅前去迎接，也懇請他們入座。接著，他將所幻化的飲食送上，佛陀加持了這些供物，彷彿它們是眞的一樣，並且開始用齋。就在此時，跋陀羅決定要打破自己的魔術幻影，並揭發佛陀的愚昧，但是不管他怎麼努力，就是無法讓這些幻影消融。佛陀和隨眾享用了這頓豐盛的午餐之後，他念誦了這段迴向文：

施者及受者兩方，
與禮物皆不可知；
由於三者乃相同，
願跋陀羅能證圓滿。⓯

這精巧的迴向文，意思是施者、受者和禮物（跋陀羅、佛陀和午齋），不應被具體化而成爲分離的本體，也不應被想像化而成爲個別的客體。它們三者由於都不可知而相同，在甚深的實相中，這三者沒有誰必然比誰更眞實。對此認清之後，儘管原先的動機有染污、所供的午齋爲幻術，但是對於魔術師跋陀羅來說，就能達到善德的累積和本初的覺智。在甚深的實相中，於「幻術」的午齋和「眞實」的午齋之間，沒有任何一絲的差異。跋陀羅由於自己咒力的不當加持，沒辦法將魔術幻

⓯「能於所施物，施者及受人，等無分別心，是則施圓滿。」見《大正新脩大藏經》第十一冊 No. 310《大寶積經》卷第八十五「授幻師跋陀羅記會第二十一」，大唐三藏菩提流志譯。

影的顯相消融，但由於佛陀眞實加持的無上力量，使得原本是魔術幻影的東西成爲大家所約定俗成的眞實東西，而其實都是一樣的感知相續。跋陀羅用魔術幻影所造的「幻相」和佛陀使它成爲「眞實」的內涵是一樣的。醒時狀態的顯相，和夢境狀態的顯相，彼此之間並無分毫之別，如果我們能於夢中看出那是個夢，則瞬間就能從痛苦中解脫。

此時要是我們能認清對友伴、名望和財產的執著貪愛，對敵人的瞋恨，以及所有其它的煩惱情緒，全都是夢境顯相，了知它們並不存在，僅僅是心的分別概念產物，如此，外在物質的事物將無法干擾我們。了悟一切的顯而不存，只是空性的意象，我們就能證得恆久淨樂的大堡壘。

此刻，我們可能從未聽過、也未了解大圓滿法，又或許我們只是聽過對此的附和之聲。由於我們對大圓滿法並不熟悉，也由於我們的心容易受騙，我們追趕各類感知上的好東西，也逃避各類感知上的壞東西。心識，就像一隻跟隨主人腳步的狗；客體的場域，就像一場由魔術師所投射的五根客體遊戲。當這兩者相合之時，心識與客體的相遇，被稱爲「取境而耽著的本覺」，那外在客體的層面，如深河之水般流續不斷，儘管是心意投射的迷妄，依然能被經歷爲眞實的東西，日日夜夜、經年累月，甚至是一輩子。因此一位百歲老人，可將自己從生到死的一生，看成是當天的一場白日夢。我們將從未分離的主體和客體，當作是兩端而經歷著二元，我們所感知的一切因而變成毫無意義的散漫分心，追逐著根本就不存在的東西。如此這般，我們因愚癡而受騙，並將自己浸沒於輪迴無止盡的相續之中。於《法界寶藏論》中，龍欽巴尊者說到：

由於心中充斥著各種瑣碎的關注，
沒來由的一剎那執著衍生為習性，
日夜、月年、一生就這麼流逝，並未加以留心。
我們將「無二」理解為「二元」而欺瞞了自己。

因此，首先要汲取無上的見地，並逐漸加以熟悉。在這件事完成之前，不管我們聽聞多少的法教、累積多少的知識，也不管法教是多麼的深奧，都不會有任何利益。稍後的章節將說明修心的禪修方式，但簡單來說，我們首先必須認清見地本身，接著對此有所信服，最後因而了悟自己的潛藏力。在我們能夠安穩自己的了證之前，都必須禪修。

無論是達官貴人，還是市井小民，貧富老少都會有苦有樂。受苦的程度雖有不同，但無論知識份子也好，凡庸愚夫也好，甚至無知的畜生，就算需要持續奮鬥，都想要用各種方法來解決問題。有些人能夠運用善巧的方法而稍稍改善他們的痛苦，其他不知道有什麼方法的人，連踏出解決問題的第一步都有困難。有的是因碰上他們不想要的情況和事物而挫折；有的是因得不到他們想要的情況和事物而挫折；更別提那些暴力、疾病、饑饉等等，所有的眾生都持續受到痛苦的左右。而能對治這所有痛苦、唯一能治療百病的靈丹妙藥，就是了解我們所經歷的一切苦樂感受，全都不具實質的存在，全都只是心意的投射和標籤。

不管我們碰到任何的苦樂經歷，都應該讓本覺的本然自在和沉穩充滿而瀰漫在這些經歷當中，而不要在自身將事物具體化的過程當中，讓本覺成爲客體並對客體有所耽著。如果我們直接凝視這些經歷，清楚地看著它們，整個苦樂的場域就會消失，有如薄霧融入天空。用這種方式，不僅是一兩次，而是一而再、再而三，直至看似爲眞的實質性最終被看透，則苦樂等一切輪迴和涅槃的歷程，都會被經歷爲善巧魔術師的魔術幻影，或是如夢境、回音，以及八幻喻的其他種類[16]。不求樂也不避苦的人，能了解到一切經歷都是自心本身的大幻化戲現，而成爲大圓滿法的瑜伽士或瑜伽女。如果我們了解自己這輩子的所有顯相，都是本然沒有實質的，那麼就連夢中的苦樂也都能被認出爲夢。而如果能反覆再三地於夢中知夢，則於中陰之時也能知道自己是在中陰。有關於此的更多細節，將於隨後的章節中談到。

1.15 引介此心的祕密

心，可以從兩個層面來考量：相對的心，和心的本身——也就是我們所稱的「心的自性」。

依據吉祥榮松巴在《入大乘理》中所闡述的見地，這兩個名相被稱爲「心」，以及「光明心」（即「菩提心」，見書末對照表）或「佛意」（藏文 thugs）。「心」，這個相對的心爲智識，特色是虛妄非實與分別概念，它把經驗分類爲看似爲眞的主體和看似爲眞的客體；另一方面，「光明心」則是無二的本初覺智、本初任運，也就是心的本貌。到底這智識和光明心爲一或二者，要解答這個問題，就來看看火把和火圈的比喻。當手拿火把並在夜晚中揮舞，就會出現一圈火光。火圈看來和火把是獨立的兩者，因爲黑暗中除了火圈之外什麼也看不見，但實際上它根本就沒有獨立自主的存在，完全依賴著火把和眼睛的特性而存在。主體的智識，也就是我們對於在所見「客體」場域之外有著個別自我的想法或經驗，就有如火圈：我們可在深思熟慮後知道，它雖然顯現也被經歷，不過超越這顯相之外，它並無任何實質的存在。當光明心自顯爲二元感知的條件情況時，就稱爲「虛妄心」，它就像火圈一般，依賴著某個其他東西而生起，並不具眞實的存在。離於二元感知的本初覺智，則稱爲「光明心」，它就像火把的光亮一樣，以這個爲基礎而生起火圈的幻相。

火圈這個幻相的基礎，除了火把之外無它，但是火把本身並不帶有火圈這個幻相的性質，火

⑯《藏傳佛教辭典》對八幻喻的解釋：水月、光影、陽焰、谷響、尋香城、魔術、彩虹、水泡。十幻喻則指幻、陽焰、夢、影、乾闥婆城、響、水月、浮泡、虛空華、旋火輪十喻，出自《大日經》卷一〈住心品〉。

把本身並未「看見」光圈，也並不「迷妄」。因此確認，智識心的迷妄不過就是自心本性和本覺妙力；於此同時，光明心的本身不應被錯解爲智識，它不可能是智識，因爲光明心並未攙雜任何的二元感知。《般若八千誦》中說到：

心無有形——
心的自性爲光明。⑰
（此心並沒有實質的存在，它的自性爲清亮的光明）。

心，可以從兩個層面的顯現來理解：迷妄心（具法心）爲智識的層面，眞實心（法性心）則爲自性的層面。這兩層面分別就像是火圈和火把。虛妄心爲本初無實的，並沒有本自的存在。它受到二元感知的概念迷妄所限制，後者則處處出現且不斷移動，從未停下腳步。這個虛妄心自以爲是地相信自己就是世界的中心主宰，並藉由「我」和「我的」（我所）這些概念，把我們自己搞得團團轉，以致始終離不開輪迴。

法性心（眞實心），心的自性，心的本然層面，從本初就離於主體和客體、執者和所執的錯亂戲論。它並沒有具體的組成或物質的成份，相反地，心性的本質是非和合且不變異的。本初覺智爲心的眞正自性，是安住於恆常童子瓶身中的甚深明性，而童子瓶身乃清淨相續和本初覺智的恆常面向⑱。

正如火圈之無別於火把，虛妄的智識心也無非就是眞實的光明心。就像龍欽巴尊者於《勝乘寶藏論》中所說的：「外在對境的顯相，從心的幻化戲現中自然生起；內在對境的顯相，從本覺的妙力中自然生起」。

所有外在看似具體的現象，都是從心中的如幻遊戲中生起；而我們看似主觀的內在心中顯相，則是從淨顯的妙力中生起。錯把無二的當成爲二，錯將所經歷的場域當成是客體和主體，貪愛就此產生，而各種煩惱也隨之生起。

若要治療人類的病症，我們首先必須診斷那疾患爲何；唯有如此，我們才能對症下藥。怙主慈氏（彌勒）於《究竟一乘寶性論》（即《大乘無上續論》）說到：「診知疾病，就可根除肇因」（知病離病因）。因此，首先，我們要來探究這個虛妄的智識心。當下，我們的心看似能相當清晰地看見並知道顯相，但它根本不是它看似的樣貌。在我們的肌肉或脂肪之上或之下，血液或體液之內，

⑰索南倫珠老師依照藏文的直接中譯為「心沒有心，是因為心的自性為光明」。

⑱依作者說明，「童子瓶身」之意，分別如下：「童子」代表本覺，因為本性如童子一般不滅不壞、青春不老；「瓶」代表圓滿離戲，因為圓形而沒有中邊之差或方位之別；「身」代表現分，乃是智慧的本性。整體來說，「童子瓶身」便是明空不二的「法性心」。「具法心」則是和所緣境相關的迷妄心。

毛髮或指甲之內，在在處處都找不到它。同樣的，在各種顏色和形狀的物質體相之中，無論那是白、黃、紅、綠，還是方正、三角、半月或圓環，也都找不到它。不僅我們的眼睛看不見它，就連最先進的科技也無法發掘。裡面、外面，或是中間，都找不到它。我們目前所感知爲覺慧的東西，既明亮又覺察，儘管我們無法確切地說，它過去曾存在、當下正存在、未來將存在，但我們稱之爲「感知」。

這個感知是我們自心的一種投射，稱爲「自顯」。如果我們知道那些二元感知的對境既無根源也無基礎，那它們便可被視爲單純是自然的顯現、清澄的空性，而不加以貪愛或具體化。前述被稱爲「引介眞實的光明心」或「法身覺」。若你認爲，一般人難以理解這個心的祕密，沒錯，你是對的！

我們的導師釋迦牟尼佛其三轉法輪的主要目的，就在《別解脫經》中所說的：

諸惡莫作，　　捨棄一切邪惡，
眾善奉行，　　培養所有善德，
自淨其意，　　並且調伏此心：
是諸佛教。　　乃是佛陀法教。

釋迦牟尼佛教導了許多調伏這迷妄心的方法。但是看看我們，一點兒都不覺得有必要回過頭看看並檢視我們稱之為「心」的東西，也一點兒都不想要發掘它的自性。正因如此，我們從未對它有過一絲懷疑。可以感到快樂悲傷、指引我們人生、所有現代科學知識之源，能夠分辨好壞善惡——簡言之，能看見、知道、表達，以及經歷所有知識的東西，就是凡俗心。

如果我們回過頭並花點時間注意它、檢視它，就會發現，它像一台沒有煞車踏板的汽車，奔騰時速超過百哩，意外隨時都會逼近。這個心，對五根對境有著迷妄的貪愛，就如亡命列車，完全不受控制。嚴重車禍的結果，最慘的就是被撞死，最輕的就是只受傷。受貪、瞋、癡所激發而如脫韁野馬般的心，其所造成禍亂的結果，就是此生和來世無可道盡的痛苦。另一方面，如果我們的車子有好技師幫忙保養，自己也是個勝任的好駕駛，我們便可毫髮無傷的到達終點。相同的，如果我們的心，能在佛法的保養站，由一位善於引介自心本性的上師來幫忙保養、有效修復，我們就能全然快樂地過著此生和來世。

識得自心本性、心的實相，就是看見佛的面貌。如果這樣的了悟，就等於實證看似具體現象的自然圓滿，那釋迦牟尼佛眾多百部的經續，雖其樣態和數量都多到不可思議，但其目的就只有一個：闡明這唯一本質。否則，還會是什麼？過去、現在、未來一切諸佛的主要法教，所關注的就是調伏自心（自淨其意）。識得自心本性，此事雖有其困難之處，但卻非絕無可能。就如必須攪動牛奶，才有可能凝結其中的奶油；必須要精煉礦石，才有可能積累其中的黃金；必須要在地上挖洞，才有可能取得地下水；必須要等雲朵散開，我們才看得到太陽。同樣的，除非等到念頭消融，否則光明心依然受縛於執取二元的智識之中。當一切散漫的念頭與概念和所有二元心的構思，盡皆消融於各自的虛空之中，眞實的光明心就會於其所在之處全然明澈地照耀，無需往他處尋求。當我們攪動牛奶，就能形成奶油；當我們精煉礦石，就能積累黃金；當我們挖掘水井，就能找到水源；如果雲朵散開，陽光就能照耀。同理，如果我們把心眞正自在地安住於其自然狀態之中，無論快樂悲傷、思緒紛飛、喜悅恐懼，各種時刻都能如此，那麼從智識心之內，將有一道強烈明光照耀而出，心的寂靜實相就在那兒，是離於臉部、四肢等各種表徵的面向，也就是法身。如此，離於一切參考點的無二自生本智，便顯露爲所知對境和能知主體的眞實合一自性。

在一切有情眾生的心相續中，都具有佛性、自生覺性。如同《三摩地王經》所說：「佛性遍在一切」。就像芝麻子之中充滿芝麻油一般，一切有情眾生的本貌或本質即是佛。若未認清這一點，錯將一視爲多而多視爲一、苦視爲樂而樂視爲苦，沒有自我可攀執卻還要攀執自我等等，這種錯誤認同的力量，將使我們永遠陷於輪迴之中。

1·16 在佛經問答方式中所述及心智的二元分別本性

以下的故事，來自《不思議光菩薩所說經》⓳。一日，於舍衛城，薄伽梵佛陀正沿路托缽，走到一處墓園旁的空屋，有一群人在那兒聚集，其中有一位棄兒，由於長相極爲俊美，人們便來圍觀注視。薄伽梵派出親近弟子阿難去探個究竟，在聽完阿難的回覆後，表示這個孩子甚有福報，已經累積宿世的無量功德，是可以聽得懂他所傳法教的有緣人。於是佛陀進入屋內，以便引導眾人走上修德之道，並展現出對孩子的慈愛。佛陀入內之後，就問這個孩子是否會害怕那些居住墓園之中的蛇類、藥叉鬼靈、狼犬等類的動物。

小孩答道：「既然一切事物都無自我、都是空性，哪有什麼好怕的？」

薄伽梵說到：「由於你過去曾造惡業，今日才會在這空屋裡受苦。」

「這位薄伽梵佛陀，你難道對空屋還有著具體的概念嗎？」小孩問道：「你不是已經捨棄所有這類的想法了嗎？」

「我沒有這類想法。」薄伽梵答道：「我來這裡是因爲我愛你。」

「於任何稱爲『有情眾生』的個體中，沒有絲毫實質微塵的存在。」小孩說到：「那你的愛，

⓳ 後秦龜茲國三藏鳩摩羅什譯，大正新脩大藏經第十四冊 No. 484。經名之藏文直譯為《勝不可思議光童子經》。

對象是什麼，要放在哪裡？」

「很多人都不懂無我和空性。」薄伽梵答道：「我因一心度眾，爲了生起這種大愛，經由智慧的妙觀察事業而累積了福德。」

「你知道你自己的空性，也有著你自心的寂靜。」小孩繼續說到：「但你是否眞的因了悟空性的本初覺智，而已經捨棄對『有情眾生』和『痛苦』的錯誤概念？」

「諸佛已然了悟空性和涅槃寂靜，爲了使眾生成熟並達到超越輪、涅的涅槃，出於對眾生的大愛而教導之。」

「這位如來，你還沒有清除錯誤的概念啊。」小孩依然堅持己見：「如果你探究『有情眾生』這個概念，就會發現它和具體性根本扯不上邊。那你的愛，對象在哪裡呢？」

「當有情眾生全然領會光明之心並證得佛果，於分析檢視之下，他們會發現有情眾生並不存在。但就算如此，佛陀以其不屈不撓的耐心和極其偉大的悲心，仍會想辦法幫助所有那些因尚未分析檢視二元迷妄顯相的自性，而受到痛苦所折磨的眾生。」

「二元的念頭和伴隨的情緒，都沒有實質的根源。如果你探究外在身體和內在身體這兩者，也找不到造成這任何一者的實質原因。既然煩惱並非某個可被發現的實質物，哪裡會需要對治法呢？」小孩接著問道。

「一切對於煩惱的錯誤概念，都來自將對境加以標籤化的心。」薄伽梵說到：「爲了讓眾生斷除所有粗重與細微的煩惱，所以傳授了甚深與廣大的法教。」

「我們何需做這麼多的探究呢？心的自性即是明光，因此其中便不會生起煩惱的染雜。」小孩說到：「儘管錯誤的念頭可能會引發將對境具體化的作用，但它們再怎麼樣也無法影響自性的明光，因爲後者是不受制約之心的自性。」

薄伽梵認可道：「所言甚是。心，恆時安住於大樂光明之中，但凡俗眾生由於偶發且迷妄的二元感知，就會受到煩擾。」

小孩說到：「情緒是沒有實質的東西，也缺乏空間的延展。」小孩問道：「那些情緒怎麼會如此忽爾生起呢？請告訴我！」

薄伽梵答道：「讓我們用天空出現的雲朵來做比喻。雲朵的自性和天空並無差別，但它們就突然遮蔽了天空。情緒的生起亦然。心的光明自性看似突然被情緒所遮蔽，但實際上它從未被遮蔽。」

終於，那孩子說到：「由於您的恩慈，我獲得了全然的自信。剛剛我所說的都是脫口而出、未加思索，現在，請您原諒我。」

薄伽梵佛陀從法袍中伸出了右手，那孩子拉著其中一根手指而站了起來。薄伽梵帶他離開了空屋並走上了道途。人們看到薄伽梵一一回答這如此心神煩擾、卻又只是個孩子的種種問題，都相當驚訝，便紛紛向佛陀頂禮致敬。

佛陀向小孩說到：「你已經淨除了惡業。此刻，憶起你過去的善根，也讓圍觀的人們，透過你的一些神妙展現而看到吧！」於是，小孩縱身一躍，跳上七呎之高的天空中，身上光芒四射，遍照於舍衛城和整個大千世界。

以上這個故事，是以偈誦的方式記載於經書之中。此處則爲簡化的散文版。如果你想知道更多，請閱讀原本的經文。

如同在《不思議光菩薩所說經》中的陳述，怙主慈氏於《究竟一乘寶性論》也提到，我們的心具有光明本性，只是受到偶發的煩惱所遮蔽，他並以九種譬喻來說明我們對隱含光明心（菩提心）的無知⑳：(1)不知萎花中有佛，(2)不知花朵中有蜜，(3)不知糠繪中有子，(4)不知糞穢中有金，(5)不知地下有寶藏，(6)不知樹皮內有樹，(7)不知弊衣內有珠，(8)不知貧女懷輪王，(9)不知泥裡有眞金。如此這般，諸佛以譬喻來指引我們，佛性就如上述九喻所說明的那樣被裹藏在貪、瞋、癡之中。尚未了悟這一點的人，有如那大象的看守者，大象明明就在棚舍中，卻還進入叢林去尋找，根本是徒勞無功。知道佛在心中、卻還往外覓求，就像是倚坐湖邊卻還乞討飲水，或前有盛宴佳餚卻還死於飢餓，等等。

不了解佛在心中、反而相信苦樂有賴外境，這樣的人是迷妄的。所有的人類，無論偉大、中等、低微與否，總是只努力想靠外境來獲得快樂並去除悲傷。我們對於客體對境加以尋求、爭論、繞著它團團轉，卻不探究苦樂的來源、起因，或是誰對它們有所體驗。未能探究苦樂之源，反而於客體對境的場域之中尋求苦樂，就像是忽略根本而只看枝節，把珠寶放到一邊而購買小玻璃飾品、拒絕美食而偏好劣品，或是不肯吃藥而選擇毒物一般。當我們了悟到一切都是我們自己的自顯，沒有基礎也毫無根源，此時便如貧者得富、飢者得食、病者得癒。當我們了悟到苦樂都是從心中生起的自顯，對於快樂的貪愛和對於痛苦的拒斥就不會出現了。當我們了解到一切皆是心中幻相，快樂和痛苦便有如孩童的嬉戲。

我們這些年歲較大的人認爲小孩所堆築的沙堡是虛構的城堡，一點兒都不會執著，但是小孩卻把它當眞，甚至變得相當執著，要是它不小心被毀了，就傷心得哭了起來。當我們看到小孩這麼難過，便安慰他們，要他們別哭了，因爲沙堡是虛構的。我們向他們保證，以便緩解他們的執著。等到小孩眞的了解沙堡的不實，便不會再傷心了。由於我們這些年長者知道沙堡並沒有眞正的價值，所以我們既不傷心於它的毀壞，也不開心於它的美妙，根本無動於衷。我們這些凡俗有情眾生所視

⑳見原書「無量煩惱所纏品」第六：「萎花中諸佛，衆蜂中美蜜，皮糩等中實，糞穢中真金。地中珍寶藏，諸果子中芽，朽故弊壞衣，纏裹真金像。貧賤醜陋女，懷轉輪聖王，焦黑泥模中，有上妙寶像。」後秦龜茲國三藏鳩摩羅什譯。

爲眞實的，那些我們苦樂所仰賴的對境，對於聖者來說，就像是孩童的沙堡。他們已然了悟到，無可預期且無可仰賴的苦樂是沒有本質的，因此棄捨對於苦樂的執著。

一般來說，苦樂之所以生起，是因爲對於感官對境的執著。若能了解感官對境的不眞實、無實質，猶如水中月影，那麼外在事物就不再對心有殺傷力。同理可得，別人的痛苦對我們而言也沒有那麼深切的影響力。就像別家小孩的痛苦，不太會影響到我們，但是自己小孩的痛苦，卻會使我們深切悲傷，儘管這兩者和我們的心都沒有直接的關聯。若非此心製造了一個自我的幻相，這兩者根本就沒有可以悲傷的原因。就這樣，同樣的事件，卻生起了不同的感受。

當我們了解上述的觀念時，就能夠離於此生的暫時痛苦和惡趣的終極痛苦。

1·17 對於「佛性在我們心相續之中」的合理證明

了義的經和續（相對於不了義的經）都教導，一切有情眾生的凡俗心中，皆有如來藏。從直觀（現量）中證實，佛性遍布心中，猶如芥子油充滿於芥子之中。修道上的覺受，促使究竟佛果的達成。一旦心中的如來藏顯現，慧、愛、力都將全然成熟。身處惡趣的有情眾生，不知萬法皆自然圓滿，而流轉爲地獄、餓鬼、畜生道的眾生。天、阿修羅、人，這些身處善趣的眾生，也是如此。然而，一切有情皆具有於當下成佛的潛藏力。

就算於畜生道中，我們也看得見慧（知識）、愛、力的存在（此處以畜生道爲例，是因爲我們看不見地獄道和餓鬼道的眾生）。比如，即使沒有誰教導螞蟻如何照顧初生的小蟻，牠們也能做得很好。要是有水、火毀壞了蟻巢，螞蟻立即奮不顧身，即刻想辦法保護蟻卵並將其帶到安全的地方。你見過這樣的情形嗎？眼下的這件事就證明了一切有情眾生皆有慈悲之心。

我們擁有各種知識，冷了就移到太陽下，熱了就找個涼爽地，水、火、野獸可能來襲時，我們便逃到安全的地方。此外，動物學家發現，每種動物或鳥類都有自己獨特的知識，大象可從足部的感受而偵測到沙漠中的地下水；鳥類能夠察知何時將要下雨；住在地下的生物曉得地震即將發生，因而離開巢穴並發出怪聲。這就證明了眾生都具有知識（慧）。

畜生道的眾生，也有各自具備的能力（力）。各類動物，都有著幫助或傷害所屬群體的能力。較有力量的生物，奪取弱小者的食物而帶至自己的居處。儘管螞蟻比小卵石還小，成千上萬的螞蟻就能建造兩、三英呎高而龐大美麗的蟻巢。這就證明牠們具有力量（力）。

於一九七九年在西藏的那曲卡，有一處遊牧村民的營地遭到狼隻的威脅。整個社區經過開會討論之後，決定要捕殺狼隻來解決問題，於是他們開始狩獵的行動。但是那兩隻威脅他們的狼隻逃走了。獵人們展開更大範圍的搜捕，最後找到了三隻幼狼。就在他們要殺死這些幼狼的時候，一位惡行惡狀的年長者表示反對，認爲那樣做並不是最好的方式，還提出建議：「我們應該把幼狼綁在柱子上，到了夜晚，在牠們的周圍點火。這樣能引來母狼，我們就可以一併殺掉牠們。」於是村民就此照辦，在十點鐘時燒起大火，拿著槍、劍、石頭躲在附近。母狼聽到幼狼的呼喊，趕來想要救出自己可憐的小孩，而跳入了火圈，這時獵人們便一邊喊叫、射擊、丟石頭，一邊衝出了藏匿處。剛開始，母狼想要後退，但當牠聽到幼狼的呼喊，便再度回到槍林石雨中奮戰，企圖想要救出幼狼。然而母狼終究受困於火圈，最後母子們都被殺死了。

這個例子證明了狼隻和所有動物都一樣，自然會對幼子慈愛以待，也知道何者有益且何者有害，並不需要任何教導。我們因此推論，眾生都具有本智、慈悲、力量的佛性。當然，要是我們不具如來種性，就不可能成佛。譬如，大家都知道沒有青稞種子就不可能長出青稞苗芽。要是我們不具如來種性，無論我們如何努力也都是徒勞無功。不管我們怎麼用力壓榨沙子，也不可能擠出油來。第二佛龍樹尊者在《法界讚》中說到：

若有金層種性，便可得取黃金；
若無如來種性，所作徒增煩惱。

＊　＊　＊

此外，圓滿正覺的釋迦牟尼佛世尊，在二轉經乘法輪、三轉勝義法輪的時候，爲了明示如來藏而教導了義的見地，於《般若八千頌》中說到：

光明心，非分別心；
其自性，乃爲明光。

又說到：

究竟佛性本質爲空，自性無實，無意圖亦無表徵。光明心非相對心。

三轉法輪則說到：

此空性並非空無一切，而是自然明照，自行顯現爲慧、悲、力，而其自性乃爲明光。

心的明光自性，是在三轉法輪時首次宣說的。二轉法輪的空性和三轉法輪的明光，全然相符。

空性與明光無二無別，於其之中生起本初覺智的任運，也就是涵攝一切的大悲。從因的層面而言，佛性有三重樣貌：本質為空、自性為明，遍在化現則為悲。如果我們從絕對的觀點來檢視佛性，由於它既非無常、亦非恆常，無法被安立為空性以外的任何東西，其本質便是空性。

如果我們從凡俗的感官認知和推論認知來端查佛性，就好像盲人摸象，再怎麼也無法得知這頭野獸的全貌。這樣我們或許可以假定，佛性無法從邏輯判斷來安立，但事情又非如此。在我們安立了「顯、空合一」並非「存在」、「不存在」、「兩者皆是」，或「兩者皆非」之後[21]，既然它沒有實體的狀態、也沒有感官可知的表徵，我們便能證明佛性本身就是空性，絕對的究竟。佛性其空性的自然照耀，乃是無實體的明光。自然圓滿的顯相、究竟空界、本初覺智，自行生起而猶如太陽與其光芒。對於顯相本智的這種純粹約定成俗的邏輯判斷，便能安立明光的眞實性。

就如遍知的博珠．董阿．滇貝．尼瑪於《辨析見地與宗義》中所說：

佛性無法用絕對的證明來立論；
並且無法以凡俗的感知來證明：
而是要由推論的邏輯（比量），
和聖者的直觀（現量）來證明。

* * *

於咒乘的續法中，例如《祕密藏續》，是以四相的方式來教導解脫和遍智之道：自然圓滿之基的相，不淨而迷妄的相，行於道上之時的相，以及證果之時的究竟相。㉒

自然圓滿之基的相，乃是無有瑕疵而不受染污的幻相，這顯示出本初覺智是安住於一切有情眾生的心相續之中，有如芥子油遍滿於芥子之中。

不淨而迷妄的相，從不識本初覺智的眾生之基中生起，這種「不識本初覺智」被稱爲「俱生無明」。隨著概念思惟的日益粗重，我們錯解了自己的自顯，這稱爲「遍計無明」。由於俱生無明，我們並不了解自己所自顯的本初覺智，因而對此五蘊所成個體的名稱和外相產生貪愛。由於「我執」，便產生對美麗的欲望和對醜陋的厭惡，有如烏雲堆積一般的貪瞋念頭也隨之出現。由於我們不了解客體場域的眞如本性，便開始區別敵友、好壞、對錯，以及該取該捨的各種分辨，而這類帶有成見的偏好標籤，就使得我們在輪迴中永無止境地流轉。執取那無有的對境，攀著於種種的幻

㉑見1．10譯註的「四邊謬見」。

㉒藏文中的「相」，有時可解釋成「狀態」、「階段」，不必然對應為「顯相」（appearance）；而且，以基而言，又分為有無顯相的初始與基顯現起的差別，故而在這裡不太適合以顯相一詞來概括，因此改為用「相」來代替。

相，將合一看成多重，把變化當作單一，就好像電影放映時最前面出現的重要工作人員名單，成爲了引發不淨迷妄相的開端。

當相被當作道途或過程（行於道上之時的相），從對境的外相到佛陀的遍智，沒有一個具有基礎或本自的存在。而我們對這些顯相的自顯，那個空的外相，也不過就是幻化的幻相。自顯，可依照其自性是否眞實而分爲清淨和不淨、迷妄和不迷妄、是本初覺智還是心、是佛還是有情眾生。於聖者本初覺智的相之中，眾生的自性和顯相的自性於相對大淨和絕對平等之中，是相融無二的，這也就是「淨、等無別」的實相，或是其他常用來說明「顯、有不二」的類似表述。雖然教導了許多達到解脫和成佛的方法，但我們必須對這清淨、平等的無別實相有著確信的見地。接著，則需仰賴如幻學處的相對修道，例如手印、咒語、三摩地等，才有可能達到究竟涅槃的果位。㉓

怙主慈氏於《究竟一乘寶性論》中說：

不淨、不淨的清淨、純然的清淨，
這三種清淨的層級，
相應於有情眾生、菩薩、善逝。㉔

不淨的迷妄相，指的是有情眾生的顯相。不淨的清淨相，指的是菩薩的自顯，從初地菩薩到十地菩薩，其淨土與眾生依層級而增強光明的亮度和清淨的程度。純然的清淨相，指的是佛的自顯，有二十五個果地之法（現象），也就是佛果功德的二十五個面向（見章節4．1）。最後的這一個，就是第四個相，證果之時的究竟相。

* * *

龍樹菩薩於《中觀根本慧論》根本頌中說到：

若不依世俗諦，
不能證勝義諦；
若不解勝義諦，

㉓「淨等無別的見地」，金剛乘說世俗諦為大清淨性，勝義諦為大平等性，實則二諦無別。

㉔見原書「一切衆生有如來藏品」第五：「有不淨有淨，及以善淨等，如是次第說，衆生菩薩佛。」後魏中印度三藏勒那摩提譯。

不能達涅槃地。[25]

顯相乃依照眾生各自的業緣習氣而顯現，有如不淨迷妄的雲層，經由禪修過程的力量，它們便消融入天空。經由淨化而毫無殘存之後，五身和五智就像破雲而出的陽光般生起。然而，實際上，大圓滿的自生本智並非由因緣所製造或開創，因為清淨身（佛身）和本初覺智（佛智）的潛藏力本來就任運自成。

對於事物的一切知識都是不真實的，顯相就如心的奇蹟，不過是無根、遍在虛空的雲朵戲現。有許多不同的譬喻，都曾拿來闡述和說明這件事。藏人有句話說到：「我再三重複不是亂說；而是因為要事須當慎重。[26]」對待聰明人，不要愚蠢地一再強調瑣碎的東西，以免激怒他們。另一方面，對於關鍵而必要的重點，就該加以複述。例如，若要差遣侍者出門去做重要的任務，就必須在他要離開的前幾天，先行指導工作的內容，幾天之後再教導一次；機場送行的時候，還需要再給予最後的叮嚀。我們必須用各種方式提醒自己千百次，直到我們真正地了悟：輪迴和涅槃的自顯都是無根且無基的。而且，我們對此不應該感到煩躁。夏嘎喇嘛於《大鵬展翅》中說到：

奇偉哉（唉瑪吙）！我具福的眾心子啊！

如果馬匹不受鞭策，就不會奔跑；
如果牛乳不予攪動，就不結奶油。
這首史詩般的歌曲，其意義
若不詳加闡述，便無法說明，
因此，要心滿意足而毫無煩躁地聆聽啊！

就如夏嘎喇嘛的建議，平等無偏地讀下去吧！

1·18 若已證得心的自然圓滿，便無需再以相應的對治來處理每次的業力衝動

對於佛法四大哲理見地和九大法乘的任何釋義，其目的都是爲了要揭示和闡明心的自然圓滿。如果我們了解到心的自然圓滿，則哲理見地的關鍵已然揭示，九大法乘的要點也已然達成。實證心

㉕見原書「觀四諦品第二十四」：「若不依俗諦，不得第一義，不得第一義，則不得涅槃。」姚秦三藏法師鳩摩羅什譯。英譯所寫出處有誤，非為月稱菩薩的《入中論》，後依作者修改而中譯。

㉖原來英文翻譯的意思是：「別像鸚鵡那樣重複亂說；說點有意義的來聽。」由索南倫珠老師依照藏文中譯。

的自然圓滿，將使我們於累劫所累積的一切惡業遮障於刹那中清淨。我們過去多生多世所累積的業不可勝數，但只要我們實證心的自然圓滿，那高於須彌又廣於大海的業力堆疊，都會被清淨。

讓我們來想想，遮障要如何被清淨。如果爲了清淨某個特定的遮障，就需要不同的對治，而無始且無盡的投生之業又沒有終了，那麼此業就根本不可能耗盡。既然煩惱沒有實質存在，卻因分別迷妄而現，如陽焰（海市蜃樓），又如夢，只要出現能讓它們消褪的條件（緣），它們就會自動消失無蹤。因此，並不需要對於不同情緒加以分別對治。只要我們能夠到達那過去、現在、未來都相同一者的自身覺性之自然界處，任何需要被矯正的，都將於眞如本貌中解脫。

榮松巴於《入大乘理》中介紹了這段討論：某人的父親因樹而死，所以他恨所有的樹。這個恨，是依著樹、從樹所來，還是自成一個獨立的現象、分別的個體？如果前者正確，那麼把樹全燒光，應該就能緩解那一份恨。但是我們知道，這種行爲無法促使我們想要的那種結果發生。如果後者正確，那麼，恨的總量應該多到難以計數，因爲即使能算到「劫」的限度，恨還是沒有盡頭。以此類推，若要斷捨每一份生起的恨，過程將沒完沒了，我們永遠都不可能走到斷捨的終點。

《文殊眞實名經》的續典中說到：

於諸刹那能分別，

讓我們來看看這個例子。有一處坐南朝北的洞穴，已經千年都沒有光明，而現在有一盞燈將它照亮了。我們不能說那數劫以來的黑暗是超越光明的，因爲在這盞燈進入的剎那，洞穴就自然被照亮了。一旦我們了悟心的自然圓滿，毫無疑問的，無始生世的一切遮障以及積累的業力印記都將於剎那間清除。

無比的榮松巴於《入大乘理》中引述大乘經典的一段，說到：「若能了解業的不存有與無果熟，菩薩本初覺智的遮障便得清除。」看看因札菩提王的例子就知道了，他對自身覺性的了悟和解脫是同時發生的。但是，如果這樣讓人聯想而歸納認爲，釋迦牟尼佛於「四聖諦」中對業果的教導、對當取當捨的開示等等都沒有意義，當然並非如此。之所以教導出離心、對治法、「四聖諦」法教中關於何者當取何者當捨的開示，是爲了接引較不聰慧者、學者和聰慧者進入大乘。一旦入了大乘，且修學得好，就能逐步達到了悟。

㉗原文見於大正新脩大藏經第二十冊 No. 1190《聖妙吉祥真實名經》。索南倫珠老師翻譯為「諸剎那分個別，成佛於剎那間。」

1·19 世界為空、無實、主觀迷妄的見地，與世界由原子組成的科學見解，此二者具有一致性

想要全然進入佛法的人，對於佛陀意旨中不可言喻、難以言說的一面應該要有信心。這可分為兩種追隨者，一者鈍根，一者利根。鈍根者是由於相信上師和佛典，而對不可言詮之處有所信心。利根者則探索現象自性並了悟顯相僅僅是心的概念而有名無實，有如水中月影，看似真實，卻無法於容器的上、中、下部找到定點。許多人用不同的方式來看同一個物體，但他們卻誤以為這物體有某種實質的存在。這就像有個人睡在很小的屋子裡，卻夢到好幾百頭大象都塞得進來，而且還信以為眞。

科學家相信，所有的事物都是由原子積聚所成。以水為例子，就是三個原子的蘊集：一個氧原子和兩個氫原子。世界和其中的居住生物也都是類似的蘊集。儘管一切現象自性為空，佛陀也接受有事物的顯相。《心經》中說到：「色即是空；空即是色。色不異空，空不異色。」所有的覺受（體驗）都從空性生起。空性，無非就是顯相的自性。因此，所顯現的就是覺受的究竟自性。

佛教徒主張，無論核子物理學家未來能發現什麼粒子，不管那粒子多小，都不會具有固體的核心，而是空無任何實質的本質。根本就不可能找到任何外觀為物質體但實際上並不虛且不空的。這被立論為實相的自性。大智者局・米滂在《定解寶燈論》中說到：

既不偏空性亦不偏顯相，
沒有任何可安立的基礎；
由於這兩者平等，於一切所顯之中，㉘
對境便有各種觀看的方式。

空性以各種形式出現，但若我們想要分析這些如幻的形式（色相），則遍尋不到。

整個世界，當然就是個自顯。當我們酒醉或吸毒時，會感到房子在崩塌或搖動；當我們愉快時，會認爲月亮和樹木都在唱歌；當我們悲傷時，就覺得月亮和蓮花都在哭泣。這些情況全都是主觀的自顯，實際上沒有連貫性或實質性。月亮和蓮花並沒有這些快樂或悲傷、美麗或醜陋的概念。就算我們百千次探查它們的每個部分，也找不到哪裡有美麗和快樂。那些不過就是自顯，實際上並不存在。佛陀曾用一顆芥子來顯示空間延展的三個向度，芥子中就有這些向度，但芥子並未延展且這些向度並未緊縮。這並不是個與自性不符合的幻相，有如魔術師的表演，而是看似具體物品的眞實狀態。龍欽巴尊者於《法界寶藏論》中說到：

㉘堪布索達吉的譯文為：「自宗不墮現與空，本基一切均不成，任何顯現平等故，一法亦可現種種。」「由於這兩者平等」的英文為 Due to the equality of that pair。

光明心的妙力，向著內、外搏動，
它什麼都不是，卻能顯現爲一切，
彩繪出莊嚴、奇異、魔幻的化現。

我們需要有點信心。若是我們要求拿出可見和可聞的證明，那我們就必定得留在輪迴中了。龍欽巴尊者於《如意寶藏論》中說到：

大圓滿——
顯露了卻不可見；
說明了卻不理解。

佛之不可言說的意義，無法用文字表達，若加以宣講便好似對牛彈琴，就算是本初覺智之語都無法表達。它無法成爲任何人的感知對境。如此，可能會有人認爲，自身覺性的本智就是心的一種變形，但當然不是這麼回事。那不可言說者，乃是於每個不同眾生中自身覺性本智所感知的客體場域，它不能被理解爲「在外」的客體、「在內」的主體，或是某個有顏色有形狀的東西——只有佛才能得知。如果我們以釋迦牟尼佛的法教為基礎，並用邏輯來立論，從色相到遍智等一切事物都僅僅是如幻的心意投射或心智標籤，那麼我們將無可避免的生起對於那不可言說法教的信心。即使所知的對境沒有實質的存在，但根據不同學派特定主張的存有之基，就會有許多不同顯相的變化：輪迴和涅槃、好與壞、拒斥和取用、神與魔、快樂和痛苦、美麗和醜陋、內在與外在的哲理見地等等——而這些是由心加以標籤和予以執持的。心的功能，就在於主張心和種種其他歸因的真實存在，並提供千百種理由及經典權威，來支持這個論點且證明自己是對的；同時，也使用千百種理由及經典權威，來證明其他是錯的。如此一來，心便相信自己的存在，也於世界各個角落大聲宣稱它的主張。現在我們來檢視，我們所做的區別和我們所堅持的歸因和信念，是否為心意的投射。

1.20 疾患與病痛可因為嫻熟「識得空性本覺」而得以緩解㉙

知道、相信、實際體證這世界為心的如幻遊戲，就會毫不存疑地油然生起對於那不可說者的信心。若能擁有這種信心，當我們聽到：有情眾生即為佛、地獄無苦且佛刹無樂時，就不會感到訝異了。

寂天菩薩在《入菩薩行論》中說到：

㉙疾病與身體的苦痛，可藉由培養「認出那清淨而空的覺性」之習慣而化解。

是誰製造了地獄的熾然地基？
那些火是從哪裡來的？
所有這類的事物，都是
由那罪業支配的心所造。30

如前所述：「我們平凡的感知和我們中了曼陀蘿花毒時的感知，是相似的」，以及《三摩地王經》中說到：「眼耳鼻，不可信」（眼耳鼻無限）。藉由這類的講述，我們生起強烈的信心。當我們了解到六道眾生皆爲心的虛妄造作，此時，對於個人行爲將造成種種苦樂體驗的不可否認事實，便能有所信心。毋須檢視因果，我們無可置辯地清楚知道，事情就是這樣。

龍欽巴尊者於《法界寶藏論》中說到：

妙力被投射爲另一向度的戲現，
而顯現爲宇宙多重面向的變化。
絕不可斷然地說：沒有因和果！

當我們對外在和內在的因緣相依有全然的信心時，有關取受涅槃和拒斥輪迴的希望與恐懼之結，剎那間就會解開。屆時，我們便成爲大瑜伽士和大瑜伽女，圓熟於輪涅同等的本覺界中。任何男女，若能聽聞、體驗、了證這個見地，將如最有福報的聖者那般，安住恆常無上大樂之境，或享用無垢本初覺智之樂。這類瑜伽士和瑜伽女雖然外表看來是人，心卻和佛一樣。所有的痛苦和快樂，一切的經歷對他們來說都是快樂的。

一般眾生是如何經歷痛苦和快樂的呢？無論我們從事的是商業、製造業、教育業、農業、政治，或是經營公司等等，不管是哪方面的工作，只要我們日常的工作順利就覺得愉快；工作不順就不開心；有時發生了我們不想要的情況就感到痛苦。快樂和痛苦像是轉動的輪子，不斷交替，無論是領導者還是一般人，有錢還是沒錢，這就是平凡人的經歷。顯然，每個人都經歷著痛苦和快樂。

在這個世間，此時此刻，有的人正因快樂而唱歌，有的人則因受挫而哭泣。既然快樂和痛苦本身都沒有起因，我們總是傾向於享受愉快且悲嘆痛苦。快樂時，一切都看來愉快；痛苦時，一切都看來悲傷。由於對自顯的無知，我們將愉快視爲持續的；類此，我們受苦時也將痛苦當作眞實且不

㉚原書有兩則意思接近的偈頌，分別為第四品「不放逸」的這一段：「強力煩惱敵，擲我入獄火，須彌若遇之，灰燼亦無餘。」以及第七品「精進」的這一段：「因昔眾惡業，閻魔諸獄卒，剝皮令受苦，熱火熔鋼液。」如石法師譯。

斷的。因爲這樣，當我們擁有一點點快樂時，傲慢就增長；當我們受到一點點痛苦時，厭惡就增長，以此類推。傲慢和厭惡，就像是長出痛苦枝葉的那棵樹的樹根。

這就是因爲我們不知道快樂和痛苦都是心的虛妄造作，才會發生這種事情。如前所說，瑜伽士和瑜伽女的幻相自顯，無法折磨他們，因爲他們已經了解到一切的快樂和痛苦都僅僅是心意的顯相，而心的自性既非存有，也無任何指稱參考的標記，乃是以法身爲印。打從一開始，一切所顯便於本覺界中解脫而無有執著。瑜伽士和瑜伽女並不試圖轉變眼前痛苦的樣子，也不試圖改變它的顏色。痛苦自身就在原來出現的地方消融而無蹤。

假設有一群旅行者到了一座金銀島。就算他們想要尋找普通的泥土和石頭，也找不到。類此，即使大圓滿的瑜伽士和瑜伽女想要尋找痛苦，他們也找不到。這並不表示他們從不經歷生、老、病、死的外在痛苦，因爲痛苦依然會生起，但是此類的瑜伽士和瑜伽女已經沒有這種習慣入侵自心而粗重無可減輕的特定痛苦。

舉例來說，於薩德·庫瑪·巴哈地博士有關止痛醫藥的書中，有一個章節談到這類醫藥的利弊得失，他在詳列各種止痛醫藥之前，首先說明痛是怎麼開始的。與痛相關的身體部位，將訊息送到了腦部，腦部因而對此痛覺感到痛苦，發送訊息的身體部位卻不會這樣。不管痛從哪裡生起，會感到痛覺的都是腦部，關於這一點，現代科學也如此主張。這和我們的主題息息相關。以此類推，無論喜悅和悲傷的來源是什麼，全都是心在感覺。只要我們能安住在心的自性本質之中，不只是內在的痛苦，連外在的痛苦都可被消除。

今日，失智症（有些可能被診斷爲阿茲海默症[31]）的個案不斷增加。過去，這類症狀主要發生在六十歲以上的人。俗話說：「年紀六十，連自己的名字都忘了」，正常來講，過了六十歲就會開始失去記憶。有時候，他們會語無倫次，或是小小一件事卻讓他們有激烈反應而大喜大悲。現在，不僅是六十歲以上的人，連四十來歲的人也會因這類失智症而苦。這個疾病的主要起因是嚴重的痛苦、過多的無意義思考，以及讓腦部無法休息的大量輸入訊息。在電腦上花了太多時間是讓心無法休息的一大原因。此外，一天到晚派對、參加盛大聚會、如企業家和政治家那樣日夜不停工作、不眠不食，都會造成休息不足。由於他們花了太多時間在考慮這個那個，大大小小，心就無法放鬆。這樣又會使得血液無法在腦部適當循環，「遍行氣」則抑制了心的細微活動，而讓發燒和頭痛出現。[32]有時還會覺得這個氣進入了心臟而感到不安。這些全都是失智症的症狀。若有症狀出現卻不做治療，時間過久就可能徹底喪失記憶。有時候到了六十歲和七十歲之間，這些症狀會比較容易辨

㉛二〇一三年出版的《國際精神疾病診斷與統計手冊》第五版中，已經將失智症改名為「認知障礙症」（Neurocognitive Disorders）。失智症是一群疾病的總稱，阿茲海默氏症則是最常見的失智症，大約占其六成。

㉜藏密將身體的氣息分為五根本風和五支分風，遍行氣屬於前者，位於心輪，控制身體一切活動。

識，因為連飲食、睡覺等日常作息該怎麼做都忘了，所以需要別人幫助才能存活。專家會建議要多做運動並遵循嚴格的飲食規範，但對於記憶喪失的本身則並無特定藥物可醫。當我們在電腦上打字的速度超過它能操作的能力時，電腦會放慢速度，甚至還會停住不動，等到我們刪除幾個已在進行的程式功能之後，它才恢復正常。如果我們能把一些不想要的念頭拋到自心之外，讓心好好休息，那它也會像電腦一樣慢慢恢復正常。把不想要的念頭丟棄並清除，讓心休息，最好的辦法就是禪修。要對治茫然的心不在焉，就用正念（觀照）。

以大圓滿禪修來說，我們需要不斷的正念，這有兩種，一者依緣，一者究竟。對初學者而言，依緣正念是憶念上師所教並運用於實修當中，這樣的禪修有起因，也需要努力。一旦成就了外禪修或前行禪修，正行即是安住本覺，而這樣的禪修毋須費力，是自然而自發的。這稱為「實相正念」，且由於毋須費力，我們便不必用任何方式來努力到達。

造成茫然心不在焉的主因，就是未讓心作休息，這個是醫生所贊同的理論。禪修便是讓心休息的方法。我們在禪修中藉由依緣正念，首先讓心保持在自性狀態而不做執取；如果能一再的回返自性，無論好壞念頭都會自然消失。透過這個過程，心就得到休息。如果我們能保持這樣好幾小時，便是在持續正念之中，無論生起快樂或悲傷，我們的注意力都不會分心。藉由這個修持，我們便能觀照實相，並且變得更加柔和、平靜，而油然的快樂。

透過實相正念，我們就能讓心休息，腦和心因此得以寬坦，壓力所引發的損傷也得以清除。心變得更加敏銳，老的時候就不會遇到茫茫然的問題。我們從九十歲或以上年紀的大圓滿瑜伽士和瑜伽女身上便可以看到，他們依然具有敏銳的記憶。他們在開示的時候，能夠從記憶庫中大量的引經據典，此外，還能在心性的主題上挑戰他人。這並非只是個當代的現象，而是數千年來都是如此。

我在二〇〇一年聽廣播時聽到，馬來西亞有許多宗教領袖和重要科學家，聚集一堂來討論宗教是否對病人有所幫助。他們研究患有愛滋病和肺結核的病人情況，發現這些病毒的症狀在具有宗教信仰的人身上，比沒有宗教信仰的人，散播的速度較慢。沒有宗教信仰的人比較容易焦躁，他們之中，病毒的傳染力也比較強。因此，研討會上的宗教領袖和大科學家就確定，個人的痛苦程度和其宗教投入程度，剛好成反比。

讓我們來想想心和身的關係。當我們心情平靜，就感到身體健康；當我們心情焦躁，就感到相當不悅。這是實際可見的。但是，當我們調伏自心並看到一切現象皆爲自顯且無基的迷妄，則既不覺樂亦不覺苦。我們好比那坐在自己寶座上的威嚴國王，對於各種想望的物品都不必再追逐那般，端坐在自己自生本智的王位上，享用自生覺性的自性。

持明吉美．林巴於自傳中有一段故事說到，當貝摩．達瑪在禁語閉關中修持普巴金剛（金剛橛）法並累積一億本尊咒數的時候，他生病了，還因此感到劇烈的痛苦。吉美．林巴來看他，並給他「取病為道且自成三身」[33]的口訣教言：

莫將疾病具體化；要看是誰在痛苦。
莫讓極懼怕的心，老是盯看著症狀；
應當轉而來注意，疾病赤裸的本覺：
此乃「疾病為法身」的口訣教言。

當我們生病或受傷時，不應該將疾病視為真實且具體的個體。反而要看看那想著「我生病了」的人，或是直接仔細觀看病痛的本身。疾病只是個沒有實際具體存在的自顯，因此，不要老盯著執取心的錯誤概念而想著「疾病正在折磨我」。在疾病的無根自顯上，寬坦地專注於那赤裸、不作修飾（無有造作）、此時此處的本覺，如此一來，疾病將現為法身的自生妙力。這是大圓滿的無上口訣教言。貝摩·達瑪依此大圓滿教言，不但恢復了健康還提昇了成就。

1·21 心是所有經驗（覺受）的根源

透過智識上的探究，我們或許能理解外在和內在的色相、聲音、味道、觸感等等並無任何的實質自性。我們可能因此能捨棄所欲的對境，例如將男人或女人的身體看成不淨且醜惡而不再想望。然而若是內在之心的貪著並未鬆綁，則那貪著之根的執取，便無法清除。

舉個例子來看，有一隻狗被石頭砸到。牠不去找也不去追丟石頭的人，反而去咬石頭。同樣的，直接抨擊我們貪著的對象並不會帶來好處。如果獅子被石頭砸到，牠會去攻擊丟石頭的人，而不是那顆石頭。貪、瞋、癡的根源，就只是心。若能讓心保持在沒有執取的狀態，貪愛和拒斥等情緒就自然平息。巴珠仁波切在《普賢上師言教》中，引述帝諾巴對那洛巴的開示：

> 綁縛你的並非顯相，而是貪著。
> 那洛巴啊，當斷貪著！

1.22 知道整個世界皆爲心所虛妄造作且於臨終毫不受擾，則於中陰之時便可得度

整個世界都是心所虛妄造作的如幻顯相，對此，我們還沒有全然的了悟，但若能擁有一些些的了解，則到了臨終之際便不會感到害怕。

我在一九八五年八月到岡底斯山朝聖，路上遇到一位來自瓊波東謙的婦人，她的身體非常虛弱，我們覺得她可能不久人世。以下是她的故事。她來自村裡的一個中等家庭，有三個女兒，卻沒有兒子，所以來到岡底斯山朝聖。西藏的傳統認爲，生不出兒子的婦人，應該到岡底斯山朝聖，讓她的子宮血液（產生改變而）可以懷胎生子。因此她和村裡的幾個人一起來到岡底斯山，發願繞山百次來求得子嗣。在村民回家之後，她留下來待在後山，繼續完成她未竟的誓言。後來，她果眞生下一個健康的兒子，但三四個月後，她卻染上嚴重的痢疾。她日漸消瘦，六個星期之內就變得骨瘦如柴，連下床如廁的能力都沒有。不過，當她在岡底斯山周圍作大禮拜時，遇到一位尼師，後來都由這位尼師照顧她和嬰兒。一些愛講閒話的人知道了之後就傳言說，她死後必定會因爲對於嬰兒的強烈貪著而投生成爲邪靈。

有一天，尼師來找我，哭著說婦人快要死了，她已放棄希望，一直要尼師把嬰兒抱給她看，只爲了碰碰他的臉，還一邊哭泣哀嘆，說她不想要死。尼師向我抱怨：「這婦人走錯路了，因爲她對兒子有強烈的貪著，雖然我告訴她我會好好照顧她的兒子，她卻似乎一點兒也不信任我。一天當中，她好幾次陷入昏迷，卻又突然甦醒，眼睛張得好大。」尼師請我過去看看這位快要臨終的婦人。

由於她的經歷如此可憐，我便過去看她，並見到她的慘狀，膚色蒼白、雙眼凹陷，鼻子只剩皮包骨，嘴巴乾癟到不行。骨瘦嶙峋，只剩一層皮鬆垮地掛在身上，半根頭髮也沒有，空氣中還瀰漫著一股令人不悅且作噁的氣味。婦人只能勉強吐出幾個字。我教導她一些佛法，但她目光只是看著嬰兒，並哀嘆地說：「我不能死！」我告訴她，她對兒子的貪愛不會為任何人帶來好處，而且這種貪愛會阻礙佛法的修道。我提醒她，尼師已經答應要照顧她的兒子，就應該信任尼師，接著我作了一番說教如下：

「死亡會降臨在所有人身上，從名流貴族到流浪乞丐，無一倖免。我們所有人，就像綿羊將被屠夫宰殺，遲早都會死。臨終之際，就算是擁有千百眷眾的偉大領袖，也沒辦法帶走其中任何一人。即使我們家財萬貫、富可比山，卻連一根針這麼小的東西也帶不走。死時，只能拋下我們的孩子和配偶。死亡對誰都一樣，包括妳在內。所以妳不必多加擔憂。

「佛陀教導說一切事物都如夢一般，沒有實質存在，無論我們投生於哪一界都一樣，因此我們必須保持這種幻相的感覺並相信它。我們在這個幻相中，分別敵友、區別取捨，但其實所有存在都是空的，就和晚上的夢境一樣。不管我們在夢中作了什麼設想，早晨醒來便都會消逝。六種中陰也是這樣，一切都不真實，全是心的虛妄造作。在中陰時，毋須害怕任何寂靜尊或忿怒尊的顯相，只要了解那些全都是短暫的主觀自顯，那麼妳必能毫無畏懼地度過中陰。相信我！妳才剛夢到妳變成人，幾秒鐘之後妳就會夢到中陰。到那時，向妳所相信的上師深切祈願！確知一切事物都如幻如夢。將妳的心和上師相融，安然於那空界中安住，妳便能得到解脫。」

於是我放了幾顆甘露丸在她口中，問她是否聽到我所說的話，她點點頭，想把雙手合掌，並將左手伸過來。之後我就離開了。過了大約不到十五分鐘，尼師追上了我，告訴我婦人剛剛過世的消息，請我幫她修「遷識法」（破瓦）。於是我帶著從當傑來的僧人札西，回頭去幫婦人修法。

婦人躺著的姿勢，和我們離開的時候一樣，但是卻像睡著了那樣，臉上還泛著紅光。她神態安然的死去，許多人都見到了。尼師向我致謝並對我頂禮。我開始修持敦珠仁波切新巖傳忿怒母的「遷識法」。由於沒人幫尼師把屍體抬去天葬，我便找人借一頭犛牛給她，並派札西和我敬愛父親的弟子喇嘛蘇南札西一同，協助尼師處理屍體的天葬。根據札西所說，從婦人頭頂的囟門冒出血來。我問喇嘛蘇南札西是否如此，他表示有可能血是從鼻子出來而沾到頭上。而依照遷識法的法本，從頭上或鼻子冒出血來，都是圓滿遷識的一個徵兆。我自己對此修持的經驗不多，儘管如此，在這死去婦人的如幻場景中所出現的清楚徵兆，卻是不可否認的。我後來從未聽到有關婦人變成邪靈或造成當地恐懼的任何謠言，反而因為許多人對於佛法生起強大信心，而一切平安祥和。

如果我們能夠確信親戚與朋友、雙親與孩子等此生的各種顯相，都不過是心的虛妄造作，那麼當我們在中陰或地獄時，若能了解一切顯相都是心的投射，則必然能自輪迴中解脫。反之，如果我們對此生的各種顯相加以執取，即使只是屈從於一絲絲的這種習氣，就無法於中陰或下三道中得到解脫。於當前的不實自顯中，快樂與悲傷生起，我們卻錯將它們視爲眞實而執爲實有，則中陰的顯相和中陰的情境對我們來說，也都會看似眞實且具體。這種信念將使業和業熟逐步形成，痛苦便隨之而來。

1·23 於本基覺性的空界中，生起次第和圓滿次第是完整且圓滿的

在大乘和聲聞乘的各種修道中，有幾種不同的方式是用來訓練我們以了解現象的不實，並讓我們對此事實有所體驗性的實證。在續乘中，我們不清淨的身體本身，被觀想爲清淨的本尊身，而長時間觀修本尊身色、法器、面部、手部等等來熟悉而穩固之，就是主要的修持。隨著時間過去，我們對目前身體的執著漸漸變少，清淨的本尊顯相自然增長，最終，對此色身的執著不復存在。再者，由於我們持誦本尊密咒，若有人對我們毀謗、諂媚、辱罵，在我們耳中聽來僅僅像是回音而無痛苦，既不會讓我們更加自大，也不會讓我們失去自尊。一切快樂和悲傷的經歷，在我們看來都是念頭眞實自性的戲現，心則毫無所動。所有出現的想法都會被我們當成兒戲，並且沒有絲毫智識上的重要性，因此我們便可以從短暫悲苦的輪轉中脫離，而成爲佛。因爲我們的自心本性即是佛，因此我們可以將自己的色身視爲本尊身。《祕密藏續》有言：

唉瑪吹！要知身心之大種，乃是五方圓滿佛⋯⋯

如果我們能培養自己對於自身乃本尊身的認知，並加以穩固，那麼就很有可能眞正實證爲這五方佛。

在《忿怒母道次第願文》中，敦珠仁波切說到：

生起次第，於眾生之基中本初圓滿，
圓滿次第，任運明光的種子：
此兩者於無上祕密的雙運中——
願此金剛要點帶我們前往天空之界。

往昔在瓦拉納西王國，一位老婦人專心一意的做著奢摩他禪修（止），卻觀想到一隻老虎，最後婦人還眞的變成了有血有肉的老虎，把整個城的人都嚇壞了，全都棄城而逃。有一次，當多欽哲依喜多傑在蒙亞拉昂給予大悲觀音灌頂時，所有在場的人都看到法座上的他就是眞正的千手千眼觀音，而不是喇嘛的樣子。這是因爲上師爲了加持具緣具福的信徒，而觀想自己爲本尊的空覺身，所以短暫生起了全然同等的自顯。此處的要點就在於，這類轉化之所以能夠達成正是因爲世界就如心的如幻戲現，乃爲不實且不定的。理解了這一點，我們就能達到如此的洞察：一切現象之根無有實質且非爲存在，所有平凡之人因將事物視爲具體眞實而不斷受苦。

當我們擁有的財富和聲名越多，就對它們越是執著。它們或許可以帶來短暫的快樂，但對於這類令人愉悅事物的執著，卻必然引發害怕失去它們的痛苦。此外，如果我們長時間享用帶來愉悅的財物，最終我們也會對它們失去興趣且感到煩躁，財物反而成爲焦慮感的來源。這種痛苦來自我們對於自己相信事物爲眞爲實的攀執習性。然而就算有大大小小的滿足感，剎那間事物就會改變。例如美食中所藏的毒素，即使它香噴噴又甜蜜蜜，一旦入口只會帶來劇烈的痛苦。

一切事物都沒有本質，連個芝麻籽般的本質都沒有。聽到好消息、享受大財富、交到朋友群，這些令人愉悅的經歷，唯有當我們毫無執著且公正無私的對待時，才能夠全然享用。當我們對愉悅事物不帶感情，知道快樂的眞正自性，且明智對待眞正享用的快樂經歷，我們的痛苦便會減少。體驗快樂且同時態度超然，好比鴨子游水而不沾染，避免出現難以回頭的痛苦轉變，這種方法就稱之爲「明智對待快樂的經歷」。

我們可以將快樂和痛苦簡化而當成是涅槃和輪迴的相對表徵。我們稱「輪迴」者即是痛苦。只要落入輪迴，不管地位高低，就會像落入火坑一般，受到痛苦的束縛。我們稱「涅槃」者即是快樂。想要在這裡找到痛苦，是找不到的。就如糖蜜塊的每一邊都是甜的，無論我們從哪一邊接近涅槃，都有快樂的甜味。

補處怙主慈氏於《究竟一乘寶性論》中說：

知道有病，就要根除病因；
欲得治療，端看醫藥本身。
知道有苦，就要捨棄苦因；
欲得苦滅，端賴修行於道。[34]

如果輪迴是苦而涅槃爲樂，那除非我們知道這兩者的眞正樣貌，否則就不可能脫離輪迴或是證得眞正的快樂。

1·24 爲何一切衆生一直受縛於輪迴之中

首先，我們應該要來認識這個本性痛苦的輪迴特性。所謂的輪迴是個迷妄。何以如此？由於二元分別的感知，我們將一者看成二者、合一看成多重、不淨看成清淨、痛苦看成快樂、無我看成有我、無常看成恆常……等等之類。透過這種否定感官場域乃自然圓滿的錯解，執著便由於生起，我們也整個迷妄了。那二元分別的自我心，宣稱自己的至高無上，冒稱自己是理智和正直的君主，同時假裝自己知道事情該怎麼進行。帶頭做主，卻其實什麼都不知道。

就像那可以看見外在事物卻看不見自己的眼睛，我們也看不到自己。首先，這個色身是從父精母血的液體和四大元素的甘露而來，因此打從一開始，它就是多重的。但我們卻將這個蘊集體看成是單一個體，還稱它為「我」；我們把這當眞之後，就把製造我們的人標明為：「父母」，而把我們父母的兄弟姊妹標明為：「伯舅」和「姑姨」等。這個過程不斷地延展下去，幫助我們的就當作「朋友」，想要傷害我們的就當作「敵人」。我們對於前者貼附上「愛」，後者則是「恨」，而這些歸屬被視為無可置辯地站得住腳。不僅如此，就連六道不同的迷妄眾生也被視為眞實，而我們對於眾生實有的概念變得像鐵柱一般堅固剛硬。如此這般，我們想辦法要打敗敵人且幫助朋友，這短暫的一生就像燈被關掉一樣的來到終點。接著，迷妄的分別心提供了一個主因（因），我們前生前世積聚的特定業力習氣則提供了多個條件（緣），於是又投生於六道的某個苦處當中。

㉞見原書「自然不休息佛業品」第十：「知病離病因，取無病修藥，苦因彼滅道，知離觸修等。」後魏中印度三藏勒那摩提譯。

如果我們分析那個被稱爲「我」的東西，就會發現它並不是個分離的個體存在。它仰賴父精母血和四大元素與原子，這個由許多東西組成的蘊集被稱爲「我」，而它並非具體存在。然而，就算知道它是個迷妄，我們還是執取著它，而稱爲「我」和「我的東西」。冬天在結冰湖上所造的多層建築，到了春天陽光出現而冰塊融化時便會崩塌；同樣的，當我們仰賴這個「我」的地基，當我們探索卻發現它不具眞實存在時，它就會崩塌。接著，既然「我」不存在，那麼，父母、親戚、配偶也都不存在，整個結構便隨之瓦解，敵人和朋友也一樣不存在。黃疸病患會將白海螺看成是黃色的，我們也將如幻的心意投射當作眞實、不存在的對境當作眞實。如果在牆上畫滿看似立體3D的逼眞影像，例如在美景中嬉遊的動物，那個景深只是個幻相，牆上並沒有眞正的前景和背景、內部和外部。當我們看著圖並說到，那隻鹿站在山坡上，儘管這只是口語的約定習慣，但我們還是將圖看成是立體的。同樣的，儘管根本就找不到任何實質的存在，我們的心還是將客體場域的特定特性當作是眞的。當我們執意的認爲「我」和「我的東西」都肯定爲眞的時候，痛苦就出現了。

就如樹木若不連根拔除，不管我們再怎麼砍伐枝葉，它還是會繼續生長。類似這樣，除非砍斷自我之根，否則我們便無法脫離痛苦。自我概念來自於心；當我們探究心中生起的現象時，會發現這個心就像是判決一切的大法官，但卻不具任何眞實的參考架構。由於它不斷追逐好的且推避壞的，因此連一刻鐘的平靜都沒有。忽然聽到什麼聲響，就追過去看看是從哪裡發出的。是人發出的？還是自然的聲響？好的？還是壞的？有沒有可用之處？如果我們覺得有用，就尋找它的來源、聽聽它的內容，看看會不會繼續、從哪裡出現，想辦法分析過去、現在、未來。如果那聲響來自異性，我們或許會認爲還不錯聽而那人具有吸引力。接下來，可能便開始評估那人的身高、性徵、膚色、道德標準、財務狀況等等。就在聽聲響的同時，我們就在推斷對方父母、近親、社會地位、朋友、敵人等的特性。接著，由於對這一大串的念頭感到無聊，我們或許改成來想自己的現況：我們的生意、土地等等。這種線性的概念思維就稱爲「心的迷妄之鏈」。從開始時將聲音具體化的感知，其後一長列相關的散漫概念，最後，這個心轉換到另一個毫不相干的地方。情況不就是如此嗎？

我們隨時都在迷妄中，而且每個人的心意概念也不斷生起。有時我們向內觀看，就假定自己的概念思維是正確的。如果我們對某些念頭感到困惑而能徹底檢視它們的話，就有可能了解到它們都是心的迷妄。比方我們與人對話，或許會從做生意方面開始講起，後來卻發現我們的話題已經變成戰爭等類。不就是這樣嗎？在受到貪等煩惱支配的念頭之流中，生起一個接著一個的關聯。念頭之流繼續這樣重複下去，這個線性的模式就變成了循環的樣貌，而稱爲「輪迴」（循環的存在）。以串列中的首發情緒念頭爲因，而每個接續的短暫念頭爲緣，因緣相依便生起了迷妄，這就是輪迴無盡流轉的開始。

《法界寶藏論》中，龍欽巴尊者說到：

心中被不同的瑣碎掛念所佔滿，
剎那的不合理執念變成爲習氣，
日月年而一生過去卻沒有注意。
我們將無二造作爲二元而欺騙自己。

我們的心有個特有習性，就是去批評和糾正他人，並且將自己的錯誤歸咎於他人。不過，若需要達到什麼目標，我們首先得想個計畫，接著執行。比方有個小偷，他知道偷竊他人財物既不合法也不道德，所以總是半夜趁大家睡了再活動。他也知道，在這個時代大院裡的狗群、建物裡的守衛和警鈴，讓小偷不怎麼好當，他也清楚得很，如果被抓到還會有重罰。不過，這些考量都不能阻止他，仍勇往直前。心怎麼發號施令，身體就怎麼去做，一點兒都不會爭論。要是偷竊成功，便心情大悅、自鳴得意，吹捧著自己的榮耀。要是被抓個正著，他的心就會責備他的身，怪罪它這裡又那裡做錯了什麼，都是因爲身體出錯，才會讓身體被警察折磨。

以前有個人叫做「唐巴」，有一次他喝醉了，決定把他的老爸毒打一頓。隔天，他還在宿醉，對此覺得羞愧不已，便把自己那隻手的指頭砍斷。明明是心出錯，卻讓手來擔責受罰。

偷竊和暴力，都是由心所啓動的。身體和口語都是和肉體有關，並不具備它們自己的意願。舉例來說，擁有財富並不會讓身體快樂。也許有人會爭辯說，那些富人的載歌載舞就顯示了身體和口語也喜歡金錢，但再怎麼樣都是心下了指令，要身體跳舞、要口語歌唱。身體本身並不受財富所影響。身體和口語是心的可悲奴隸。

如果有人為我們效勞，我們就有責任要謝謝對方，並回贈禮物。但心卻不對為它效勞的身體致謝，還在自己出錯時，責罰身體和口語。現在大家老在說人權，真正傷害我們權利的，就是這個心啊！

1．25 當我們看著心的本質時，迷妄便能消融

若是我們單單仰賴大圓滿的修持，會是如何呢？不去注意任何念頭和心中所想，而是檢視念頭和意象的來、住、去之處。當我們這樣修得夠久時，就會發現所有的念頭樣態都是空的，心中沒有任何實質的東西。就讓心保持在它自己所在之處，在它清明赤裸空性的狀態中安住，不作修飾也沒有散漫。既不試圖阻止，也不加以追隨。如此，我們便能離於所有煩惱的痛苦，而到達平靜祥和。這樣所引發的快樂是一種深切的安穩，稱之為「寧靜」。這和那種伴隨物質化心智活動而來的愉快感是不一樣的；後者只要有一絲絲的緣境變化，就可能轉變成悲傷。此處所說的快樂是來自與大樂空界相關的無念本初覺智。「大樂」為樂空不二的本初覺智，好比兵刃傷不了天空，情境也損不了大樂。然而，基於心智活動而來的愉悅感，只要緣境有所變化，總是會轉變成痛苦。

以下，我想告訴大家一個眞實故事。在印度比哈省的一個村落中，有一名男孩叫做帕卡西，一名女孩叫做芭比塔。他們每日一同上學，直到大學而開始相戀。畢業之後，倆人快樂的結婚。他們幸福洋溢，從不吵架。這份愛情使他們更加親密，倆人發誓就連死都要死在一起。接著他們生下了女兒。一日，帕卡西有一位帥氣又聰明的朋友叫做拉賓，他來看他們，芭比塔則予以熱情款待；此後他就經常來訪。有一天，帕卡西下班回到家中，發現屋子裡有些煙蒂，就問芭比塔那是從哪來的，她便告訴他是因爲拉賓來訪。

等到女兒大約三歲時，帕卡西對妻子的懷疑越來越深，決定要試探她的忠貞。他告訴妻子，他要到德里做些生意，十天不會回來。由於拉賓是個職業畫家，芭比塔認爲這是個大好良機，可去找他、請他畫出他們結婚的照片，因此她天天都去拉賓的家，看看畫作的進度，想要讓丈夫回家的時候來個驚喜。第三天她回家時，卻發現丈夫已經回家，她驚訝的說：「你不是說要去十天嗎？才過三天就回來了。而且，你都沒打電話給我，讓我很擔心。」帕卡西簡直氣炸了，他最害怕的事情已然發生，他告訴她：「你有拉賓，就不需要我了。妳這個無恥的賤貨！」芭比塔堅決聲明自己的清白，並且告訴丈夫，自己沒有做出任何不貞的事情。帕卡西則說他根本就知道，妻子每天都去拉賓的家，而他已經不再需要她了。芭比塔發誓自己是無辜的，她和拉賓什麼都沒做，並乞求丈夫收回剛剛的話。他們大吵一架，帕卡西把芭比塔毒打了一頓後踢出了家門。她無望地做出最後的請求，想要帶走女兒，丈夫卻拒絕她，還說：賤貨沒有什麼資格。芭比塔只好一路哭回娘家。

帕卡西因爲相信妻子欺騙了他，整個人就非常沮喪，女兒又天天哭著要找媽媽，不肯睡覺。他開始酗酒，變得有點瘋癲。過了幾天，有人敲門，他開門一看，站著的人就是拉賓。拉賓友善地問他，他是何時從德里回來的，但帕卡西怒氣沖沖，馬上就用刺耳的口吻，魯莽的問他來這裡幹嘛、想要什麼。拉賓訝異的回答：「這是怎麼回事？」帕卡西一邊大聲喊叫：「你毀了我的人生，我也不想讓你活下來」，還一邊要勒住對方的喉嚨。雙方正在爭鬥之時，拉賓要拿來給芭比塔的畫作便從手中滑落，帕卡西看到拉賓帶來的是他的結婚照，整個人猛地傻住了。拉賓告訴他芭比塔的意圖，但是帕卡西不肯相信，拉賓就說：「你是我最好的朋友，我一點兒都不想毀了你的生活。如果你不信，那就殺了我。這裡就有一把刀。」帕卡西把刀子接過來，但卻插不進他朋友的胸膛。由於他現在相信了妻子的清白，了解到自己的嫉妒迷妄有多愚蠢，就把刀子轉而刺向自己的心臟，結束了他的一生。

帕卡西因爲自己的嫉妒貪愛和深切迷妄，毀了三個人的一生：自己、妻子，和女兒。嫉妒、貪愛、迷妄，都是心所（心的因素），而對此無知，便導致我們怪罪於身體。如此這般，我們的心，分分秒秒都在製造導致自己和他人身體痛苦的錯誤。檢視錯誤的來處並決定該如何做，這是必要的——是要根除之，還是忽略之。當念頭的風暴巨浪讓我們無所適從，使我們不加思索就隨心而爲，便會造成這種極大的遺憾。俗話說得好：「急事緩辦，事緩則圓！」我們越是發現自己充滿急躁和憂慮，越是需要讓自己停下來仔細想一想。唯有這樣做了之後我們才能眞的上工。

以這對夫妻的故事來說，首先，最好別對摯愛妻子做出毫無價值的懷疑，就算生起了懷疑，也應該要仔細檢視；其後，如果發現這個懷疑根本就是自己的亂心作祟，便應該求取妻子的原諒，而她也很有可能會願意原諒。什麼都不考量，只是隨著那困在單程路上的心起舞，便可能毀掉一個幸福家庭，而以自殺作了結。這個世上，再沒有比這個更致命的壞想法了。

再者，這個時代，有人認爲自殺是了結痛苦的最佳方式，甚至還在網路、書本等處傳佈這種想法，這根本是愚人之行，一點兒都不正確。如人所說，

那些在生命中找不到意義的人，
由於受挫，轉而在死亡中尋求快樂。

然而，自殺卻無法了結痛苦。死的時候，首先就要面對四大元素逐漸分解的粗重痛苦。快樂和痛苦，甚至是短暫的期間，都只是主觀的幻相。快樂，可能看似永久，然而就連享有五百年歲人壽的天界生命，瞬間就會滿期而止。類此，剎那的痛苦，可能看似有一劫之久。當我們充滿焦慮而徹

夜未眠，那簡直是度日如年。只要試著憋氣一分鐘，看看那種苦痛，每一秒幾乎就是永遠。想想到了臨終，我們外在的呼吸完全停止，會是多麼巨大的痛苦，而那只是其中一種痛苦而已。接著，死亡之後隨即而來的就是外在的顯相停止，而中陰的聲響如雷大作，我們因恐懼而戰慄。當那比太陽還熾烈的廣大光熱打在我們身上時，我們嚇得不知所措。此時因爲發現自己的身體沒有實質且完全透明，更加感到驚恐無力。儘管這一切害怕都是心的迷妄，但那痛苦卻是世間痛苦的七倍之強。此時，心識有如隨風飄盪的羽毛，一點兒掌控的能力都沒有。我們受到死後中陰的幻相所困，必須單獨而且無親友地穿過投生的狹窄隘道。若想對於中陰多加了解，請閱讀《中陰聽聞得度》（或稱中陰大聞解脫、西藏生死書）。

如果我們從精神的角度來認識中陰，會發現有些人於死後變成了邪靈厲鬼。這類故事的確還不少，而且這類的鬼靈是眞的可以用眼睛看到的。理性主義者可能並不相信這類生靈的存在，但他們同時也不能證明這些的不存在。在二〇〇三年十二月二十日英國廣播公司的北印度節目中就報導說，有一座古堡現在成爲展場讓人參觀，有一台錄影機拍攝到一位穿著千年以前風格衣裳的怪異老人。不僅如此，古堡中也多次聽見怪異的聲音。這類故事或許可提供資訊讓我們推論，中陰生靈是存在的。此外，這類生靈也有可能眞的進入某個活人心中，附身之後而能認出以前的親友、房屋、地點等等，而這些都不是那個活人所會知道的訊息。特定的事件應可分類列冊。就在最近，於尼泊爾宏拉區的里密堤爾，有個婦人的靈識就附在一個男人身上，很多人都看到了。

無論如何，重點是自殺無法了結痛苦。死後，我們必會進入生有中陰，並面對相應的痛苦，因此相信自殺可以了結一切痛苦的人，眞是愚蠢。除此之外，釋迦牟尼佛也告訴我們，自殺的業熟首先是在地獄痛苦數劫，接著大部分會投胎爲鬼，並且在五百世當中每一世都自殺。因此，我們應該要知道自己行爲的結果，並且從事能夠讓此色身有所意義的修學。這是很重要的事情。

如果我們相信，修心並不是我們有空就該去努力的活動，那麼當承擔責任的時候到了，我們就沒有可供擔責的心智基礎。舉例來說，當我們的國家領袖向其他國家挑戰，卻從未面對他們自心的欺瞞本性，也尚未向內檢視或對此討論，他們必然會發現自己茫然困惑。若是他們相當憤怒好鬥，也有一些手段可能會將敵人殺死；若不果，或許就是以自殺作結束。簡言之，隨著我們領袖追逐自己情緒衝動所來的無知行爲，對我們所有人來說都是個災難，對他們自己來說也是。要舉此類事情的例子，只要看看歷史上的皇朝更迭和二次世界大戰就知道了。

這種迷妄的根本原因，就在於相信聲望、名稱、財富和權力是有效力且有實質的實體，而且如果我們一旦失去這些優勢，就會無可復返。這裡的錯誤，是認爲短暫情境爲永久、可預期，不變、無所欺的。當我們脫離母胎時，並不強壯，也沒聲望，更別說財富。我們也不可能認得父母、親戚，因爲他們的身形或名稱並未出現在我們前世夢中的任何一刻裡。「父親」、「母親」、「近親」、「朋友」、「丈夫」、「妻子」，這些全都是標籤。我們的自我卻相信這些全都是眞實的，便製造出「我的國家」、「我的財富」、「我的祖地」。事實上，這些全都沒有實質，也沒有任何於時間上可延展的特性。現在我們標明爲「兒子」的人，下輩子可能成了我們的「妻子」；目前我們稱爲「老婆」的人，下輩子可能成了我們的「女兒」，最好的朋友則可能變成謀殺我們的人。眼前擁有的房子或土地，甚至是社會地位和美譽聲名，以前可能是別人所擁有的。由於這些原因，如果還相信那些有名無實的抽象概念是有效而眞實的，簡直毫無意義。不管出現什麼違緣（不想要的情況），例如生病、與敵人起衝突、喪失財產、法律訴訟等等，都應該理解爲幻相。以這個觀點，放下一切並安住本覺，所有的經驗就會成爲法身心意中的一味。

1.26 把所有事物都看成不過是概念標籤的好處所在

西藏人將彗星視爲惡兆，其他人則認爲有彗星出現是個吉兆，還向它們祈願。是「吉祥」，還是「不祥」，都是人們對於外在徵兆或事件的標籤，但事實上，根本沒必要對彗星做出正向或負向的反應。快樂並沒有實質的存在而是個附帶的通用標籤。所以，當彗星消失時，我們不應該惦記著它，也不需要因失去它而感到痛苦。我們怎麼費心盡力並不會得到什麼，因爲沒有什麼可達成的實質事情；而同理可證，也沒有什麼可喪失的實質事情。若是有什麼眞的可被得到，則它會自然生起並自然消融。無論發生什麼都不需要擔憂。

有一次，德格的護法王丹巴．慈林發起要將《甘珠爾》雕成木刻版的計畫，他向八蚌．錫度仁波切商借他所擁有的大藏經版來做複製的原版，但這個請求卻讓很多學者都不高興，還密謀要阻撓這項計畫。他們假定大喇嘛們應該都很相信兆頭，因此安排好要讓仁波切隔天早晨到達時，將會看到對面有些婦人拿著空瓶舀水。當仁波切看到那些婦人時，的確感到那是個不好的兆頭，但他忽然就問隨行的僧眾，要他們算算看空瓶子有幾個。當僧眾回報說有十八個瓶子時，仁波切感到欣悅，因爲這正好符合「中觀」所說十八空性的吉祥數字，於是，仁波切將此視爲《甘珠爾》將無礙進行印製的殊勝兆頭。這是因爲對於大圓滿的瑜伽士來說，惡緣可成爲善緣，逆境可成爲福報，所以，根本就沒有什麼可以阻礙他們的障礙。一切現象都只是標籤而已。

薄伽梵佛陀在《心經》中說到：「**無道，無智亦無得，以無所得故**」（無道途，無本智，無獲得，無無獲得）。如果在圓滿實相中並沒有快樂的獲得，那怎麼可能會有任何的無獲得？既然獲得是無獲得的反面，只要立論了其中一個，另外一個就自然變得有可能。若是我們能將快樂和悲傷的獲得或失去，都看成是騙人的妙化幻相，我們就是證得無爲空界的瑜伽士和瑜伽女。若是我們能將每一個經驗的組成看爲是概念的標籤，且每當快樂或痛苦出現，就檢視自心的眞正當下狀態並毫不執取的與它相處，我們將體驗到一種過去從未經歷的大樂覺性。當我們得意洋洋之時，這種大樂本覺將調伏我們的傲慢；當我們悲慘苦難之時，它也會減輕我們的痛苦。這種無念之樂必然將取代我們的快樂和悲傷。

1.27 自然而然識得本覺之時，本覺的遮障就自然消融

當我們了悟到心的實相並不具分別念想，那就稱爲「佛」。龍欽巴尊者在《法界寶藏論》中說到：

唯識實相本質外，
其餘他處無佛名，
悟此無有取捨法，
於法性中遍佈故。
如金州無可取捨。[35]

[35] 由索南倫珠老師依照藏文中譯，原來英譯的意思為：對眾生自性的純然認出，稱為「佛」，以此了證，則一切皆無可取也無可捨，因為所有事物都將消融於單一實相中——在黃金小島上，望眼而去的都是黃金。

當我們了證自心本性，也就是佛性、眾生的自然圓滿，那一刻就不需再往他處尋覓，因爲我們已經在自己的基礎中找到了佛。我們知道從無始以來，我們在輪迴中已然投生無數，也因爲煩惱和無明這兩種遮障而積累了種種的善惡業；如此，我們的業力串習已如山高。我們的遮障有可能會在瞬間中毫無困難的蒸發，而我們就這樣成佛了嗎？你想，連我們的釋迦牟尼佛，都得要經三大阿僧祇劫（無量劫）的積聚福德之後才能成佛，而且經部和續部都聲言：不可能不努力就成佛，這麼說的確是對的！在那些典籍中主張，若不清淨染污則不可能成佛，而這種邏輯是無可駁斥的。

然而，如同前述，我們稱爲「遮障」、「染污」、「障蔽」的這些東西，並非是有著實質自性的具體事物，若不果，就不可能以對治法來加以清除，因爲沒有任何對治法能有效矯正某個恆久且實存的事物。不僅在續部中，經部中也認可對治法是個善巧的方便，可以清淨多劫累積的一切染污，八萬年所累積的染污瞬間便能清淨。方法的效度是高是低，取決於它清除染污的速度是快是慢。一千個人的勞力，可用一台機器幾小時的運轉來替代，相同的，當我們進入善巧方便的續乘之道，對於赤裸空覺的引介，剎那間便清淨了染污。多劫累積的染污能於瞬間中清除，就如數世紀都處於黑暗的洞穴，我們只要點一盞燈就能在剎那間照亮。對一盞燈來說，照亮數世紀以來的黑暗會比照亮只有一天的黑暗還難嗎？當然不。這裡的重點是，能否照明端看對治法的能耐，而不是那裡有多黑暗，或是已經黑暗多久了。僅僅剎那的空界本覺便可清淨，並且證佛。

剎那本覺的本初覺智是「自生」的。局．米滂在《文殊大圓滿願文》中說到：

易而難生信，（它如此簡單到我們錯失重點，）
難而不易解。（就因在自己頭上而如此難見。）

本初覺智並不需要我們出什麼力或費什麼勁，它本自任運。這是上師於祕密中教導的關鍵，因爲它可自證且容易懂。我們認爲佛陀的法教如此深奧，所以也必然不易理解。簡單可懂的事情並不會啓發信心，因此就必須要祕密。另一方面，由於缺乏教育，我們也可能無法理解依照經部和續部的經典或邏輯所做的說明。

要是我們能以氣力引發自身覺性，那它就是某種物質，而因爲屬於物質，也會是無常的。既然是無常，就帶著痛苦的性質。要是本覺眞的能以努力來重新安立，那就意味著可以仰賴道途而了證實相。但情況並非如此，我們無法重新安立本覺。儘管按照慣例看來，我們需要在暫時的道途上學些什麼，然而實際上，道途、清淨、行旅，都沒有實質的存在。當雲朵於天空中消逝，並非有個新的天空被製造出來，天空從本初以來就是清朗的，自性也不會改變，雲朵才是偶發的外來物。

當我們行於道上一段時間，什麼該捨和什麼該取，什麼可證和什麼是了證本身，所有這些以慣例來說都會區分得很清楚。然而在實相中，自身本初覺智從未由因緣而生，乃是自然安住，絕對不受制約。它被視爲無二的主體和客體，而這看見無可見者，稱爲「了證佛性本質」。

《正見炬續》中說到：

由於它不可思議，
顯現爲心的對境，
那覺受爲眞，
然對境非實。

就像當我們說，我用眼睛看到東西，那意味著客體和主體是分別的，然而實相卻非如此；我們可能會說，我看到無戲論本覺的本質，看到實相本身。但是，那還不是對於眞正本覺的了證，而只是認出了某個細微的心意耽著。在心智概念徹底耗盡之前，不可能有法身的了證。不過，那是個好徵兆，至少我們了解到自生的本初覺智。當我們的信心大到足夠將自己的上師視爲眞正的佛，當我們把他看成是具有能力給予諸佛密意、持明徵示、人間口耳三傳承加持的成就者，此時，在我們與上師直接相遇的當下，就可能嚐到深奧實相之味。若非如此，我們將累劫都難以認識。那個刹那，我們所經歷的是主客無二的自身覺性空界。

要生起信心可能有困難，因爲此生和所有前世，其有著無數傳續和極微邏輯的廣博闡述，並未對等地激勵我們以足夠和有效的努力，投入聞、思、修的學處。但是，就算我們藉由上述而致力修學，還是無法汲取實相眞如的意義。對於立論這裡有此而無彼的這件事，邏輯是夠用的。而當我們檢視這個邏輯時，會知道它的根源爲一般人的理智心。不過，若拿理智心與聖者的本初覺智相比較，就僅僅是迷妄的透析心。月稱菩薩於《入中論》中說到：

若世間認知的眞諦有效，
何需還要有聖者的洞察？
何需還要有聖道？
世俗諦並無究竟正確性。㊱

再者，《三摩地王經》說到：「眼、耳、鼻，都沒有究竟的正確性」（眼耳鼻無限）。如月稱菩

㊱見原書「第六現前地」：「若許世間是正量，世見真實聖何為，所修聖道復何用，愚人為量亦非理。」法尊法師譯。

薩所說，世俗邏輯的推論都沒有究竟的正確性。簡言之，一般人都逃不出分別念想的藩籬，就像蒼蠅在封蓋的罐子中飛不出去一樣。除非所有的念頭都消融在自始即淨的大法身界中，否則連聖者都無可選擇地留在輪迴中，更別說是我們了。

若無上師的深密口訣，想要自行透過研讀來試著建立經部的見地，會變成只剩下思索實相意義的智識。就算此人思路直接而清晰，儘管他有所研讀，但那些思維也不會超越散漫推論的界限。而這樣的人有可能藉由上師的直指得以引介眞實心，也就是離於論述的本覺嗎？若未積聚福德、若未克服難關，就不可能對自心獲得這種信心，此乃由於對本覺的直觀仍有疑惑。對於釋迦牟尼佛的如海法教有與生俱來的了解，且自身的修持也有力量的人，百人中可能有一位會具有直觀（現量），且藉此得以進入「本覺五處究竟地」並證得佛果。就是這個原因才會說，由於難解其意而無法領會啊！

今生短暫，我們又還沒有完成對於廣博闡述和無數傳續的研讀，我們便認爲自己不可能了解法身所說的道理，也不可能値遇持明上師的加持或對本覺的直指。我們就像是清掃糞穢的人，不相信自己會在糞穢中找到一絲絲的黃金。如此這般，既不相信得證的簡易，也不探究得證的難度。《嘿汝嘎噶薄續》中說到：

愚人仰賴信心，
因而趨近成就；
學者聰慧有智，
證得無上成就。

具有了證智慧的根本上師，能夠賜予種種加持，本身即是諸佛的親現。對於上師生起信心，將其視爲眞正的佛，再來便應該專一禪觀上師引介自心的所見。經由上師的加持力以及我們對其的信心，我們便能逐漸了證本覺；接著我們就會獲得確信，讓妙力呈現最佳的狀態，並證得無修的相續。《經部．密意總集》說到：

若不侍奉上師，
無以證得佛陀；
未見與此有相反的情況；
若有的話就與授記違背。

透過對於持明上師的侍奉，並在心相續中維持了證，遮障就會自行清淨，那麼於此生之中，我們便能證得普賢王如來的境界。就算這輩子沒有得證，也無疑地將在三世或七世之中，到達普賢王如來的聖宮殿。

於《椎擊三要》中，巴珠仁波切說到：

我可能會於此生證得大圓滿，
若不果，起碼我能保持快樂！阿拉拉！[37]

1．28 妙力於本覺之中必然得度

清晰如鏡的本覺，離於任何的概念打擾，當突然地生起一個分明的念頭時，稱之爲「妙力」。妙力是從本基覺性當中生起，乃是本覺動相的自性。妙力和戲現，自然安住在此無上覺知中，都是無根源且無基礎的。當我們從夢中醒來，客體場域和主體能知都在自己之處消逝了。類此，我們自己不動的自生覺法身基，任誰都無法移動一毫髮寬的距離；於此之中，有關物質具體和特定性相的概念，就這樣消融而得度。

如果我們未能了悟那從如鏡本基覺性中生起的分別念頭，就是本覺自身的自然妙力，那迷妄的輪迴，那看似眞實的客體川流，便從此開始令我們錯亂受騙，而這正是達瓦．札巴老父的寫照。

一日，達瓦．札巴到別人家工作，回家前，拿到一袋十公斤的青稞當工資。由於他考慮到這麼一大袋青稞有可能被老鼠吃掉，便把它懸掛在自己床頭的樑上，接著他在床上輾轉反側，開始想著：「我要把它賣掉，買隻母雞。母機會生很多的蛋，然後孵出很多的小雞。小雞也會長大，又生出很多的蛋。當我把這些蛋都賣掉時，就會變得有錢，可以找個女人結婚。然後她會幫我生個兒子，當那嬰兒出生時，我就給他取個誠實可靠的名字。」他就躺在床上想著兒子要取什麼名字，這時剛好月亮昇起，所以他決定把兒子命名爲「有名望的月亮」。就在這個當下，一隻老鼠也剛好一點一滴地咬斷了懸掛青稞袋子的繩子，整個袋子掉落在他頭上，達瓦．札巴就這麼過世了。

眾生的每個念頭各自追逐不停，從開始、中期，一直到現在這一刻，都是迷妄的，誰都無法衡量此迷妄，就連聖者也無法做到。即使是能表演無數幻相和靈巧戲法的魔術師，當他要探究這些如幻物體從哪而來、住在哪裡、何處消逝之時，也必須清楚確信，那些物體並沒有實體，因爲那些幻相的自性就是空性。

有個男人，栩栩如生的夢到自己生了個超級帥哥，但兒子卻在夢裡生病了，讓他很苦惱，最後

㊲法護的譯本為：「即生成佛必無疑，否亦心樂阿拉拉！」於此，「阿拉拉」是歡喜的感嘆詞。

兒子死了，他悲傷得嚎啕大哭。等他醒來，卻發現到自己連個老婆都沒有，哪有可能還當爸爸，更別提生下兒子而高興、兒子生病而難過，或是兒子死去而悲從中來。夢裡面，開始，兒子的出生看似眞切；中間，兒子的生病看似眞切；最後，兒子的死亡看似眞切。這種夢境，讓人痛徹心扉，醒來後才了解到，夢的開始、中間、最後，全都是心的虛妄造作，連個絲毫實質或特定表徵都不存在，於是我們的痛苦就像早晨太陽升起時的薄霧那般消散無蹤。若要對治這種痛苦就必須要致力於覺醒之道，了解夢是沒有事實根據的，並清楚知道只有這種覺醒之道能夠打敗它。爲此目標，我們把所有二元輪迴的生起顯相都安置於本覺中，如此而讓它們解脫。

在我們尚未認出妙力爲本覺的妙化幻相之前，在我們還未對於自己的妙力具有確信、讓它發揮最大作用並得到解脫之前，我們都必須在漸進道上修持。

1.29 輪迴除了只是妙力自顯之外，從未曾存在

有些人急切地問道：「第一個有情眾生是從哪裡來的？」或是「起因是什麼？」我想在這裡針對這個問題來討論。以譬喻來說，宇宙就如容器，眾生就如其中的甘露，兩者加起來便是輪迴。依據聲聞乘和大乘的主張，宇宙容器和其中眾生的起因乃是煩惱。煩惱既爲業之源，又進一步爲苦惱之源。外在的宇宙容器有著不可勝數的相關起因，有七種東西可作爲說明整個因果過程的例子，

也有六種相關依緣可作爲說明此過程運作條件的例子，前者爲種子、芽苗、樹葉、樹幹、樹枝、木髓、花朵和果實；後者爲地、水、火、風、空、時間。容器中的甘露眾生，來自於業和煩惱等源頭，也就是十二因緣：無明、行、識、名色、六處、觸、受、愛、取、有、生、老死。由此相連因緣，生起眾生的六大元素，也就是地、水、火、風、空、識。那麼，現在的業力種子從何而來？它來自先前的種子；而先前的種子又是從何而來？它來自更爲先前的種子，如此而難以追溯。無論宗教還是科學，對於那顆最初種子的起源都沒有可靠的答案，因此我們可以推論，或許它有個相續性，又或許它是像圓環那樣沒有起點。由於這個原因，我們的釋迦牟尼佛就將這外在容器稱爲「循環的存有」或「輪迴」。

因此，如果要回答這個問題：「容器中的眾生從何而來？」答案是，從老死之後的投生而來。「那麼，老死從何而來？」從生而來。「那麼，生從何而來？」從有而來。這個問題可以不斷接續，直到我們反轉所有十二因緣的緣生法，又回到此：「無明從何而來？」從老死而來。如此這般，我們在輪迴中持續流轉，像個輪子一般，因而被稱爲「循環的」。由於所有事物都有賴前一個串連的起因，我們便稱之爲「循環」。然而，要是我們以爲這個循環過程是又眞又實的，可就大錯特錯了！

釋迦牟尼佛於《般若十萬頌》談到有關二十空性的法教時，說到：「空性之中，無始亦無終。」在輪迴裡，並無可被稱爲開始或終盡的東西。若來檢視這個眾生因各自業力而顯現生起於其中的輪迴，它既無始也無終，既如夢也如幻。在輪迴的本身當中，無去也無來，而輪迴則住於本自空性之中，即是在無始無終的空性之中。因貪愛而對輪迴所生起的執著，和因憂心而對輪迴生起的恐懼，完全不存。佛陀從未說輪迴有始或有終，乃因他知道並沒有開始或終盡這件事。就如輪迴無始也無終，空性亦是無始也無終。

《經部．密意總集》說到：

風於空中安立，
水於風中安立；
地於水中安立，
眾生則於地上安立。
眾生皆依業力，
起因如前所述；
然空乃依於何？
實該檢視此事！

若問：「人類仰賴於何？」答曰：「地大是也」。又問：「地大仰賴於何？」答曰：「水大是也」。又問：「水大仰賴於何？」答曰：「風大是也」。又問：「風大仰賴於何？」答曰：「空大是也」。但若要問：「空大仰賴於何？」一般人對此沒有答案，就連大科學家也啞口無言。了知萬法實相的釋迦牟尼佛，曾說一切都沒有眞實的存在。因此他被稱爲「遍智」（一切智智），並由人天讚揚。

續部的看法是，例如山岳、房屋、財富等等這所有外在、世間的事物，都只不過是心意的投射或心意的顯相，除此之外，就無法被了知、或經驗、或證明它是其他的存在事物。至於內在來說，這個心除了是自心本性的本覺妙力之外，也無法安立爲其它的任何事物。本覺乃任運自成，恆時無有染污，安住本自法身佛果功德之界中。我們必須了解，本覺一直都於那無所緣的本空中安住。

1·30 在不受因緣制約的本覺中，一切佛果功德都任運顯現

自身覺性的本初覺智，超越表述和理解，一切續典都稱之爲本來無緣。《明離戲大義續》中說到：

一切了義經續中，（於了義法教、經部和續部的典籍中，）
不變且亦爲無爲，（對此大自生本智）

金剛喻詞句稱故，（是以如金剛之語來表述，）
爲大自生本智也。（稱其為無有變異且不受制約。）

再者，於《無盡意經》中說到：

意識爲無常；
本智爲恆常。

《樹王莊嚴經》中說到：

就算此一世間，
一切所知燒毀，
虛空仍不壞滅，
自生本智亦然。

恆時無染的自生本智就是佛。如果我們相信，迷妄必然生起於有情眾生之中，那麼想想，它絕不應該會進入本基。普基不可能是迷妄的。那麼迷妄是如何生起的呢？眾生對於從自身基礎中出現的妙力自顯加以分別，而有主體和客體的二元感知，再由此感知而生起迷妄。若能了悟眾生基礎的如實、完整意象乃是自然的自顯，則我們便能於普賢本基中解脫。於眾生基礎的空界中，解脫和迷妄自始就是清淨的。由此基礎所現的一切，包括輪迴和涅槃，絕無可能由此基礎離開，而此基礎也絕無可能是清淨本質以外的任何東西。故而，有關「基」、「道和果」、「世間」、「眾生」、「涅槃」、「淨剎」的種種辨別，和所有出現的無盡虛空，都不可能逃離眾生基礎的空界。於此空界中，莊嚴和戲現皆能生起。

龍欽巴尊者於《法界寶藏論》中說到：

簡言於此廣大之界的任運中，
以遊戲妙力生起任何輪涅者，
生起當下爲曾輪涅者所存在。
以睡眠之妙力生起任何夢境，
實質無有且本覺安樂舒適寢，

廣大任運平等之中無偏差遍！㊳

於此「大圓滿」之中，包羅了所有輪迴、涅槃、修道所出現的一切經歷，因而稱爲「圓成」。若是我們能持守空性本覺的法身要點，則將自然且任運安住於「頓超」（藏音：妥嘎）之見。以本覺的法身之意和本覺的報身之光，我們安住於究竟實相中。此時，由於到達眼睛的中脈內在之光並未受到迷妄所擾，因此本覺之光乃任運生起。此處，藉由「四燈修法」（遠境水燈、明點空燈、自生智燈、本覺界燈），若我們以佛果三身爲道，無疑地，我們將證得成熟光身的虹身之果。本覺和本覺之光就如火和熱、太陽和陽光的關係，一點兒都不可分離。

上述有關「立斷」（藏音：且卻）和頓超的差別，乃於兩者的唯一根源——自生本智中消融，因此，我們要實證而安住於自生本智之中，這是於始、中、末都極爲重要的事情。既然一切有情眾生的心相續之中，都有著無所緣的自生本智，那麼，染污和遮障是如何生起的呢？我們可能認爲，若要驅散黑暗就需要太陽、燈炬、電力來協助，但其實並非眞的如此。狼隻在晚上並不需要燈光就能看見。而且，事實上也不需要捨棄任何東西，因爲所有東西都無實質存在。天空是全然清澈的，它從本初以來便沒有黑暗或光亮。如果我們了知，黑暗並非是要被拒斥的東西，因它是天空清朗光亮的自性，便發現沒有需要排除的任何東西。在本初覺智得以顯露的當下，並沒有絲毫稱爲「染污」或「遮障」而要被拒斥的東西！

對於一切皆爲本覺妙力的了證，讓我們得以解脫。如果我們未能有此了解，將繼續執持主體和客體兩者，並於輪迴流轉；我們便需要仰賴對治法和止惡行善的漸進道。讓自己以凡俗人等的不淨迷妄所見；或是瑜伽士和瑜伽女的清淨或不淨所見，端看實際情況；甚至是佛陀的清淨所見，而來行於道上，無論是哪一種都無法避免要區辨，該捨某些感官顯相、該取哪些對治方法，道次第的漸進等級，以及業力和業果之間的差別所在。

在究竟的分析中，道次第和該取該捨的分類項目，在猶如天空的自性中，從未有條理結構那般的存在。

1．31 若能安住於不動的心，便能立即獲得極大的好處

無論我們在乎的是今生還是來世，都需要對於心的不動（不變異）層面加以熟悉。如果不提宗教，即使我們要處理的是俗世的工作，例如交易、務農、政治等等，要是我們無法持續處於不動的心中，這輩子就無法完成工作。無論我們要努力的目標是什麼，就算那是別人眼中只有專家才能夠

㊳由索南倫珠老師依照藏文中譯。

勝任的計畫，只要我們有決心、有毅力，總有一天都會完成。心思多變的人即使知識廣博，可能連首先要對計畫深入探究都不見得會做；而且假使他們眞的做了探究，可能也不夠完整。出現困境就拖延工作，接著便無法完成，事後才後悔沒有好好先做探究。開車時，一點點閃神就有可能造成致命的車禍。蓋房子時，差之毫釐便失之千里；水平線測量的一絲絲誤差，就有可能導致整個結構比例的巨大問題。就像這樣，如果我們害怕、焦慮、過於興奮、失去冷靜，剎那間就有可能遭受重大的災難。

好比當我們攪動水流，便看不到水桶底部有什麼東西；當我們搓揉眼睛，越搓就越看不清楚；當我們的心過度受到刺激、過於得意興奮，就無法解決問題、進行工作，一切只能停擺，因爲我們連一丁點的專注力都沒有。正如當我們把絲線纏繞得太緊，它就會綳斷；要是我們把太多壓力放在心上，心的相續也會綳斷，我們只能整個人處於迷惑困頓當中。這裡的根本錯誤是因爲在上述所有狀況中，對於心都沒有了知。如果我們的心既處於安適又同時警覺，便能以觀照和敏銳來做好所有的事情，而我們的心依然保持不變。若是我們能以不變且不衰的專注力來進行工作，則結果必然會是優異卓越。

以前有個叫做「利克倫」的人，一天，他回家時路經森林，突然受到兩個男人的攻擊。其中一人從後面抓住他，另一個人則站在他前面，拿出斧頭朝他的頭部砍去。他如風馳電掣一般地彎下頭來，剛好夠讓斧頭砍在後面抓他的人身上，使那人命絕氣斷。拿斧頭的人則逃走了。利克倫笑一笑，繼續走向回家的路。後來，本來要殺他的人，雖然算是敵人，卻也稱讚他的勇氣。利克倫雖小但快速的頭部動作，幫他保住了性命。不管有什麼緊急事件，觀照的心會帶來極大的不同。另一個例子，要被洪水沖走的片刻，我們要以觀照來幫助自己免於驚慌失措，而能保護自己不致淹死。

有一次，印度總理曼莫漢・辛格在尼泊爾搭直昇機，隨行的還有四位護衛，要飛到偏遠的目的地。直昇機升空之後，尾槳忽然故障，兩三分鐘之內就會起火燃燒。駕駛員決定要拋掉直昇機上的所有汽油，準備緊急迫降。隨後，飛機安然地著陸，駕駛員不僅救了自己也救了所有人的性命。其後，駕駛員在記者會上表示，他得在幾分鐘之內就做出迅速的保命決定，所以是那個決定再加上他的果斷，保住了大家的性命。[39]假使發生一個實際狀況都需要堅定的心，更別說我們有多需要調伏自心，而這麼做又會爲此生帶來多大的利益！

讓心穩定的最好方法，亦即了悟其不動的層面，也就是大圓滿的無作禪修。它不僅能促使世間事業的成就，還可以讓我們從輪迴痛苦中解脫。無論如何，我們都需要證得本覺的相續。

[39] 此段依作者修改而中譯。

1.32 不經控制的情緒會造成嚴重的生態破壞

如果我們相信，爲了讓我們愉快、安適，應該要控制且操縱這個物質世界，而我們也依此行事，就應該考慮這麼做所造成的附帶損害。過去幾世紀以來，科學家發明了許多機器，讓我們可以上天下海，甚至深入地底。我們有著來去自如的交通旅行，前所未有的美味佳餚和高級服飾、電子郵件和電視影音，傢俱裝潢也比以前華麗高貴；冬天有暖氣、夏天有冷氣，隨時都有電力，晚上還可以變成白天。科學家們還在繼續改善這些發明，並且構想著新的玩意兒。

所有這些事情都很令人讚賞。但是如果我們看看事情的另一面，過度的生產將帶來許多負面的副作用，並使得四大元素失去平衡，而這些問題正在日益擴大且顯而易見。地球逐漸暖化，凍結幾個世紀的冰山正在融化，有些國家可能因此而淹沒水中。此外，不同種類的鳥、獸、樹、草也瀕臨絕種。這是大多數科學家目前所預測的結果。四大不調將導致災難發生。預測還說，那苦痛將比二次世界大戰還嚴重一百倍。

問題就在於人們的貪婪。這個世界原本屬於所有的有情眾生，人類卻整個獨攬並僅僅爲了自己的利益而使用資源，同時又排放化學毒素汙染了空氣、水流、大地。由於四大元素失去平衡，水生、陸生的許多動物、昆蟲、樹木、植物，正在消失當中。我們正在加速自己於此世界的衰退卻不知，還稱自己是在「發展」而繼續前進，罔顧他者利益。而這樣的發展還與國家的聲名和強大有關，稱之為「超強大國」。讓我們想想，有個人拿著鋸子坐在樹上，卻鋸斷了他所坐的那根樹枝，這種鹵莽愚笨的例子，實在不該與我們世界中智慧人士努力的發展成果相比。另一方面，對於瀕臨危機的環境和四大元素不加保護且刻意忽視，說起來也挺蠢的。

對於聖者來說，釋迦牟尼佛所教導的則是，適度節制和自我知足遠比貪婪之道值得被接納採用。這個教導就有如萬靈丹的補救之道，能帶來四大的平衡、世界的和平、人類的和諧。由於這條道路能為今生和來世都帶來快樂，因此我們應該要遵循之。

1．33 大圓滿法的修道歷程必然且自然會保護環境

讓外在和內在的事物都保持不作修飾（無有造作），有其重要性。除非我們能將自心保持於不作修飾和無有造作的真正狀態，否則外在和內在的世界都無法保持其相同的自然樣貌。心意的構想是造成生態不平衡的主要原因。由於這個原因，我們首先需要將本覺保持於不作修飾、離於貪婪念頭和其他情緒的狀態中，如此我們就不會有任何想要控制外在的需求。那麼，逐漸地，外在生態的不平衡便能得以矯正，我們的心也將離於貪、瞋、癡和迷妄，而自然生起知足常樂。有了這份知足，便能降低對於發展的爭取，也能協助減少地球的暖化。

薩拉哈尊者有一首關於知足的道歌，是這麼唱的：

究竟的財富為知足；
最終的快樂為無貪。

事實當然如此。因此，我們需要努力調伏自心，讓它安穩。世上有許多自稱能夠訓練此心的專家，不過，沒有一個比佛陀還要專精。

往昔，摩竭陀國的頻婆娑羅王將一頭大象交給了馴象師，要他好好訓練，並承諾將予以他相當可觀的酬金。過了好幾個月，這頭大象已經全然臣服，馴獸師便將大象帶到國王面前，國王開心地賞了他一大筆禮物。可是，有一天，當國王和兩個王妃騎著那頭大象來到森林享受大自然之美時，大象突然抓狂，完全不聽從國王的命令，鹵莽地到處亂竄。國王和王妃們認為自己會被甩落而死，但是還好他們命大，卡在樹枝上而逃過了一劫。大象就這樣消失在森林之中。他們回到皇宮，國王下令將馴獸師帶到他面前，指責他說謊，說他根本沒有能力訓練大象，威脅要對他嚴厲懲罰。馴獸師極力聲明，表示他能訓練大象的身，但無法控制大象的心：「只要讓牠聞到母象的味道，牠就會抓狂，一定會跑去追到母象。所以，再等個幾天，讓牠交配完成，牠就會回來了。」國王心存懷疑，但仁慈地接受了馴獸師的話，等了幾天，大象真的回來了。馴獸師在國王面前，要求大象拿起一只燒紅的鐵棒，牠毫不猶豫的照著做了。於是，國王對馴獸師又有了信心，並問到：「對於訓練自心，誰是最好的大師？」馴獸師回答：「當然是釋迦牟尼佛！」

修持佛法就是要調伏自心，因而能得到知足的財富，也能解開我們對外在事物的貪著和追求。生態平衡因而能得以回轉，整個的環境也能得利。

讓我們來想想這個情況：敵人傷害了我所以我要和他對質、打鬥，並且擊敗他，給他一個教訓；我的女友竟然劈腿，所以我要揍她一頓，讓她不敢再犯。我們認爲，使用暴力便能控制外在世界並且得到快樂，但這種想法卻正是凡俗人等的常見錯誤。悟曲・透美（Ngulchu Tokme，戊初・多美，無著賢菩薩）在《佛子行三十七頌》中說到：

若未調伏內在敵人「瞋」，
即使打敗外在之敵人，
對其人之瞋恨仍增長❹⓪。

❹⓪第二十段偈頌：「倘若未伏內瞋敵，外敵雖伏旋增盛，故應速興慈悲軍，降伏自心佛子行。」嚴定法師中譯，並依堪布竹清・嘉措仁波切注疏略為刪改。

若未調伏自心，就不可能控制外在世界。喝得爛醉的男人，暈頭轉向地走在路上，還認為是地板在搖晃；把一個東西看成有兩個，兩個東西看成是一個。他的腦中有各種念頭流逝，時而開心地唱歌、時而難過地哭泣，時而又發起脾氣，什麼都來。但是他對於大地搖動的感覺等等，全都是主觀的迷妄。酒醉者心中生起的種種想法，全都來自他的酩酊大醉。《三摩地王經》中有一段關於大地搖動的偈頌：

醉飲腐敗青稞酒，
儘管大地仍安穩，
然卻看似在搖動：
當視萬法為迷妄！[41]

儘管外在事物沒有實質存在，我們卻因假定它們的恆常和具體而對它們益加貪著。是有雜染的二元感知，將事物歸屬為具體和恆常，並依照主觀偏見而把它們標籤為本自就是快樂的或生來就是痛苦的。智識化的心開啓了這樣的歸屬，心中便生起了迷妄，而這對於自心本性的錯解就成為我們不斷流轉輪迴的起因。由於這個原因，我們需要認出心的不動自性。一旦我們認出了這種不動自性，所有的標籤、顯相、迷妄都會自然消失無蹤。我們將此心視爲只是心意的投射，接著，透過對於心的禪修力，讓心離於分別執取的虛飾，我們便能安住於不動空性本覺的大法身之界，解脫於恆常的安樂之界中。

大科學家們發明了許多機器，讓我們飛於天空、遊於大海，用顯微鏡看到極其微小的東西，還有各種驚奇的事物。人們認爲這些科學家眞的很偉大。然而，先不提其他星球，我們對這個地球本身都還沒有徹底探查，而這也是科學家們公開承認的事實。他們可以對某個特定現象進行全面的研究，但這宇宙中仍有無盡無量的各種事物有待探查，根本不可能一一檢視。

過去，諸佛菩薩曾經示現飛天的能力。他們也能預示未來：例如偉大的貝瑪·林巴就在大約五百年前預示了聖雄甘地的到來。這些成就證明了他們已然了達一切經驗的自性。十九世紀的西藏，世人認爲那裡沒有現代科技，但局·米滂仁波切發明了一個小炸彈，並向一些弟子展現它的威力。仁波切說，如果做得大一些或許小有用處，但人們通常會濫用這種東西而引發嚴重的後果，因此他不會繼續發展。正如米滂仁波切所言，科學家可能爲我們提供種種美食、便利交通、各類好處，但當我們審慎思及某些無知國家所製造的致命武器，就會難以下嚥、甚至難以入眠。有一次，

㊶「如人飲酒醉，見地悉迴轉，其實未曾動，諸法亦復然。」高齊天竺三藏那連提耶舍譯。

大學者根敦．群培正前往西藏首都拉薩的路上，他打造了一艘會自己行走於水面的小木船，讓大家都很驚訝。他對大家說，如果能用更好的設計做出更大的這類木船，他們就能航向大海。

往昔的聖者見到一切痛苦的根源乃是心的迷妄，儘管他們大有能力可進行科學的發明，反而選擇首先一心一意的投入於斷除煩惱的根源，並且向我們示現釋迦牟尼佛的修道。

今日的美國儼然成為具有眾多先進科技和設備的小型淨土，然而，許多的美國人卻有著心理的問題。比起身體的問題，心理的問題會製造更多的痛苦。就如局．米滂仁波切於《自宗論典》中所說的：

> 飢饉之苦，甚苦，
> 然而心的無盡之苦，更苦。

極少見到有人藉由餓死自己來自殺的，人們總會想要把自己餵飽，讓自己免於挨餓。心理的痛苦可以透過美食、喝酒，或是唱歌、跳舞，而得到短暫的緩解。不過，這並非究竟的解決辦法，也因此我們會聽到各種自殺的案例。若是沒有斷除痛苦的根源、心的根源，無論我們使用什麼方法，都無法脫離痛苦和迷妄的束縛。就算我們此時能投生淨土，也不能享有安樂。《佛說阿彌陀經》中說到：「投生於極樂淨土的的男女菩薩眾，沒有自我，也無『你』、『我』之分，他們都是男女佛陀眾。」

無與倫比的瑜伽士密勒日巴唱道：

了知自心即法身，
比遇見佛爲更佳。

了知自心本性和其自然圓滿，遠比親身見到佛陀還要更好。且容我引用龍欽巴尊者《法界寶藏論》中的這段名言佳句：「**只要識得萬法的自性，就稱為『佛』。**」在我們見到自心本性爲本初覺智的當下，我們就能了解到「佛」一詞所指的就是此一認出。

1·34 闡述一切事物都從心之基礎中生起

對於「一切都是根源於心嗎？」這個問題，前述章節已有長段的討論，故而此處我只做簡短的說明。一切苦樂都來自於心。不同的眾生依照各別自顯而感知外在顯相——水，對於人來說可以喝，對於其他則是居住的地方，等等。

普基爲光明心（菩提心），但佛陀的清淨自顯和凡眾的不淨自顯則因業力而不同。每個事物都是由心而來的妙化幻相。有些人對於這一點可能會這樣回應：「那麼，這單一基礎怎麼會生起那麼多的樣貌？」回答是：這就像我們腳下的大地只有一個，卻能出現各種的樹木、植物、礦物、珍寶等等一般。此外，現代的科學家相信，世間的一切事物，都是由原子所組成的。類此，輪迴和涅槃的一切，自然就是由光明心所組成的。另一個更接近的比較是，單單一張鏡面，卻能顯現各種不同的人臉。實際上，外在現象的自性和心是一體的，心的自性既是無處可尋，又是無處不在，也不受限於任何特定的不合理概念。

當我們探究此外在的世界時，會發現我們找不到合一性，也找不到多重性。如果是一，就不會是多；如果是多，就不會是一。既然這兩種都不是，它就是安住於空性中。這種空性並非像空中之花或石女之子，因爲外在物體是可見的，這一點不容否認。但是，要將它們看爲不過是水中月影：雖可見到，但尋不著容器中的月亮。當我們不作探究時，這些約定俗成的顯相看似是存在的；但若要加以探究，則因爲外在事物和內在心意都沒有任何實質的存在，所以我們可說兩者都不具任何的存在。

有些人會覺得納悶，認爲既然心和外在事物都不具實質的存在，那痛苦怎麼有可能從這裡生起。況且，既然一切都沒有本自的存在，何必還要禪修？看來的確如此。由於我們對器世界和情世界無有實存的無知，而構想有一個實質的「我」和那些「外面」的人，接著，好和壞的感覺就促發了貪著和厭惡，因而就開始了整條痛苦的長河。當我們清楚了解到，一切都沒有實質的存在，痛苦就不再生起。設想我們在夢中被惡虎吞食，或是從峻聳懸崖掉落，若是受苦的當中我們曉得自己是在作夢，因此是被自己騙了，就能自然而然地放開那種恐懼。

夢中奇想並非總是讓人難過，有時也會使人快樂。電影也是這般，雖然大家都知道電影是由職業導演所編製的，觀眾們依然會因著悲傷場景而哭泣、會因逗趣片段而大笑。即使已經知道影片本身是虛構的，我們還是又笑又哭，爲何如此？隨著我們對顯相的貪著，便生起快樂和悲傷；若是我們對於顯相無實有著強烈的信心，就不會生起那樣的感覺。如果我們在看電影的同時，無法讓心超然於影片之外，到了現實生活之中，當過去印記的瞋恨強行出現，我們怎有可能超然於外呢？從無始輪迴以來，我們藉由各種活動而貪著於許多事物，如此，就像陶匠的拉坏軸那般，陶匠不轉了但軸輪還依然動著，生命之輪在自身的動力下也仍舊繼續轉動。

目前而言，我們對於外境的執取習性，有可能在一座禪修當中就忽然整個放掉嗎？有些學生在遇見偉大上師之後，了解到萬法無實的眞諦，經歷了數月或甚至數年的修持，而得到此生極大的利益。他們對於法教生起強烈的信心，並徹底改變他們行爲的態度，像是把衣服整個反穿一樣。人們觀察到這樣的瑜伽士和瑜伽女，會比其他人更爲客氣、更爲好心，簡言之，就是成爲了具有許多良好特質的人。當然也有些人，受了法教也做了禪修等等，卻宣稱他們沒有獲得任何幫助。不過，讓我們來看看這個情形：有個醫生開藥給愛滋病或結核病的患者使用，並指示病人每天都要吃藥，期間是幾月或是幾年。如果患者才吃了幾天就吵著說藥物沒效，這種不成熟的爭論是沒有意義的。如果吃藥的期間夠久，自然能讓患者恢復健康或者控制病情。如果我們向具德上師求取教言，在心態上並非為了和某個有名的法教沾上關係，而是為了修持此心以便證得究竟成就，那麼便應該致力於聞、思、修。

1．35 若能透徹了達「顯空不二」，所見便能自然遍滿著無量清淨

一旦我們確信所有現象皆為心意的不實投射，就不必再往外尋求一片淨土。我們所在的此時此地，對我們來說就是淨土。敏林．炯仁波切於一九六〇年代的文化大革命期間，在八廓[42]被指定要負責清理糞便，一位婦人因崇敬仁波切而自願代他處理。但是有一天仁波切請這位婦人不要再繼續幫他，因為他可以自己來做。婦人告訴仁波切，那種味道非常令人不快。仁波切回答道：「對妳來說可能難聞，對我來說卻是香氣」。在走向死亡之前，了證的人會將不淨的事物看為清淨；而在臨終之際，當凡俗顯相消融而進入空界，他們會將顯相看為蓮師的銅色山淨土。死後，則出現虹彩光幕和其他吉祥徵兆，讓所有見到的人都因此受到啟發。關於這一點，有許多可談的故事。

諸佛所見盡皆清淨，其他人，例如釋迦牟尼佛的弟子舍利弗和一些僅有些微遮障的具福報者，

則有淨觀。往昔，當無垢友尊者（音譯「毗瑪拉密渣」）來到西藏時，他看到赤松德貞王以觀世音菩薩的身相坐在綠松石的寶座上，並戴著五方佛的寶冠。無垢友尊者仰望天空，念誦「嗡啊吽梭哈」，並同時彈指五次，五方佛便現身，讓王臣等眾全都清晰看見，並獲得堅定信心。所有像他們這樣的具福報者，都具有淨觀。

再者，當大譯師瑪爾巴於法座上進入甚深禪定時，弟子瑪爾巴．果洛剛好來見他，卻在大譯師瑪爾巴的座位上，看見眞正的金剛總持。其後，他問瑪爾巴這是怎麼回事，大譯師回答道：「就在我禪修個人的主尊金剛總持時，你的染污恰巧消滅了，因此可以這樣看見。」爲了能有這種淨觀，就需要消滅遮障，此外還要具有信心，相信幻相的顯空不二。

有一次，多．欽哲．耶謝．多傑在門雅拉昂正在給予灌頂，當場所有人都看到這位上師現身爲千手千眼觀世音菩薩而坐在法座上，不具懷疑的具福報者，因爲見到他而消滅了染污和遮障。

❹❷從音譯看指八廓街，從大昭寺出來而依廟宇周圍的老街，是拉薩最古老的街道，藏人稱為聖路；因為四川話「内廓」跟「角」很像，所以又叫做八角街。不確定是該處的監獄或集中營，還是其他的場合。

1.36 直指本覺的一隻手指

總括來說，無論哪種見地、是悲是喜、有著可怖或愉悅的顯相，或者我們的心是活躍還是沉鈍，都不應該將我們的心推向任何對治法的那一端。不管生起了什麼，就赤裸裸地看著所生起顯相的本質，接著，不作任何修飾，就讓它保持樣貌。如此，本覺將從其中展現全然的光耀。

敦珠仁波切在《山法赤裸引導》中說到：

> 無論是哪種感官場域、哪種對境，都要像小孩在寺廟佛堂前那般著迷的凝視。別控制特定的感官，而要持守當下的清新。讓它維持本貌，不作任何構想，不改變原來的形狀、質地，也不摻雜任何的分別執念。如此一來，一切的顯相都會生起爲本覺明、空的赤裸本智。

吉美・林巴在《遍知車乘》中說到：

> 於本覺中，客體的顯相並不會具體化，而既然本覺也不會和客體相混，對於輪迴的感知分別就像是水中作畫一般，而有著薩拉哈尊者的寧靜微笑，此時，所謂的斷離和對治便

自身解脫了。對於本覺不顯露任何貪著或拒斥，因此便不會落入客體的場域，於是，在輪迴和涅槃的解脫界中，便有著帕當巴．桑傑的燦爛光耀。

色、聲、香、味、觸這五種感官的刺激物（五塵），於五種感知之門（五根）中並不會具體化，一切所生起的都會讓它如是生起。當心識（本覺）並未和五塵這客體層面相混時，並未掉入客體之中時，二元輪迴的自性便消失了，就像於水中作畫時，畫下的同時，所畫的東西也消失了。要斷離者沒有物質表徵，其對治法也沒有表徵，於此生起的那一刻，祖師爺薩拉哈尊者大笑著，找到了自身解脫的空界。

在我們依照上師教言而了證見地的深奧含義，並認出自心本性乃為本覺，是光耀而無分別概念的，這時，我們已然對此有所體驗，因而無需向外人加以描述，也無需探討它的本體論。在我們確信所謂「自心」、「主觀能知者安住於無念之中」等等這些都毫無意義之後，便能於內在發現一種深切而不變的信心，而其自身就已足夠。至於要如何生起這種深切的信心，就得仰賴持明上師的加持和口訣教言，其他的方法都不可能讓我們了證心的自然狀態。

在性相乘（顯宗）的經典中，所含的是大乘的最高見地，許多深奧的眞諦是透過現量（直觀）與比量（推論式邏輯）來建立，但最終它們都離不開智識的範疇。儘管我們口中說著「空性」、

「超越分別戲論」等等的字眼，它們也仍只是語義學上表述，因爲我們的心無法構想出這些。我們依然逃不出分別二元的牢籠。只要我們不是用無二的洞察來直接看到自心本性，不管再怎麼表述之，仍舊無法超越或消除二元論的框架。當我們手中拿著一塊燒紅的木炭，不管哭得再大再久，只要不把它丟下，就不可能停止痛苦。在性相乘的佛經、中觀應成派，以及外、內、無上瑜伽的續部——也就是於大圓滿阿底瑜伽祕密教誡層次以下的所有法門，在性相乘的佛經、中觀應成派，以及外、內、無上瑜伽的續部——也就是於大圓滿阿底瑜伽祕密教誡層次以下的所有法門，由於這些學派並不將無二感知視爲一種可作證明的有效方法，因此對於各種可能將實相具體化的主張，都是用依序而逐次的方式來加以解惑。因爲有著不同層次高、低的法門，以及各種速度快、慢的道路，故而加持的深度也會有次第的漸進。龍欽巴尊者在《法界寶藏論》中說到：

除非我們能實際體悟自生平等之境，
否則只是在嘴中迴旋著「無二」的字眼，
並且自信地推測所謂的「無有參考點」，
但這可是又蒙昧又無知的極糟想法。

於大圓滿的法門中，首先，我們在持明上師的足下，得以被引介而實際體驗本初覺智。依此，各種屬於性相乘（顯宗）的推測概念和假定設想都自然消失，此時便能毫無分別戲論的「看見」。當我們無法直接體證時，就算我們對於大圓滿的用語可能稍有見識，卻一點兒也不貼近萬法的自然狀態，因此還不配能稱得上是「大圓滿瑜伽士」。大成就者貝瑪．德威．嘉波於《力圓之獅》中說到：

若不了知生命的眞正自性，
反而受限於基本教義之思，
湧現頑固的教派主義之苦，
我們便落入業力習氣之網
其中盡是無明的二元顯相。

龍欽巴尊者於《毗瑪心滴》中說到：

無垢友上師曾經教導，佛陀絕非因修持九乘次第道法門的見、修、行而得證。何以如此？因爲在九乘法門的見地中，只有智識上的推測，有時令人信服，有時則否，但終究無法引出赤裸的本質。

同書中，龍欽巴尊者引述了持明極喜金剛（噶拉．多傑）的開示：

基於推論思想所得的見地，會帶來痛苦；
由此見地所來的禪修，會製造迷濛的心；
依此禪修所做的行止，會帶來疲倦困頓；
如此還冀望有所成果，則是絕對的迷妄。

在大圓滿阿底瑜伽祕密教誡層次以下的所有法門，各自皆依高低次序而認爲於其下方的法門並不適當，然而每個法門卻都還是在推測式、純理論的思想範疇之內。尤其，以性相乘的經典來說，教導要以推測演繹的邏輯（比量）爲首，而假定自心本性無法於本覺空界中直接了證。在這個法門中，無論心的禪修有多深奧，只是用不同的二元概念來代替原先的二元概念而已。而這種方法並未涉及大圓滿自然狀態的實相或心的自然圓滿。鳥兒無論飛得再高，最終都必須降落地面：如果對於自生起、自解脫的心沒有關鍵性的了證，即使花再多的努力，最後只落得筋疲力竭。大成就者貝

瑪．德威．嘉波於《力圓之獅》中說到：

若未了證自生起自解脫的要點，
因「執實」本身的巨大痛苦而導致疲累；
若未了解本初以來便自身得度，
則無有可能從輪迴投生中解脫。

1．37 說明尋覓一位持明上師以引介本覺的必要性

若想領受關於大圓滿全然解脫見地的眞正引介，我們必須侍奉持明上師、大圓滿瑜伽士。《總集本覺續》中說到：

若未請益智慧上師，
則不可能出現有佛；
若無師則無佛出世——

此與授記似有違背。

龍欽巴尊者在桑耶寺完整修學經、續之後，這位雪域所有學者和聖者的頂戴珠寶、第二佛，以其等同印度「六莊嚴」與「二殊勝」的淵博學識[43]，被眾人稱爲「桑耶之學者」。他是個無與倫比的奇才，且沒有一絲絲的偏見。但是，當度母這位菩薩於淨相中告訴他，他的直接上師爲大成就者童王時，他隨即起身並四處尋覓，並於到達後隨即請求了心髓教法，且領受了許多的口傳。

偉大的那洛巴尊者是印度超戒寺的著名班智達（學者）。他曾在淨相中見到空行母告訴他：「如今你是文字的專家；你該去見大成就者帝諾巴，以實修體證實相的自然圓滿。」於是，那洛巴尊者便前往承事帝諾巴尊者。

閉關瑜伽士之主德威・嘉波多年都在閉關，他成就了生起和圓滿次第，並示現了許多如夏日彩虹般清晰的徵兆。然而，他依然殘存了一些貪著的習性，因此當他後來撞見了札東・敦珠・林巴時，那位上師對著他大喊道：「來，告訴我們你有什麼覺受徵兆！」此時，概念戲論的徵兆之殼，盡皆消融於虛空之中，上師的心和弟子的心兩者無二無別。德威・嘉波依著這次的覺受而得到了悟。想要找到大圓滿、心的自然狀態，除了仰賴上師之外別無他法。此外，我們也需要以信心、淨觀、虔敬來依止這位上師。若我們將上師視爲佛陀，便得到佛陀的加持；若將上師視爲瑜伽士，便得到瑜伽士的加持；若將上師視爲平凡人等，則得不到任何的加持。如同佛經中所說的：

具有思慕願力者，
座前即會有佛陀。

又如同續典中所說的：

上師即是佛；
上師即是法；

43 喇榮五明佛學院索達吉堪布於譯講薩迦班智達的《量理寶藏論》時說到：釋迦牟尼佛涅槃以後，在整個世間當中，弘揚教法的論師特別有這「六大莊嚴」：首先是釋迦牟尼佛在《楞伽經》等經典中親自授記的龍猛菩薩（或稱龍樹菩薩），著名《中觀》的作者；第二個是彌勒菩薩親自攝受的無著菩薩，由其開顯廣行派，撰有《大乘俱舍論》；第三個是文殊菩薩親自攝受、獲得戰勝一切悉地的陳那論師，造論《因明》。此三大論師人們稱之為「三大造論者」。其後，有「三大釋論者」弘揚他們的教法：化生於蓮花中的聖天論師，解釋了龍猛菩薩的觀點；憶持九十九萬部論典的世親論師，解釋了無著菩薩的觀點；勝伏一切外道、抨擊一切外道的法稱論師，解釋了陳那論師的觀點。這六大論師總稱為「六大莊嚴」。「六莊嚴」與「二殊勝」有著不同的說法：有些說無著菩薩和龍猛菩薩為二大殊勝論師，加上功德光尊者和釋迦光尊者兩位論師而為「六大莊嚴」。

上師即是僧；
一切來自師，無與倫比者，
偉大榮耀師，乃是赫魯迦[44]。

眞正的加持，只會來自持明上師。正如所說：「**持明上師的徒眾，能領受成就。**」再者，於《基道果願文》中，局・米滂說到：「**願能經由上師教誡的力量，讓我得見！**」

若是能夠融會貫通大圓滿的見地，我們將於內在對六道有情眾生生起強大的慈心，因爲眾生受到自己貪著輪迴爲實、爲眞而遭愚痴欺瞞幻相的禍害所致，無法像我們有這麼深切的了解，因此只能持續在痛苦中煩憂苦惱。如同寂護大師在《中觀莊嚴論》中所說的：

於諸無有了知者，
悲心自然而生起。

這種慈心不須費力就會生起。就像幼兒在無護欄的屋頂平台上到處跑跳玩耍時，做母親的心中所本能生起的憂心焦慮一般。了解萬法爲幻的瑜伽士對於還在對抗敵人、照顧親友、累積財富、提高聲望的人們，簡言之，就是所有那些因爲執實迷妄而深陷痛苦的人，也會有一種包容之愛。有了這層瞭解，並憶持業果的迷妄，我們便能毫無迷妄的看見每個特定狀況的業力因果運作，此時，內在也會生起一種強烈的信心。這是見地正確的證明，或說是佛果功德的顯現。若是我們內心深處對此離於偏見的見地並無清晰的了解，便不會了知因果業力，也不會對有情眾生生起悲心，就像個獨自待在廣大平地中央的徬徨盲人，不知道該何去何從。對於見地無知，繼而也就產生愚痴，就算我們走在解脫道上，看似有模有樣地行持六波羅蜜，卻依然還是凡夫俗子。

以經部的內涵來說，無論如何努力，想要透過邏輯和經典權威來證明空性的實相——那全然解脫且離於分別戲論的空性，我們依然無法超越演繹的假說和推測的概念。用經部的心意來探究現象並發現「不存在」（非有），會把我們帶向空無（斷）；而在發現「無『不存在』」（非非有）時，則把我們帶往恆常（常）。於執持存在和不存在兩者（亦有亦非有）的同時，又無法同時構想存在的物體和不存在的物體兩者。強調存在和不存在的合一時，經部的心意常會想到的是黑線和白線纏繞一起，然後就無法再想了。這種只透過智識分析來了解實相的初學者，會把實相看成是可分類、可列名、絕對的，這是演繹邏輯的一個因素。但是，正如月亮的圖片可將月亮引介給我們，水中的

㊹另有音譯為「嘿魯嘎」，字面意義為「飲血者」，有多種不同的內涵，需視情況而定。

倒影可為我們指出物體於天空的方位，我們也有可能透過對於四邊謬見的邏輯分析來與本基覺性產生連結。藉由長時間以正確推理來練習演繹邏輯的見地，可以逐漸了解到水中月影乃是個幻相，而這個了解能清除認為它存在（有）的邊見；其次，也能清除認為它不存在（非有）的邊見；其三，又能清除認為它存在也不存在（亦有亦非有）的邊見；其四，還能清除認為它既不存在也非不存在（非有非非有）的邊見。當這四個邊見逐一清除，最終沒有任何分別戲論時，我們便能夠進入佛心。這和大圓滿直接證悟的方式有所不同。

在經部的修道上，談到本覺時，並不說它現在就存在於有情眾生的心中，而說它是有情眾生心中的成佛種子。由於經部見地的不適切，若要說本覺此時此地就在有情眾生的心中顯現，就會變成了錯誤見地的惡業累積。於經部中，當文殊菩薩教導二十種空性時，許多聲聞乘當場頭部綻裂，有些甚至吐血而亡。而在大圓滿法中，從一開始，便引介一切經驗的元素皆為本覺。此一本覺，本初以來即離於分別戲論，乃是一切佛陀的密意禪思。若想用各種概念努力使之清淨或雜染，反而容易使它隱藏自性，造成不良後果。我們需要捨棄各種努力，以及演繹論理和推測概念，而為此，我們首先需要從上師領受教言。在運用上師的教言之後，我們便能了解到除此之外別無他法。

當我們一心一意的虔誠地相信上師即為佛陀親現，並向他求取能引見大圓滿本覺的教言時，持明上師將透過徵兆、文字、經歷等等，善巧的為我們引介本覺。例如，喇嘛藏巴．竹千就是在放牧犛牛的時候，爲企括仁波切引介本覺。這位上師那一整天都爲這弟子個別講說大圓滿的法教，當傍晚來襲時，他們兩人坐在一塊岩石上，此時上師猛地大叫：「後退！」當企括仁波切把身體往岩石後方移動時，上師輕聲說到：「不！不！不是這樣！」當下他了解到要清楚分辨本覺與二元感知，於是他清晰地經歷到赤裸的本覺。上師開心地說：「今天，咱們把眞正的敵人宰掉了，那敵人就是執取。現在，到深林僻靜之處，圓滿你的修持，這輩子就成就佛果。」

這裡還有個類似的故事。在竹旺・貝瑪・德威・嘉波遇見敦珠・林巴之前，由於他對自己修持所來的成就還有那麼一丁點的貪著，遂想要向上師展現他的成就。當上師看見他時，二話不說，一把就抓住竹旺的脖子，一邊用右手拿著刀子在刀鞘中滑上滑下，還讓他清楚的聽到聲音、知道上師在做什麼，一邊則要求他大聲地說出他有什麼了證。霎時之間，竹旺的成就感消逝無蹤，並且清晰地見到了赤裸的本覺。

簡言之，我們應該單單仰賴自心本性爲赤裸本覺的見地引介，而把較低法道的演繹論理與合理造作擺放一邊。爲了促使這個發生，我們首先需要建立一切輪涅經歷皆爲無基無根之主觀自顯的觀點。接著，對於我們原始狀態的當下覺性不作修飾，就得以被引見無有二元感知、本初以來清淨、離於分別戲論的眾生基礎。這樣的引介，並不屬於性相乘的任一部分，亦不見於較下續部的法門之中，乃是大圓滿獨一殊勝的無上法教。

著名的第四世佐欽仁波切明就・南開・多傑，是在下述的情況中，被引介使他證得實相頂峰、比天還高的見地。他在廿五歲時領受出家的具足戒，並研讀了有關五明的一切學問㊺。接著，他便開始負責管理所屬的二八〇座寺院，並因法相莊嚴和學識淵博而聲名遠播。一次，他為了求取灌頂、口傳和講解，連同五十位僧眾隨侍來到多荷晉見多・竹千・吉美・聽列・歐瑟（又譯「多智欽」），後者乃是持明吉美・林巴的心子。上師見到他，便給他一整個顱器（嘎巴拉）的純酒，要他喝下。由於他是已受戒的比丘，喝酒乃屬犯戒，但上師卻要他喝下，仁波切別無選擇，毫不猶豫的一飲而盡，便立即覺得有些醉意。等到他返回隨行人員所在之處，一些高階的喇嘛和祖古對於他飲酒一事稍有微詞，不過既然那只是小小的初犯，也就算了。隔天，當他們發現仁波切依然還沒酒醒，都感到驚訝；當然，後來他們才曉得，仁波切因為那一嘎巴拉的酒而一輩子都顯得瘋瘋癲癲，就更為驚訝了。從此，仁波切見到了一切輪涅現象和種種修道，都是妙化如幻的自顯和心意的投射。有時，人們從房間外面叫他，他就直直走入牆壁，並在房外的牆壁中露出前半部的身體。很多人都曾經見證此事。由於他有著毫不受限的精神力量，對世間顯相一點兒都不貪著，並已超越凡俗而到達大圓滿的境地，也就是實相的頂峰。

當持明上師遇見具福弟子，對於事物自性的了解不會落入演繹邏輯，而是以本覺來體驗。這就是此一修道的無上獨特所在。遍知的吉美・林巴於《遍知車乘》中說到：「成就本自清淨為法身，無須證明什麼，無勤契入廣大原始智，即究竟解脫。」

這樣的成就，無法透過論理而得證。它難以言詮，也無法用邏輯表達。阿里班禪於《三律儀決定論》中說到：

> 唯藉持明上師之加持！
> 其餘方法盡皆爲無明！

好比用一隻手指指向月亮，這是象徵性的方法。就像多竹千上師爲明就・南開・多傑引介本覺的例子，我們根本無法對此做出正確的定義。

大圓滿的法教和持明上師的特性，超越了所有的解釋與定義。從上述幾則故事我們可以猜想，不要假設某個事關重大的遭遇會輕易讓你碰上。這樣的上師如藍色月亮般稀少。弟子這一方，則必須有著超絕敏銳的心性，以及與上師之間的緊密業緣。好比一位具有測算直覺的占星家門徒，不需

㊺應依次第而求取：內明（佛學）、因明（邏輯、論辯等）、聲明（語言、詞義等）、醫方明（醫藥科學和醫療技術等）、工巧明（營造、農務、技藝等）。

做每一筆計量就知道關鍵所在，對於這種可以單單指示方法就能輕易快速成爲專家的人，若是要他又辛苦又長久的付出努力，簡直就是浪費時間。想想一個曾經忘掉以前對話、但只要簡單提示就能清楚想起的人；同樣的，透過上師的教誡或單一的徵兆或象徵，我們便能回想起本覺而證實之。這被稱爲「明光之道」或「以本覺爲道」。寬坦地安住於此本覺之中，我們將得到信心，並逐漸或立即出現成就的徵兆。最終，就像孩子依偎在母親懷中那般，無所緣的本基覺性和本覺之途相融爲一。

1．38 佛身與佛智的功德，原本就顯現於本基覺性之中

輪迴和涅槃的一切，都在本覺之界中。若是我們沒有顯現出住於自身覺性中的基、道、果功德，就好像獲准覲見國王，卻對他的皇宮、臣民、財富、權勢、名望都一無所知那般，以至於我們在必須知道他有多大權勢之時，卻低估了他的實力。我們也許知道自生本智的本質，但，本覺、佛果三身和五智的本質又是什麼呢？需要努力成就這些看來過去沒有的東西，還是這些會任運自然的生起呢？它們當然會任運自然的生起！於本初覺智中，基、道、果和見、修、行，全是本初以來的完整都在。如果我們想從其他地方尋求佛果功德的顯現，會像是眼前明明就有一片湖水，卻轉身尋找水喝一般；或是大象明明就在畜欄裡面，卻往叢林尋找牠的足跡一般。

本基覺性是一切過去、現在、未來諸佛之源、佛身與佛智的功德藏，也是行於道次第的馬車：它是一座充滿無數入口通道以能全然顯現佛果功德的廣廈大宮。於此本初覺智中，得以不受時間所限也不受因緣制約而成就佛的法身、報身、化身。直接來看本覺時，其本質離於一切分別戲論，乃是法身；其自性為無有修飾且無有雜染的明光，乃是報身；而其悲心力用，不具實體也不受禁錮，乃是化身。若以水晶來比喻：其透明為空性的層面，乃是法身；其光耀為明性的層面，乃是報身；而其作為無實多重顯相的基礎，乃是化身。

《普作王續》中說到：

我那能生一切的菩提本性
乃為任運自成，於其之中
有著佛的核心，亦即三身：
我的不造作自性，為法身；
我的不造作本質，為報身；
我所顯現的悲心，為化身。
此三者並非要成就的結果，

反而是我這個創造者本身，
我即是一切的顯現和現象，
我的自性、本質、悲心都無所修飾，
因爲在實相中，我就顯示了此三者。

它又進一步說到：

那五種層面是我的自顯
有著淨土，實相乃圓成。

1.39 解開對於本覺不依因緣之潛藏力的疑惑

當我們說：「佛果的三身和五智於本覺的空界中本來自生而任運圓滿」時，對於大圓滿法教有著偏見而心意狹窄喜歡詆毀的人們會認爲：「把我們這些平凡有情眾生說成具有佛陀的佛身和五智，眞是可笑！」這樣的詆毀就像是在說，當雲層濃厚而遮蔽天空時，太陽就不存在了。我們這些已然進入大圓滿法教的具福報者，不會和那些愚夫爭論什麼，也不該因那類言語而感到脅迫。若是佛果功德本來不在那裡，如果本具覺智其實並非初始即有，那麼當我們未來成佛之際，怎有可能會顯現什麼呢？

怙主慈氏於《究竟一乘寶性論》中說到：「**不受因緣制約而任運自然顯現**」。《祕密藏續》則是這麼說到：

因地性相乘之中，有情眾生被視爲成佛基礎；
果地密續乘之中，熟悉心的自性而成爲佛陀。

《〈喜金剛〉二品續》有言：

一切有情眾生皆爲佛，
然因忽爾污穢而遮蓋；
清除污穢便能現眞佛。

以此從了義法教所來的確認，我們必須同意，若不清淨那些偶然的染污，佛果功德便無法顯現。顯然，我們需要清除遮蓋在陽光表面的雲層，才能讓陽光照在我們身上。

然而，顯現爲五方佛部的佛果功德，在自生覺性的本智當中是全然圓滿的。阿閦佛（不動金剛佛）代表本覺於一切顯相中，自不變異也不受變異的層面；阿彌陀佛代表本覺於時、空中，恆久不變且沒有中央或邊圍的層面；大日如來（毘盧遮那佛）代表〔本覺之〕光耀於涵攝一切、充滿一切的究竟無瑕空界中，離於分別戲論的層面；寶生佛代表勝、共二種成就乃因非爲存在、卻處處可見而證得的如意滿願層面；不空成就佛代表涵攝一切的佛行事業乃無需費力且本初以來便成就的層面。這五方佛部的面向，與本覺的本智妙力並無分離。類似這樣，以任何口傳法教或伏藏法教的單一儀軌來說，從開始的皈依願文到最後的吉祥願文，所有也都完整包含在本覺之中。如果需要知道二十一種無雜染的功德內涵與其他圓成的所有功德等等，可瀏覽龍欽巴尊者所撰的論典和敦珠仁波切所寫的《自生實相》等書。

若是我們納悶，在無上密續之外，於經教的性相乘中，是否曾提及自生本覺和佛性，答案是：「有！」《三摩地王經》中就說到：「佛性涵攝一切眾生」，《樹王莊嚴經》中則說：

就算此一世間，

一切所知燒毀，
天空也不壞滅，
自生本智亦然。

有關自心本性乃爲本覺的這個甚深要點，對於那些不具福德的眾生應該保密，正如母親對於需要吃藥的嬰兒會拒絕餵奶一樣。《聖臨終智經》中，有一段故事是這麼說的：

「佛曰：善男子。往昔曾有一位婦人，她的孩子因病痛而劇烈難捱，於是她請醫生來看病，醫生放了一顆藥丸在孩子嘴中，叮嚀她在藥丸還沒溶解之前，不能餵孩子喝奶。她爲了讓孩子不敢喝奶，便在胸部塗上難聞的軟膏，一邊還告訴孩子那軟膏有毒，不可以吸奶。接著，當孩子因飢渴而求著吸奶時，雖然他想接近母親的胸部，卻因爲那難聞的味道而嚇哭了。後來，藥丸溶解了，母親便把胸部的軟膏洗淨，靠近孩子要讓他吸奶。但那孩子想到胸部有毒，怎樣都不肯再喝。她便告訴孩子，先前是因爲藥丸還沒溶解所以不讓他喝，怕藥丸和母乳相混會讓他致死，但現在，藥丸已經溶解了，他就可以喝了。孩子這時才慢慢的開始吸奶。

「善男子！爲了要調伏弟子們的心，就像那位醫生拿藥給生病小孩放在嘴中溶解，我也只給弟子有關於身心沒有自我的醫療處方，藉由表露三件事情而成熟比丘們的處世觀點：在此之外眞正世界的優異之處，在此世間這個自我的虛幻之處，以及嫻熟無我之後此身得以清淨。

「眾比丘啊，汝等必須禪修無我！如此，將可捨棄對於自我的攀執。一旦徹底捨棄這種攀執，便可證得涅槃！就如那位母親在胸部塗上了難聞的軟膏，我也教導要禪修所有現象的無實無我。就如那位母親在洗淨味道之後告訴孩子，先前是因藥物尚未溶解因此不能讓他吸奶，但他現在可以喝了，我也教導了無我，以便讓你們的世俗心轉向法教，但現在我則教導眾生皆有佛性。眾比丘！別像那個小孩先前那樣害怕，而要如後來那個小孩，確認母親胸部無毒後而好好喝奶！眾比丘，你們應該假定我們都有佛性，並在檢視探究之後，精進的禪觀之、修持之。」

佛性並非是要透過因果運作而新生發展的東西，因爲它在一切有情眾生之中是任運自成的。類此，佛身和佛智的功德也不需煞費苦心的讓它生起，因爲它就像熱從火來、光從太陽來那般的自然生起。

以了證的角度來說，經部和續部的修道是相似的，但若從方法來看，則有差異。依照經乘，爲了成佛就算聰慧的人也需要在三大阿僧祇劫中累積福德。那些自認爲行於本智道上的續部瑜伽士，以及那些修持內、外（上、下）瑜伽續的人，則於十六世、七世，或最少三世而可成佛。但是若從大圓滿的觀點來看，此類瑜伽士和瑜伽女並非眞的行於本智道上，因爲他們的見地還未脫離細微的理解痕跡，也未脫離時間。此外，他們的禪修仍然受到細微的目標所污損，使得他們無法遇見法身的自然面貌。由於這些原因，他們便無法超越禪修。雖然他們可能了悟到自己的行止有如水面倒影，但因其包含了如蛇打結般的判斷思維，這類的行止便無法清除這些缺失。依照修持大圓滿即身成就法門「立斷」和「頓超」的瑜伽士和瑜伽女所見，這些人還沒有超越智識道的範疇。

大圓滿的性質，即是不拒斥也不迎納在心識中生起的一切，所有事物都平等無偏的對待。對於所感知的一切，不做任何事情，因此所有的經驗都被視爲無二。於此，各種的見地都在光明心、自生本智之界中，徹底棄捨而全然解脫。我們安住於無概念分別的禪修中，而與此空界毫不分離。慣於進行取捨的習氣，本自解脫，稱爲「究竟、決斷之行」則生起，簡單來說，它乃是無所緣、離戲、無勤之行。

1.40 如何將五毒作爲道用

將五毒轉爲道用，這是本初覺智的眞正修道。行持的方式爲，不拒斥貪、瞋、癡、慢、嫉等，乃是「五毒轉依爲自解脫本智」的修持。

回想過去某個敵人對你所做的傷害，例如偷我們的東西、讓我們身體受傷、使我們丟臉或感到可恥，再次體驗那個場景，並讓心中那份瞋恨強烈的生起。當瞋恨生起時，仔細地觀看它，看看它是從何處（不是爲什麼）而來、在何處而住（例如是在身體的上半部還是下半部）、最後由何處而去。看看瞋恨有沒有顏色或形狀，如果有的話，會是什麼顏色或形狀。當你看到它是本初爲空、無我的自顯時，不要棄捨它，因爲它會成爲「大圓鏡智」。

想像自己正與一位令人著迷的愛人相處，品嚐著美酒佳餚，還穿戴著名牌服飾與時尚珠寶；想像自己想要騎馬、開車、搭飛機旅行……種種，而讓貪欲生起。當貪欲生起時，赤裸裸的凝視它，看看它是從何處而來、在身體的何處而住、最後由何處而去。看看貪欲有沒有顏色或形狀，如果有的話，會是什麼顏色或形狀。當你超然的看到它是本初爲空的自顯時，不要棄捨它，因爲它會成爲「妙觀察智」。

當我們想睡覺、沒體力，處在一種昏沉、沮喪、憂鬱的狀態時，簡單來說，就是我們的心不清明而沒感覺，像個完全當機的電腦那麼愚鈍時，就讓癡懶生起。當它生起時，謹慎的凝視它，看看那癡懶的主人，看看它是從何處而來、在身體的何處而住、最後由何處而去。看看癡懶有沒有顏色或形狀，或是有其它的表徵。當我們超然的看到它是本初爲空的自顯時，若不棄捨它，它就會成爲「法界體性智」。

接著，讓我們想到競賽、地位、財富、身體的骨架、聲音的強度等等，並讓傲慢生起。當傲慢生起時，赤裸裸的凝視那傲慢的持有者，看看它是從何處而來、在身體的何處而住、最後由何處而去。看看傲慢是否有著顏色、形狀，或任何其他的表徵。當我們看到它是本初爲空的自顯時，不要棄捨它，它就會成爲「平等性智」。

現在，想想某個在財富、知識、聲名、特權、機會等各方面都贏過我們的人，並讓嫉妒生起。當嫉妒生起時，穩穩的看著它，看看那嫉妒的主人，看看它是從何處而來、在身體的何處而住、最後由何處而去。看看嫉妒有沒有顏色或形狀，或是有其他的表徵。當我們看到它是本初爲空的自顯時，若不棄捨它，它就會成爲「成所作智」。

若是我們能了悟這些情緒的自性，它們將成爲各種不同的覺智。在這些隨情緒生起的亂竄念頭的另一面，我們發現了空性覺智，這是多麼令人歡喜的事情啊！但是如果我們用找的，卻找不到，以致變得悲慘無望。我們必須首先了解到，所有這些五毒煩惱都是沒有基礎、沒有根源，它們是空性的。知道了這一點之後，當我們行於道上，處於兩座禪修之間的出定行持之時，無論生起了哪些念頭和情緒，我們都可以保持安然自在，不需要檢視它們的自性、來源、住處和去處，也不需要檢視它們的形狀、顏色、表徵，而這些情緒和伴隨的念頭，毫無費力地就自己消失無蹤影。

在這個禪修中，完整包含了見地的引介和禪修的成熟。對於大圓滿修道的初學者來說，這個檢視、穩固、安立的程序，以及引介、成熟的程序，是非常深奧的。在此之後，不管生起了什麼情緒五毒，我們都能一而再、再而三的於它生起之時，自動認出它的自性並同時讓它解脫。如此一來，便能在自己的經驗之中，清晰的看到難以言詮的本覺乃是法身。除此之外，再沒有更高的見地或禪修了。龍欽巴尊者在《法界寶藏論》中說到：

見地和禪修，本初即度，
於不辨察之中解脫；
行止和性相，本初即度，
於普賢界之中解脫；
目的與結果，本初即度，
於無希懼之中解脫。[46]

當蓮花生大士要離開西藏、前往西南的遮末羅洲[47]時，西藏的國王、大臣、子民都到貢塘的山丘頂上送行。他們向蓮師頂禮，悲嘆哀嚎，請求他不要離開，留下來繼續當王、臣、民祈願的對象。蓮師依然去意堅決，並說到：「所有的經驗皆爲短暫的，一切有爲法終究要自然衰敗。我留在這裡的時間已經夠久了，西藏沒有一處是我未曾到訪且加持過的。伊喜措嘉和毘盧遮那都會在這裡留守，他們兩位與我並無不同。我已在西藏的山嶽、懸崖、偏遠深處等地，埋藏了可以利益後代具福報者的伏藏經文。」蓮師藉此撫慰一行人的悲傷之後，臨行前唱了這段歌曲：

我前往大圓鏡智之地，
而於諸處彼明光之地，
將不會有對敵人之瞋，
唯有無別本覺和空界，
猶如母子一般的相合。
我前往平等性智之地……

如此，蓮師唱到了五方佛智。

在蓮花生大士對弟子的這段最後的教言中，他對修持大圓滿法的瑜伽士和瑜伽女，提到了要用毘盧遮那佛七支金剛坐來禪修早課和晚課。無論是身、語、意，都不應該在無關緊要的地方徘徊遊蕩。

㊻以下為藏中譯者的翻譯建議：
見修本解，無取捨解脫，
行本解脫，普賢中解脫，
果本解脫，無希懼解脫。

㊼見眾賢尊者造、三藏法師玄奘譯，《阿毘達磨藏顯宗論》卷第十六辯緣起品：「贍部洲邊二中洲者。一遮末羅洲。二筏羅遮末羅洲。……遮末羅洲羅刹娑居。餘皆人住。」

簡言之，瑜伽士和瑜伽女都不應超越見地的規範，包括行、住、坐、臥、言、思、食等的儀態在內。

蓮花生大士前往的地方，乃是諸佛的五智之地。他前往大圓鏡智的不變心意之處，那兒沒有對於敵人所生的瞋恨，因爲瞋恨會自行消解。在那裡，「本基覺性」乃是母光明，「以本覺爲道」乃是子光明，母子兩者於此相合，本初法身怙主普賢王如來便在彼處。要了知如何認出五毒爲五智，這一點很重要。蓮師一邊唱著這首歌，一邊騎著他稱爲「巴哈地」的馬王飛上天空，從西藏離開而前往遮末羅洲。

當安住於無有修飾的本覺之中時，依照龍欽巴尊者在《法界寶藏論》中說的，將有廿五種究竟果位的層面：

何以說：一切只要任隨它便皆圓滿，
原因乃在五本智，其爲無修之大師，[48]
身、語、意、功德、事業圓滿，各自有五重，
此即是：原始佛，本初廣界之任運。
莫於他處作尋求——此時此地，本已成佛！

由於本覺的本質是無有變異的，它便是五重的佛身：不變的金剛身、明晰的菩提身、法身、報身，及化身。由於本覺的本質是難以言詮的，它便是五重的佛語：菩提——實相之語、無別於金剛之語、無生眞義之語、具義象徵之語，以及口說之語。由於本覺的本質是離於分別戲論的，它便是五重的佛意：本初覺智之意（法界體性智之意）、大圓鏡智之意、平等性智之意、妙觀察智之意，以及菩提成所作智之意。由於本覺的本質能成就一切所願，它便具有五重明晰的佛果功德：它是一切圓滿的基礎，更特定的說，它是一切聖者的寶座，清淨而清明之光、越量宮，以及淨土。由於在本覺的本質之中，四種全然相稱的事業於平等清淨中能成就爲本初覺智，這無有瑕染的實相便含有五種佛行事業：平息、增益、懷愛、誅度，以及任運。

㊽（無修之大師）英文為 the incorrigible master。以下為藏中譯者的翻譯建議：

雖捨一切，其成就之因：
不變遍諸有情五本智，
五身五語五意五功德，
五種事業無有中邊別，
此界本初佛陀任運成，
不假他求，自然本成就。

由於所有這些功德的基礎都是在自身覺性之中，各個功德都會隨即成熟且顯現，外在的世界隨之擴展，內在的眾生隨之加倍，五欲的享用也將隨之增長。所有這些都看似顯現而無實存在，有如魔術師所變現的馬、象等自顯，乃是離於諸邊見的空性其無可爭論的洞察。

爲了使這樣的洞察得以顯露，我們需要對禪修有所信心。若是我們缺乏這種信心，則將無法清除分別迷妄的遮障。我們稱之爲「禪修」的東西，無非是一種具有信心的見地，而將本覺寬坦的保持在見地之中。當我們對禪修獲得信心之後，輪迴和涅槃的所有現象，以及道次第上的種種法門，都會生起爲空性的樣貌，看似顯現而無有實存。這些樣貌就是修道，行於其上之時，既沒有對敵人的瞋恨，也沒有對朋友的情愛；既沒有對涅槃的希冀，也沒有對輪迴的恐懼。再者，當我們了證這種禪修的功德時，輪迴和涅槃就會安住於一種唯一原始的平等性中，離於所有的分別戲論，無論我們曾專精、聚焦於什麼，想像、參酌、戲論了什麼，都將如霧靄消散於天空般逐漸無影無蹤。如此，禪修將變得日益如如不動，法身爲空性本覺的見地也將顯露，並因此得以棄捨業力習氣的極其細微分別之見，包括父精、母血和內在風息的蓋障（也就是基本的性別分別之見）；就好像塵埃、薄霧、黑暗消散於夏日的天空一般。此時，我們便到達了一切覺受之頂和一切思惟之盡的境地。

吉美・林巴在《遍知車乘》中，引述了這段偈頌：

瑜伽士如晨光乍現般解脫了，
法身如是顯現。樂哉！樂哉！49

1·41 直至散漫念頭消融於虛空之前，我們都必須考量到業力的報應

直到我們能持守相續不斷的本覺，直到我們能證得無所畏懼的信心，在這之前，我們都必須要注意業力的因果法則、誓願和三昧耶誓戒，累積福德並避免造惡等等。正如蓮花生大士的著名開示，亦即鄔金·林巴取藏的《蓮花遺教》中那段有名的引言所說：

我的見地比天還高；
我對業力比粉還細。

要像保護自己的眼睛那般，注意業力所致的後果。然而同時，卻不要將這種後果看成既眞且實。於《桑耶寺廣誌·巴協》中的這段引言，蓮花生大士再度說到：

49「阿拉拉呀，阿拉拉！」

大王（摩訶喇迦）！於我的續法中，見地是爲首要，但可別讓你的行止偏墮於見地這一邊。如果你讓它走偏，就是採納了黑魔的精巧見地，而把任何惡行以「空性」使之名正言順。然而，另一方面，也別讓見地偏墮於行止這一邊，因爲若是如此，你將受困於具體化物質主義和特定化外相表徵的思維，如此便絕無可能出現解脱的機會了。㊿

過去，塔巴·那波由於對業力因果的錯解，而投生於地獄，接著投生爲「汝渣」。較爲詳細的故事，可見於《經部·密意總集/總集經》。塔巴·那波的命運之所以如此，是因爲他對因果法則有所困惑而蔑視了業力報應所致。就如阿底峽尊者於《菩提道炬論》中所說的：

直到分別念想竭盡前，業力都在；
要相信有業力的報應！

1·42 聽聞大圓滿教誡的利益

大圓滿的瑜伽士和瑜伽女外表看似平凡，但於內在，其心就是佛陀。《妙力圓滿續》中說到：

安住無作爲之人，
即使具有魔之身，
其心依然即是佛。

若我們能行於大圓滿之道，將可獲得極大的福德。我們已然有此難得的人身，得遇一位難值難遇的持明上師，並且領受了極爲殊勝的大圓滿法教。這情況就好比眼盲的乞丐在破爛的垃圾堆中找到珠寶。累世以來，我們已將時間浪費在瑣碎的事情上面，然而眼前這個人身，並非是毫無因緣就隨便冒出來讓我們用的，而是在過去生世當中，曾經累積了福德。以此人身，我們遇見了持明上師，並能對大圓滿法教加以聞、思、修。這樣的福報，比起投生爲帝釋天這位天界之王、或梵天要來的好，也比投生爲名流貴族、百萬富翁，或是如約翰．甘迺迪那樣偶像式的美國總統、如納爾遜．曼德拉那樣有名望的諾貝爾獎得主，要來的好。

若和投生爲大圓滿瑜伽士相比，上述那些好命根本不算什麼。無論我們在世上有多少財富、有

㊿依索達吉堪布翻譯巴珠仁波切《普賢上師言教》（慧光集八）第二〇九頁而使用「偏墮」一詞，另請參考這段引言：「是故見比虛空高，取捨因果較粉細」。

多少名望，到了最後，全都是痛苦，因爲輪迴的特色就是改變，而改變就意味著痛苦。因此，我們所有的活動都充滿了痛苦。只要我們肯好好觀察並思量，就會相信這一點。我所要說的並非是現正忍受的身心病痛，而是，就算那些我們自認爲快樂的名望和財富，也只會停留一小段時間。由於強烈的煩惱所致，總是人比人氣死人。無論我們擁有多少財富，由於擔心敵人或小偷，並因地位不如那些比我們有錢的人而痛苦，故而我們總是渴望想要得到更多。例如，於天界，當天人將要死亡的前一星期，會因神通而以各種感官預知何時會死、如何致死，以及下輩子要遭受什麼樣的痛苦。據說這種痛苦，比起他在天界所享受過的歡愉，要強過一百倍。有了愈多的財富或名望，我們的痛苦就愈多，這是個事實。

且容我重述薩拉哈尊者的道歌：

究竟的財富爲知足；
最終的快樂爲無貪。

無上的快樂和歡愉，乃是知足與無貪。知足，爲一種滿足的特定程度；無貪，意味著了知所有的顯現都是不安定、不預期、不眞實，一切的事物都僅只是概念的標籤和心意的迷妄。若想了悟這兩點，便沒有比仰賴大圓滿見地和禪修還來得更好的方法了。而為了成就大圓滿，我們一開始應該要透過理解來證得邏輯上的見地；於中間，我們應該要行持禪修；於最終，我們則成就其結果。初、中、後這三個階段都非常重要。於初期，即使我們無法清除對於獲得名望、堆積財富、打敗敵人、照顧朋友的習性，也應該要盡量拒斥這些習性。於中期，若有可能，就到一處僻靜之地，或是不受交通、廣播打擾的安靜房間，於早晨和傍晚進行禪修。到了最後的階段，我們達到大圓滿的果位，稱之為「一切實相的頂峰」。

若我們無法一下子證得如此的洞察，便需要讓自己逐漸熟悉大圓滿的見地和禪修。如此將可以利益此生和來世，我們也終將從輪迴流轉中解脫。

這個時代，買賣和交易皆競爭激烈，或許不能時常的訓練自己，可是只要我們的時間容許，就應該記得要每天坐下來禪修。不管我們因為疾病、衝突、侵犯或喪失利潤等而出現焦慮，透過禪修的力量，我們便不會對外在事物有那麼多的執著；若能如此，痛苦也可以稍作緩解。我們的心愈是專注，所犯的錯誤也就愈少，無論什麼事情都一樣。對於今生和來世的利益而言，再也沒有比這更好的建言了。

就如龍欽巴尊者於《零墨雜文》所說的那般：

初期，放下你對世間的關注；
中期，於僻靜之處進行閉關；
後期，達到無上的頂峰。
此一建言，有益於今生後世。

2

修，是爲道

2·1 首先，對見地具有確信，這是必要的

我們從持明上師處領受教言之後，對於空性本覺的本質——法身有了覺受，這即是離於一切概念限制的見地，接著，無染且確定的信心便自然生起。再透過禪修的訓練，便可以讓此確信更爲堅定。如果我們對大圓滿見地缺乏經驗，對自性缺乏體證，行止便不會圓滿，無論花再多的功夫，也只是讓自己疲憊而已。到底確信的程度要如何測量，看看這個軼聞就知道了。有一天，佐欽·賢噶仁波切的弟子問他：「叔父，請問見地是怎樣？」他回答：「你是問我的見地嗎？如果蓮師現在來到這個門前，我會說，『歡迎！你好嗎？』這就是見地！」賢噶仁波切這麼說，並不意味他不尊敬蓮師，反倒是表示，唯有個人的體驗才能對大圓滿見地予以全然的確認。同樣的，師利·薩拉哈尊者如此唱道：

前面、後面，於十方，
一切所見，皆有眞如；
吾心中上師，今已根除所有迷妄。
我已無需再向其他何人求取什麼！

薩拉哈尊者說，他已經對輪涅一切經驗的實相有了確信，而沒有任何的概念分別限制。有了這種絕對的確信，禪修和行止便會毫不費力的從見地生起。局．米滂在《定解寶燈論》中說到：

了知究竟的實相，並對此了證具有確信，稱之為見地。

對於見地的確信，則應要以禪修和行止來維持。

禪修，無非就是維持見地的精要；而見地，如前所述，就是對於顯相或心識、不將任何事物加以具體化的直觀。本覺的自身並不滑墮於對境之中，所有的善惡貪著都將自行消融於法界的虛空中。這並非性相乘的法門，後者會將一切對境都分別以對治法加以抵銷。

2·2 為什麼要禪修

如果見地本身就是禪修，那還需要做禪修嗎？唯有在理想的世界中，已然圓滿的見地才會成為圓滿的禪修。在獲得見地的引介之後，直到見地進入了此時此地之界，或直到我們對此得證有所確信，於此之間，我們都需要禪修。敦珠仁波切於《空行心滴》中引述龍欽巴尊者的話，說到：

我們或可了證那能令解脱的恆時見地，然而若我們並未隨時處於見地的禪修中，則絕無可能翻轉輪迴的迷妄顯相。讓自己熟悉於本覺的自然狀態，是必不可少的。

於大圓滿的實際修持中，見、修、行並不做區別。於《椎擊三要》中，巴珠仁波切說到：「**見、修、行，非為區別用。**」的確如此，不過，對於行於漸次道上的學生，見、修、行和果都應該要分別教導。只要我們還受到分別概念的煩擾，就像把藝術家的二次元（平面）畫作看成是三次元（立體）畫作的觀眾一般，我們就必須區別見地和禪修。爲此，瑜伽士應該於僻靜之地致力禪修。

以下，我將解釋到時所必需進行的禪修。一般的禪修，也就是凡俗的禪修，是所有宗教的修持基礎。但是，以大圓滿的禪修而言，若是未曾對其有所體驗，則無法加以談論；就像是對沒嚐過的美味食物，根本無話可說。我們或許已然領受了殊勝的教言，不過，若缺乏從慣常的大圓滿禪修而得的了解，這種教言也是無用武之地。如果有人因某個嚴重疾病所苦，醫生不給他藥物，卻告訴他一大堆關於藥物的種種，如：製作過程、成份爲何……，這樣我們只能曉得這個醫生的學問淵博。但是，除非他把藥給病人，讓藥物治療病人，不然，這種關於藥物的知識只不過是個笑話。除非我們眞的進行禪修，否則關於這些和那些法教的故事，在我們面對臨終、中陰、投生等痛苦的時候，並不會起任何作用。因此，禪修是不可或缺的。「禪修」，意思是對於心的熟悉，梵文稱之爲禪那

（靜慮）。從技術的層面來看，意思是無有散漫的專注於心，以便讓注意力集中於某一個點。要是我們認爲大圓滿禪修是用理性心來做，因此無法超越此心，這種假定禪修是由何物或何人來做的想法，可就大錯特錯了。

一般來說，我們將禪修分爲三類：其一，如同孩童嬉戲的專注；其二，徹底分辨意義的專注；其三，專屬於如來的專注（禪定）❶。孩童的專注，即是近來許多宗教所說的那種禪定，佛教徒認爲這是投生於無色界天道的緣由。佛教〔聲聞和緣覺〕小乘法門爲了解脫而禪修無我，這是屬於徹底分辨意義的專注。菩薩爲了成佛而禪修一切覺受離於分別戲論的無我，此乃如來的善德。由於在其他的文典中，可看到對於這個主題的更多探討，故容我就此打住。

2·3 禪修的定境

於此，我將給予一個大圓滿的口訣教言，或稱祕密教誡：持守見地的方法，乃是「禪修」。當我們相信對於現象的所有經驗都有如魔術幻影（妙化幻相）那般，看似爲眞卻並非實存，則當各個

❶此處所說，其一為「凡夫行靜慮」，未入三乘正道之凡夫，厭離欲界煩惱與粗分苦，但耽著上界（色界、無色界）之禪味的禪定。其二為「義分別靜慮」，認為「色如聚沫，色如浮泡，想如陽焰，行如芭蕉，識如幻術」，並如此禪修。其三為「如來靜慮」（緣真如靜慮）。這三種靜慮可見於《普賢上師言教》和《前行備忘錄》的禪定段落。

分別情緒生起時，就不需要一一使用空性來對治，因爲，無論是煩惱還是對治，兩個都不存在。然而，所有的顯現，都應該如實而寬坦的安住於感知中；對此定境的保任，就稱爲「禪修」。

若是有人要問：「大圓滿中，何以將禪修稱爲『無修』？」答案是：一切現象被視爲猶如虛空。但我們要如何「持守」那個虛空而作爲專注的對境？虛空並沒有特定的特徵，因此沒有東西可做禪修。自心本性本初無生且離於分別戲論，因此於其之上，也沒有東西會生起而可做禪修。此處，並不使力於分辨禪修的對境和正在禪修的心之間有無任何差異。既然沒有禪修、也沒有禪修者，哪裡找得到什麼差異呢？這種安住於內心自性的定境，在大圓滿中，就被稱爲「無修」。

「處於自然狀態」的意思是什麼呢？當心受到念頭干擾時，自性便不清明，就像受到攪動的一桶髒水那般看不清楚，水桶的底部便難以察覺。當心保持在自然狀態而無有修飾，猶如沒有波動的一桶清水，自心本性就是本覺。由於一切現象的實相或「眞如」已於見地中獲得確信，這時，便沒有必要對於自心本性加以詳查或探究，只要安住於此能生起一切的自然狀態，就稱爲「禪修」。這個大圓滿的禪修定境，「無修」，便是修持的要點。當我們毫不散漫地安住於無修，一切我們內在想法的參考點就此消逝無蹤，自生本智的光明本覺也將任運顯明。

或許有人會說，這是由心所造的禪修，因爲它並未超越心智經驗的範疇。然而，凡俗眾生這禪修者的短暫心，並不是在做禪修的心。眞正的「禪修者」，是那無有一切分別戲論的自生本智。就算用到了耳根，心也感覺到有聲音，這聲音本身純然是個沒有戲論的空性回音；就像這樣，即使禪修中用到了心，這禪修仍離於戲論。

不過，另一方面，如局·米滂於《答難文·作晝日光》中所說：

萬法難以言詮的自性，對具有信念的凡俗眾生來說，其所體驗和了解到的，就僅僅是個概括性的觀念。經部中稱之爲「諦察法忍」（覺受全然符於佛法的安忍）。續部中，稱之爲「譬喻智」。簡言之，於實相中，這個心是與究竟勝義相符合的。

一般的初學者，在對於無戲論實相有了確信之後，於漸次道上進行禪修時，首先會出現一種符合於實相的細微了悟，而最後終能相契於眞實智，或稱無戲論實相的自然狀態。正如偉大的榮松巴所言，那種是凡俗的禪修。如果看起來禪修好像修得很好，但卻得不到任何直接的體驗，那種無法帶來成果的細微見地，就像是剛剛出生的小孩，沒有照顧他的朋友，也沒有討厭他的敵人。等到他逐漸長大，就會需要衣、食、教育等的滋養，若是缺乏照顧，很快地就會死亡。幼兒能否成熟，端看滋養是否足夠。類似如此，成果是好是壞、還是中等，端看從某個細微見地而來的禪修品質如何。

有些人宣稱自己在做大圓滿的修持，但是當內在生起快樂和痛苦時，卻沒有生起必要的平等捨。這就是對於見地缺乏熟稔所致的過患。如果我們能夠數月且數年的持續修持見地，猶如一條流動不絕的河水，最終，當各種情況出現時，無論是喜是悲、還是恐懼，都會立即在生起時自行解脫，且隨之消失無蹤。我們對於一切情況的體驗，將會於生起時便消逝，而當內在出現一股超越善惡好壞的深切確信時，無以言喻的欣悅、清晰、光明之感便會隨之顯現。此時，我們就算到了臨終之際，也不會感到後悔。這就是少少禪修的一些成就。即使我們只是對於見地有所信心，對於生死也能無所畏懼。

除非我們能夠打從第一剎那就安住於見地，並隨後持守平等捨，否則，當第二剎那的分別念頭（後念）生起，痛苦和恐懼就會持續不斷地跟隨我們。是樂是苦，無論生起什麼，我們都應該要對當下立即解脫有所信心，而這裡的重點就是要在放開的那一刻寬坦安住。若是少了這個步驟，禪修就不會有效。持守著無修，直到我們達到清楚而不變的本覺，這是很重要的。如果我們能在見地與禪修的相合之處修持，就算我們想要尋找也不會找到痛苦、恐懼，或任何不順遂的情況。

龍欽巴尊者於《實相寶藏論》中說到：

雖可識得自心本性，
但若對此不加熟悉，

便如有子卻遭綁架。

在第一剎那之中，我們或許能認出如見地所指出的自心本性，然而，如果對此缺乏良好的體證熟悉，到了第二剎那，「分別念想」這個敵人就會把我們的心給偷走。感覺就會像是自己的幼子被放在戰場上無人照顧，而後遭到敵人掠奪且惡意折磨那般的痛苦。若是我們曾受引介見地卻未能對此好好禪修的話，什麼利益都不會得到。與其讀了一大堆關於大圓滿的書籍，還不如進行一座禪修來得好。因此，一定要注重禪修。就如偉大的音樂家，儘管有能力讓一大群聽眾爲之陶醉，卻無法從中得到喜悅；若是閱讀或聽聞教法的人，對於教法並無領會，則今生或來世也不會因此得到利益。好比一艘特大號的郵輪，可以承載許多人跨越大海，然而自己卻絕無可能因此上岸，那些教導別人大圓滿法教但自己並沒有相關禪修經驗的人，依然也只是個平凡人等。光是看到水、聽到水，並無法讓我們解渴；同樣的，不作禪修而只作教導，也是不完整的。並不會因爲單單聽聞且了解無量深奧教法的解說，就表示我們已然到達自行解脫的境地。

「禪修修持」的意思，主要是讓自己能熟悉見地。任何我們所做的好事或壞事，只要精勤練習，都可以毫無困難地進行。例如奧林匹克競賽，我們看到一些運動員在跳高和體操方面做出令人驚奇的表現。這些偉大的動作都來自不斷的練習。相同的，如果能夠訓練自己的心，將可動靜自如的掌控之。這種修心的方式就稱爲禪修。一切的美醜和所有的悲歡，都只是心的產物。訓練此心是如此的必要！

2.4 若不禪修，即使瑣碎的小事都會造成嚴重的痛苦

當我們碰到各種的不幸遭遇，無論是重大或微小，都應該將這一切個人苦難納入禪修的歷程。我們很容易就受到苦痛的影響，任由其牽著自己的鼻子走。讓我們來思量生意的失敗、離婚的悲傷、機會的失去、地位的跌落等所造成的痛苦。想一想，當我們因害怕敵人施暴、擔心孩子不乖而生活在恐懼中的焦慮，或只是因事情未如我們所願而引起的焦慮。當我們遭受痛苦時，可能會尋找酒精或毒品的慰藉，或是沉浸於賭博來忘記這些。這類的逃離，就像是把冷水倒入還在鍋爐上沸滾的熱水一般，雖然能立刻讓鍋子冷卻，但除非把爐火關掉，整鍋水還是會繼續燒到沸滾。解藥或許能讓我們一時得到某種小小的慰藉，但總是有更多的痛苦等著要上門。我們認爲是解決方案的東西，常常會變成下一個更大問題的來源。困在陷阱當中的野兔，掙扎著想要逃離網子，但牠愈是掙扎，網子愈是緊繃，直至最後只得絕望到咬斷自己的四肢。就像這樣，我們越是想要找到解決辦法，問題常常就變得更加嚴重。

一日，一群雁子飛過天際，到了某個地方時，領頭的雁子警告大家要保持安靜，小心獵人的追

捕。其中一隻雁子告訴第二隻，第二隻再告訴第三隻，很快的，整群雁子都互相告訴對方這個警訊。這個噪音大到讓等在當地的獵人們全都聽到了，他們便因此射下了很多隻雁子。就這樣，幼稚的人們想辦法解決問題，卻將痛苦帶給了自己。然而，無論我們花了多少力氣想要忘記痛苦，它卻永遠都會再度昂首現身。夜晚當中，當我們輾轉反側而無法入眠，通常會認爲是因爲自己想得太多所致，可是當我們愈是這樣想，就愈不可能睡得著！這種「想讓自己不要想」的本身，就是讓我們維持清醒的粗重念頭。類似這樣，一般人對於如何處置痛苦也不夠善巧，因爲想要將痛苦改變爲快樂，所以沉迷酒醉而變得瘋狂，更甚者則以自殺的方式來解除痛苦。

尼泊爾有一份日報名爲「刊地鋪」，它在二〇〇七年五月二十一日的頭條新聞：「先殺愛人，隨後自殺」，內容是關於樸卡爾（Pukar）和帕比娜（Pabina）這一對情侶的故事。樸卡爾對於帕比娜的愛，強烈到他沒有她就無法活下去。他們兩位都受過良好的教育，而樸卡爾最近剛從新加坡一個爲期一年半的旅館管理課程中結業。當他回到尼泊爾時，獲得一份要到國外經商的不錯工作，以及加拿大的簽證。但是，女方的家長反對他倆的感情關係，而將帕比娜嫁到一個住在附近城市波卡拉的男人家中。當樸卡爾聽到這則婚事時，整個人心煩意亂又不知所措。他打電話給帕比娜，告訴她既然兩人無緣可以相守，那也沒有必要繼續當朋友了。他還想把過去給她的信件和禮物都拿回，並提議要在薩拉吉里森林的某處碰面，而且他說有東西要和對方分享。帕比娜答應要去見他，並對這項協議保守祕密。樸卡爾簡直心碎到不行，於是在森林中等候時喝得酩酊大醉，他還決定，要是得不到愛人，別人也休想得到。當帕比娜到達時，他一手抓住對方的脖子，將她一槍斃命。後來，因爲害怕，他跑了大約三公里路，遠離事發地點，接著就飲彈自盡。

如果我們仔細檢視這一對情侶的情緒，就會發現到處都找不著這些情緒，因爲它們沒有任何特定的基礎所在。讓我們想想，如果你夢到自己的獨子遭受病苦，接受藥物，最後卻因治療失敗而死。身爲家長，你在這個情況之下生起了巨大的痛苦情緒。如果你把這個夢中幻相當成是眞的且有所攀執，你就會感到痛苦。若要讓自己不再那麼害怕及痛苦，你就得知道這是個夢，或是從夢中醒來。當你清醒之後，睡床上的痛苦就消失了。同樣的，如果你在愛情的關係中遭受這類痛苦，乃是因爲你把那個幻相當成是眞實存在。

迷妄之中，怎麼會有痛苦？我們都覺得，剛剛心中生起的就是眞實的痛苦，而在夢中，我們也會犯同樣的錯誤。看看那位名叫沛．多傑的人，他住在揚卡，就在我的寺廟附近。有一天，他工作結束回到了家，還沒等家人吃好晚餐自己就吃完了飯，躺在壁爐邊睡著了。忽然，他醒過來，喊著說有岩石掉落下來，接著跑到屋外。他的爸爸和兩個姊妹想要阻止他，卻抓不住他，這個人整整跑了二十英呎之遠，來到一處滿是岩石和蕁麻的恐怖坑洞前面，想都不想就跳了下去。當人們把他拉上來時，他還活著。後來，我們問他那是怎麼回事，他回答說他把夢境當成眞的情況了。夢中的恐懼和焦慮，有時可能比清醒的狀態還更強烈逼真。他的家人現在都還活在恐懼當中，深怕哪一天又發生同樣的事情。如果我們從佛法的觀點來看，我們可以說，他的疾病是一種對於分別顯相的強烈執著，強烈到連夢境都看作是具體而眞實的顯相。

膽怯的人，若在薄暮之中走過蛇類大量出沒的地方，瞥見路上有一條短繩，可能就會非常緊張，認爲那條繩子是一隻蛇，甚至還可能覺得自己看到它在動。由於他們非常慣於相信顯相的具體，於是就出現錯誤的知覺，也因此感到迷妄。在美國發生「九一一事件」的當天，恐怖份子攻擊了紐約的世貿大樓，過了好幾個月後，許多美國人依然無法忘懷，對於整個事件的記憶總是縈繞腦中。很多人因爲沒辦法就這樣放下，而深受失眠之苦。更甚者，只要聽到飛機的聲音或汽車的巨響，就想到那個事件，他們因而變得鎮日擔憂。同樣的，在巴基斯坦遭受強烈地震的痛苦之後，有好幾個月，人們彼此之間都小聲交談，因爲較大的音量會觸動他們對於地震再度來襲的恐懼。如果聽到較大的聲音，他們就會抓住彼此不放。這樣的行爲，乃是因爲心中對於傷痛事件有著強烈的印記。我們這些有情眾生，對於傷痛的事件都會執著，不只是針對現在所發生的，而是整個無始輪迴中所發生的都一樣。這種執著是很難輕易捨離的。但是，就像生病的情況，不管那有多嚴重，只要碰到好醫生幫我們開立有效的處方，我們就能逐漸康復。類似的，只要遇見能指引我們大圓滿深奧法教的持明上師，我們對於分別迷妄的執著爲實就能在短時間內消失無蹤。隨著迷妄的日益清除，自生本智也將越來越爲明朗。最終，當迷妄完全清除時，我們便在本覺之中證得佛陀。

因此，無論日夜，我們都需要了悟到痛苦之所以生起，只是因爲我們對於迷妄執以爲實。一旦我們了解到自己所攀執的眞相其實是迷妄，而它連一微塵的具體性都沒有，僅僅是我們的自顯幻相，我們就能徹底斷除「外在那裡」有個痛苦對境而「內在這裡」有個受苦主體的想法。藉由如此了解，我們便能放鬆，並且於本覺的空界中——而那是不會生起痛苦此分別概念之處，增長自己對此的信心。

幾年前，在尼泊爾的叩爾赤附近，曾發生一場嚴重的饑荒。有一家人，包括夫妻和五個孩子，都已經快要餓死了。男主人覺得自己身負重擔，爲了拯救家人而努力工作，幾個星期之後，卻仍沒有賺足食物給家人吃，於是他換了地方工作，想要多賺些錢。又過了幾個星期，由於他的努力，這份新工作讓他得以帶著三十公斤的米回家。然而那一晚，那些米卻在他睡著時被偷走了。隔天早晨他醒來時，發現米全都不見了，在極度的心煩意亂之下，他買了一些毒藥帶回家，還告訴家人當晚要讓他們好好地大吃一頓。他煮了一鍋米粥，把毒藥摻進去，再給每個人一碗，最後，喝光了自己的那一碗。七個人就這樣死去了。這個男人相信，避免痛苦的最好方式，就是把自己和全家人都毒死。他並非壞心腸的人，只是用的方法完全不對。若是他能搬遷到適當的地方，說不定能乞討到足夠的食物來拯救這一家人。其實，上至總統、下至社會最低階的街友，我們都可能犯下這類的錯誤。原本想要去除痛苦卻反而使之加倍的例子處處可見，於聖者的眼中，用這類拙劣方法的人們，乃是愚者中的眞正愚者。

2·5 禪修能去除執著，而執著是所有痛苦的根源

如果我們想要戰勝痛苦，無論是今生、中陰、來世中的痛苦，再沒有比釋迦牟尼佛的道路還要好的方法——事實上，也沒有別的方法了。佛陀教導了我們許多可以清除痛苦的方法，包括聲聞乘（上座部）、大乘、下部密續（外續）和上部密續（內續）等。此處，我們所探討的是大圓滿法教，於其之中，應捨者和應取者在清淨覺知中是一味的。性相乘中，每個特定的情緒都有其各自的對治法：例如，貪欲是以禪修厭惡來對治，瞋恨是以禪修慈愛來對治，而愚惰是以呼吸禪修來對治等等。但是在大圓滿的法教中，無論心中生起什麼，是恐懼也好、是痛苦也好，都被視為主觀的自顯，沒有絲毫可尋的具體存在。也因為如此，禪修的先決教誡便是：「於本覺中寬坦安住」。「寬坦安住」意味著，在自心本性中，由於顯相不受任何的阻障或拒斥，對境的場域便可如其本貌的出現。離於具體化的顯相，於本覺中寬坦安住，因而使得我們經驗的本身性質得以轉化，這就是禪修。若能延長，則為絕佳的禪修。

有些人認為，在眞正的禪修中，那些迷妄、那些顯相，應該都要停止。然而那些東西只能被妨

礙，而無法被停止。猶如為了發電而跨越河流所造的水庫，對於環境會帶來毀壞，顯相也是如此。我們根本不應該阻擋顯相，因為它們是本覺的妙力，也是進入本初覺智的門徑。若是阻擋了顯相，則當日後原本可以成佛時，多重性的本初覺智就沒有可以生起的基礎。

若是我們無法長時間於本覺中寬坦安住，就應該進行短暫而多次的禪修。不要以為光是照著毘盧遮那佛七支金剛坐（簡稱毘盧七支坐法）來做，就可以稱為「禪修」。單單那樣，根本就不是禪修，只是代表能夠支持禪修的最佳身體坐姿。另一方面，如果我們認為正確的身體坐姿沒有必要，那也不對。「短暫而多次的禪修」並不表示要坐在那裡，一次又一次的收合與展開身體，或是反覆起來又坐下而維持同一個姿勢。其實它的意思是，以毘盧遮那佛七支金剛坐，於一座禪修中讓我們的心寬坦安住。如果有狂如風暴的念頭生起，阻擋了我們的禪修，此時應該要回想本覺的本初見地，而離於一切的分別戲論。這樣一來，我們的禪修就會有時候注意到心的脫軌、有時候安住在心的自性，如此交替進行或依照我們所需。藉由反覆這個歷程，禪修就會更加有力，我們能夠安住於本覺的時間，也會日益拉長。只要我們能安住於本覺之中，就不再需要觀察自心，因為那種修持的階段已然完成。

透過這種禪修，不管生起的是哪種痛苦，我們所經歷的就像是在市場上遇見老朋友那樣熟悉。所有生起的苦痛念頭一出現的時候，就因為熟知它們的無根無基而任隨不理，於是它們在生起時就自行消失了。痛苦再大，只要我們於本覺那不受時間影響的瞬間中經驗它，都會轉成快樂。我們不需和任何人確認這一點，因爲我們自己就能有所體會。更進一步的話，我們應該在感到非常高興時也看著自心本性，而不是只有在痛苦的時候才這麼做。若是把快樂看成是具體的東西，執著便會逐漸加重，如此將成爲痛苦的根源。

2·6 痛苦之所以顯現，是因爲有希望和恐懼

想要獲得名望、財富和歡愉，害怕碰到強盜、小偷和災難，對平凡如我等的人來說，要看運氣。只要我們還盼望快樂或畏懼痛苦，就不可能沒有痛苦。我們爲了今生的利益而累積財富，求取名望、健康等等。我們總是對這些事情有所執著，就算已經擁有還要把握持有。若是並未擁有，則不斷想著要如何透過密謀策畫或欺詐詭計來獲取這些。一旦我們想要的東西到手了，就害怕會失去，因此倍加努力的保護這些，就算觸怒他人也無所謂。

看看那印度著名的史詩《摩訶婆羅多》，其中的故事長到光是用講說的方式就要數月之久。這是世界上最長也是最好的故事之一，有著世俗上和宗教上的建言。它對於行儀態度、尊敬長者和配偶、養育小孩，都提供了道德上的指導和建言，而且這些都是基於眞相所來的極佳範例。簡言之，它就是一則關於眞假之間衝突矛盾的故事，此處，眞指的是實相，假指的是迷妄。由於在這場眞

假戰爭當中，它站在眞理的這一方，因此，這是一場正直的戰爭，而它所講的就是如何打贏這場戰爭。〔在書中，〕對於自心本性此一實相的執著，是種崇高的執著；但是佛法卻教導我們，執著乃是痛苦的根源。無論《摩訶婆羅多》所顯示的是對於實相本身和本初覺智的崇高執著，還是對於降伏敵人和珍愛親友的低劣執著，眞相就是這兩者都是執著，因此也都是痛苦的根源。如同《大方廣佛華嚴經》中所言：

一旦將客體對境作具體化，
它就變成惡魔爭奪的骨頭。

只要還有能集中焦點或加以執著的對境，就絕無可能證得解脫的快樂。經部和續部對此都曾強調。在《摩訶婆羅多》的戰爭中，對於眞諦和法的執著，導致數以千計的人們死亡，其中包括了國王和臣民。薄伽梵佛陀的《律藏》中說到：

任何會直接或間接製造貪欲的教義，都無法成爲解脫貪欲的緣由。要知道，這類教義並非佛陀的教導，亦非佛陀的戒律，也非佛陀的宣說。

不管我們怎麼稱呼，只要是一種執著，都不會超越痛苦的範疇。另一方面，如果它是一種清淨的事件，則將能利益自己和他眾。以悲心爲例子，它能爲一切眾生帶來利益，也是祥和的根源和佛陀的心意。如果我們對於悲心生起執著，還想確立某種掌控，則這種悲心必然無法爲世界帶來多少利益，也不會成爲證得佛果的支柱。就好像包裝得像是禮物的狗嘔吐物，外表雖然吸引人，內在絕對讓人作噁。因此，悲心不能受執著所染，這是重要的事情。

月稱菩薩在《入中論》裡說到：

> 大悲心與無二覺，光明心能成菩薩。❷

與空性智慧無二無別的無緣悲心，就是證得菩薩果地。如果悲心受到執著的染污，就不可能成爲了證佛果的支柱。對於自己所屬國家、同胞等等的執著，無可避免地將導致今生和來世的一再苦痛。

要修持「無有執著」，這是非常必要的。薄伽梵佛陀的《律藏》中說到：

❷見原書第一偈頌：「聲聞中佛能王生，諸佛復從菩薩生，大悲心與無二慧，菩提心是佛子因。」法尊法師譯。

若有人因瞋恨而破壞或燒毀象徵我心意的東西，例如舍利塔；象徵我語詞的東西，例如經典；象徵我身體的東西，例如佛像，任何跟隨我的弟子都不應該以瞋恨和此人爭鬥、辱罵或保護這些東西。

寂天菩薩在《入菩薩行論》中說到：

對於毀壞佛像、佛塔、佛經者，
不應該以瞋恨對待，
因爲他們並未傷害到佛陀或任何人。❸

在這世上的任何快樂，到最後都會轉變爲苦痛。何以會如此呢？想想硬幣的兩面就知道了：如果我們想要的東西出現在正面，並不表示等下背面不會出現我們不想要的東西。類似這樣，希望和恐懼是一枚硬幣的一體兩面，在我們想要得到更多快樂的這一刻，它的反面，就是我們對於更多痛苦的害怕。除非我們能清除執著，否則就肯定會同時擁有希望和恐懼。而只要我們還有希望和恐懼，輪迴的迷妄就將持續，痛苦也將不斷。因此，希望和恐懼這兩者的自性就是執著。看著希望和恐懼此自顯妙化幻相的究竟空性，我們應該要順其自然的寬坦安住。

僅僅是看著快樂或悲傷的那個虛空，並不足夠，重要的是在心的相續中保有持續的本覺。如果禪修的力量時有間斷，就不可能在無二覺知當中維持很久。不時生起的念頭，會打斷禪修的延續性，還會從其中散放出來，好似池塘的漣漪一般。而情緒的有毒味道，則將生起而阻擋我們的禪修。當粗重的念頭增多時，漣漪就變成了粗暴的大浪，使情緒更爲增強。直到我們能將細微的情續拋諸腦後，在這之前都無法清除痛苦，因此，維持禪修的狀態，具有其關鍵的重要性。當我們在這個虛空停留夠久的時間而獲得強烈的熟悉度之後，不管生起了什麼念頭，粗重的也好、細微的也罷，它們都不能讓我們有所移動；當我們認出了第一念——不管是什麼念，在那個瞬間，我們就了悟到它是法身任運妙力的遊戲。猶如波浪回返大海，念頭也消融於法身之中。於此赤裸空性的本覺虛空之中，這個見地之中，對於五毒煩惱的念頭和身、語、意的所有活動，以及行、食、坐、眠的行爲，都恆時護育，我們便可稱得上是護衛「法身動相遊戲」的瑜伽士和瑜伽女。這就是維持禪修精要的無上法門。依照大圓滿的法教，它不受任何關注所摻雜，被稱爲「無修之大修」。

❸見原書第六品「安忍」：「於佛塔像法，誹詆損毀者，吾亦不應瞋，因佛遠諸害。」如石法師譯。

2·7 簡單說明如何保任自生覺性的本初覺智

龍欽巴尊者在《如意寶藏論》中說到：

兩腿雙盤，坐在安適的墊子上，從皈依開始，然後發起大悲心。接著，讓你的心寬坦聚焦於任何一個覺知，不起任何想法，沒有任何念頭，離於散漫，光亮而閃耀，安住彼處，一刻也不做專注或不使散亂。當你既不將對境外在化、也不將念頭做思惟時，此時，物質的對境和非物質的能取之心，就不再是二元分別的。進行禪修的心，不做肯定也不做駁斥，在心前面的東西被視爲空，因爲那裡並未有什麼可被安立。在自身覺性那無有瑕染的本初覺智裡，各個無參考點的覺知都是等同的。

在兩座禪修之間的非正式思量中，要認出顯相乃如妙化幻相，顯現但卻不存，並且爲了一切曾爲我們父母的六道如幻有情眾生進行迴向和祈願。在出定行持的非正式思量中，對於此生的如幻顯相也不要有絲毫的貪欲、執著或攀執，並如此來做頂禮、繞行、讀經、製作「擦擦」〔泥塑小佛像〕和進行水供等等。

2·8 禪修的地方

要在獨處的地方進行禪修。此時應該退避到一個僻靜之處，不做任何散漫念想。身體的隱蔽，意味著要到遠離塵間俗務的孤獨地方，在那裡，沒有大都會的輕佻娛樂、也沒有人車的喧嚷和污染。城市中沒有休息的時間，我們就像一張薄紙隨風飄盪。時間過得之快，快到甚至沒有時間舒服地坐下來吃東西。而在城市中所製造出來的不滿足，其實是因爲我們對外在對境的執著。因此，要像往昔世代的瑜伽士那般，如寂天菩薩於《入菩薩行論》中所說的：

貪欲會帶來悲傷；
喜悅生起於僻靜。
在安靜的森林空地裡，
衝突和情緒不見蹤影；
在受到祝福的月光下，
於清涼的檀香樹林中，
有一座曼美而純樸的閉關屋，
森林的樹兒悄悄地揚起頭來，

甜美的微風就這樣吹著而利益眾生。[4]

我們需要有個遠離人車喧囂的地方，那兒會有著花朵圍繞、清溪汩流、空曠視野，以及路程不遠的池塘，或許再來些檀香樹林、自由飛翔的鳥兒，和任意嬉遊的動物。不時還能聽到如橫笛、詩琴、吉他之類的樂器聲音。最好是一處位於山頂或山腰的洞穴，當然要以天然的洞穴爲佳。如果不可能找到這種理想的僻靜之處，那麼就到那種沒有機會可以貪愛親友或仇視敵人的地方，聽不到鄰居、狗畜、交通工具等等的聲音，也沒有會干擾我們禪修的無聊活動。若是能找到這種有助於修持的地方，成就的生起也將容易得多。當我們的修持不受打斷時，就能證得眞正的成就。今日，這類的地方已不易尋得，而每個人又都忙著追求外在的快樂、物質的事物。如果實在沒辦法進行隱蔽的閉關，那就選擇早晨或傍晚比較沒有噪音的時段，單純地把工作放下一小時，而專門來做每日的禪修修持。

若是外在環境對禪修並無助益，初學者將無法從中獲得任何好處。頃刻之間，就會分心散漫而轉移目標。我們的心，就像在市場中亂竄的馬匹一般，追逐著輕浮和噪音，一刻都無法停下，更別說做什麼禪修了。因此，要在僻靜之處安穩修持、好好禪修。如此，我們將逐漸有能力把噪音同化。於是，當我們的禪修最終達到完美時，就可以在任何吵雜的環境中禪坐，也可以像密勒日巴尊者那樣，如他在《道歌》中所唱的：

當我走在擁擠的市場裡，
無論生起什麼，我都看著自心本性；
當我全然孤獨而自處時，
我則安住於赤裸且空性的本覺之中。

當我們處於人群之中，不管生起了什麼細微或粗重的情緒，我們的注意力都需要於一生起的剎那之間便認出它們，這樣就能將這些情緒融合於我們的禪修之中。如此一來，所有的顯現都能納入禪修之中，因而不需要再尋覓獨處和僻靜的地方。不過，對於初學者來說，最好還是要找到森林蘭若之處，或至少要有個安靜的房間，以便進行早晚的禪修。

成就三摩地的主要支柱乃是離於娛樂和離於散漫念想，而僻靜之處最能提供這樣的優勢。龍欽

❹見原書第八品「靜慮」：「故當厭諸欲，欣樂阿蘭若，離諍無煩惱，寂靜山林中，皎潔明月光，清涼似檀香，傾洩平石上，如宮意生歡，林風無聲息，徐徐默吹送，有福瑜伽士，踱步思利他。」如石法師譯。

巴尊者在《零墨雜文》中說到：

> 森林覆蓋的山嶽乃是令人喜悅之處，
> 有著瀑布和芳草、花朵的山谷之中，
> 願我能夠超越今生今世的各種活動，
> 並且證得至高無上的解脫。

2·9 身體的定境：「身要」

首先，找個舒適的坐墊，接下來：雙腿盤坐（金剛跏趺），手結定印❺，脊背端直如箭，兩肩收如鷲翼（自然下垂），頸部稍稍如鉤（微收下顎），舌尖輕抵上齶，兩眼垂視鼻尖。如果我們在禪修中能夠以此「毘盧遮那佛七支金剛坐」來做，則會因爲脊背打直而使各脈也跟著通直。當我們的諸脈通直之時，身脈中的風息（氣、能量）流動便會安靜下來；當風息平息了，心就會散發光明。

2·10 如何保任本覺：簡說

於「見地」一章中所介紹的本覺，其本身就是禪修。每當出現一個覺知之時，就在此寬坦但穩固的安住，對它不做任何的修飾，它就會在赤裸且空性的本覺中休息。若是因爲念頭忽然生起使得我們無法安住其中，就應該單純在這念頭處寬坦就好。接著，猶如波浪回返大海，這個本覺妙力也會於本基之中解脫，於此最初的清淨之中，便可證得佛果。我們應該要精進而專一的如此修持，直到有所信心。而當妙力達到最佳狀態時，我們便可恆時保任本覺。

2·11 如何保任本覺：詳說

一般來說，在經乘和續乘之中，無論是哪一條修道，其成就都有賴於奢摩他禪修（止）。不管是超勝心識和神蹟的共道、空性和大悲的不共道、觀想、持咒和脈、氣、明點的生起與圓滿次第，或是大圓滿法的二道，全都是以奢摩他爲依止。

寂天菩薩於《入菩薩行論》中說到：

具有奢摩他之毘婆舍那，

❺右手在上，左手在下，兩拇指輕碰於臍下放置。從「金剛跏趺」開始所說的七個項目，就是毘盧遮那佛七支金剛坐（毘盧遮那七支坐）的要點。

了知全然清除所有煩惱
故首先求取奢摩他等等。❻

榮松巴於《入大乘理》中則言：

對於那些無法安住在（無造作）大圓滿本然狀態中的人，我們便需教導要以努力求取的方式來修。因爲儘管他們的修持屬於漸進道的方式，但他們的見地依然是以大圓滿爲基礎。

大圓滿法乃是究竟的法教，它能治癒讓我們感到苦惱的所有疾病。在許多需要勤作的修道上，接下來我將要討論的是教導禪定的解脫迅捷道，包括能解除五種過失的八種心所對治（八種行）。

2·12 阻礙禪定的五種過失

阻礙禪定的五種過失分別是：懶散怠惰、忘失法教、昏沉掉舉、未作對治，以及過於對治。

懶散怠惰：當禪修的時間到了，我們卻覺得身心疲憊而決定延後修持。總是繞著外在對境打轉的分別心，以其本身愚弄了我們。就因爲禪修和分別心的目的相斥，因此每當心中想到禪修，其反應便是無精打采。對於禪修缺乏興趣，就是懶散怠惰。

忘失法教：上師教導了我們關於坐姿、奢摩他和毘婆舍那的種種，可是卻無法想起這些教言，對於要如何禪修茫然不知。這種對於教言的遺忘，再加上懶散怠惰，打從一開始就會阻礙禪修。

昏沉、掉舉：在禪修的歷程中，這兩個皆會造成阻礙。「昏沉」的意思是心失去了能量，因爲它捲入了心識的昏暗讓我們覺得想睡而變得遲鈍；「掉舉」描述的則是心如風中羽毛飄盪的狀態，無法停留在我們想把它放置的位子上。

未作對治：當出現昏沉、掉舉時，我們卻忘了運用對治，因此受到它們的影響，無法進入禪定。

過於對治：儘管心並有昏沉、掉舉的問題，我們也保持在禪定之中，但卻過度運用對治，造成禪定受到阻礙。

這五種過失的前兩種，懶散怠惰、忘失法教，從一開始就阻止我們進入禪定。昏沉和掉舉會對過程產生阻礙。未作對治和過於對治則讓禪定無法進展。這些是應該斷棄的五種過失。

❻見原書第八品「靜慮」：「有止諸勝觀，能滅諸煩惱，知已先求止，止由離貪成。」如石法師譯。

2.13 對治五種過失的八種方法

「八對治行」分別為：信、欲、勤、輕安、正念、正知、作思、捨。「信」意味著信心；「欲」（求）則是想要努力的意願；「勤」為努力勤奮；「輕安」為心的靈活度、適應度。以上四者，能對治懶散怠惰。為了引發禪定，對於禪定的信心能生起嚮往和意欲；有了努力勤奮，便能達到輕安、克服懈怠。第五為「正念」，憶念教言能對治忘失；第六為「正知」，專注可說是一種內在的禪定，能對治昏沉和掉舉；第七為「作思」，發心動機也能對治昏沉和掉舉，此處其運用的是意圖和決斷力。第八為「捨」，透過無勤（不費力地）避免造作念頭來清除昏沉和掉舉。

我們要仰賴「八對治行」以避免「五過患」，並藉此提升奢摩他的修持功夫。❼若非如此，就算是具有希求且最為聰慧的心，都無法生起無上的「欲界一心專注」。為了要生起那種欲界一心不亂的境界，我們需要以「九住心」來修持自己的心。這個階段分別為：（一）內住、（二）續住、（三）安住、（四）近住、（五）調伏、（六）寂靜、（七）最極寂靜、（八）專注一趣、（九）平等住。❽當我們聽聞到有關心之定境的教言時，阻礙禪定的過失就會消失，促成禪定的信心和意欲就會自然生起。

加倍努力地修持禪定以及種種，能讓我們避免五種過失。因此，無論是觀想什麼對境，不管是在生起次第還是圓滿次第，甚或是於法身的空性本覺中，第一階段就是要安住在那對境中，這就稱爲「內住」。

如果我們的心連一刹那都不肯停留，好像閃電那樣到處移動，就要以心意造作來努力精進，不斷修持。能夠把心維持在先前的對境上，這就是第二階段：「續住」。

初學者在修持時，對於維持前兩階段的延續都會遇到困難，因此要於心相續中保持警覺。當我們的心有如流星一般的竄動，從所緣對境轉移到其他地方時，記得要像在引導噴出的水流那樣，不斷反覆引導之。這就是第三階段：「安住」。

當「正念」不斷增強，只要安住於面前對境，無論有多清楚，心都將變得較爲安定。其後，藉由更加一心專注，心便會定焦於對境本身。這就是第四階段：「近住」。

在目前的禪定中，會自然出現些許分別戲論，我們應像蜜蜂啜飲花蜜之後便會飛走而不留戀在花上，於這個過程中獲得「作思」和啓發，而那些原本對我們來說無法忍受的念頭活動，此時都在掌控之中。這就是第五階段：「調伏」（調順）。

❼此段依作者修訂。藏中譯者的翻譯建議為：「必須藉由能斷五種過失的對治力——八對治行——而培養奢摩他。」

❽依丁福保《佛學大辭典》解釋：「行者，修禪定時，使心不散亂而住著於一境，有九種：即安住心、攝住心、解住心、轉住心、伏住心、息住心、滅住心、性住心、持住心也。」

當我們專注且安住在對境中時，可能會出現昏沉和掉舉。在我們運用各自特定的對治方法之後，各式各樣的念頭就會自行消失，漸漸緩和而安靜下來。如果我們眞能達到如此狀態，昏沉和掉舉的過失就會像一池清澈湖水的沉積物那般，於靜澱之後消逝無蹤。這第六階段「寂靜」，猶如一個在平等捨（平心靜氣）的狀態中放鬆但專注的人。

其後，隨著念頭褪去，禪定會些微增強，由念頭所來的情緒也得以清除，好像濁水在污泥沉澱之後變得清澈那般。散漫不再出現，心處於「最極寂靜」的狀態，這就是第七階段。

透過精勤努力，整個過程會加速進展，此時，不需費力，也不會出現概念分別的障礙，我們便安住於一心專注之中。這就是第八階段：「專注一趣」或稱爲「決斷力」。

有了這個決斷力，就不需再費力想讓過程迅速進展，會自然而然就達到第九階段的「平等住」（等持）。這個境界又稱爲「欲界一心專注」，乃是經由對於九個階段的熟稔而達到。

2·14 於「止觀合一」之境，九住心和五覺受是彼此相關的

無論我們想要藉由止觀合一來禪修究竟大圓滿，還是想要求取天界或人界的五神通力和短暫快樂，首先，爲了勝任這項任務，就需要修持自心，就像我們需要先準備好一片沃土來種植穀物一般。如果一開始就以奢摩他來修持，便是在爲大圓滿的本覺作準備。著名的「敦珠淨治明相」法門

當中的「阿」字持心法，乃是大圓滿前行的奢摩他修持。榮松巴於《入大乘理》中說到：

對於那些無法安住在大圓滿本然狀態中的人，便傳授他們要努力勤作的方式。儘管他們的修持屬於漸進道的方式，但他們的見地依然是以大圓滿爲基礎。既然菩提心大樂是所有九乘次第法之根，它便具有能治癒一切令我們苦惱之病的力量。

如是，就像在《實修菩提心》續中所說的：（心本續）

有云：凡非以普賢王母所攝之法，縱然（看似）普賢行，亦成魔業，因其終將消亡，終有限制之故。具足普賢王母義之事，縱然（看似）爲魔業，亦成菩提行。

關於調整內心的方法，不論是波羅蜜多乘（顯宗）的方式，或者密咒的方式都有多門，即如上述續中所云：

如此，已斷滅五過失、並具有八種行的禪定，也稱得上是解脱道；能破除與「把握」、「假立」、「停止」、「打開」蘊、界、處諸法相關的等持，也稱得上是解脫道；降伏「自心難以自然調伏之六法」——持誦咒語與修禪定，也算得上是解脫道。乃至緣身而修等持、緣心而修等持，以及緣本尊而修等持，這三種作法，亦可稱得上是解脫道……。

此處，我們就只講結合九住心的大圓滿見地止觀禪修，而這九住心的顯相順序和五覺受是彼此相關的。

無論如何，在我們修持奢摩他的時候，都會一一生起這五種禪修覺受：動念受、獲得受、串習受、堅固受、究竟受。「動念受」有如高聳而降的瀑布；「獲得受」有如於溪谷中湍急的激流；「串習受」有如安穩流過平原的河水；「堅固受」有如小湖水面吹過的清新微風；「究竟受」有如無波無浪的汪洋大海。在修持奢摩他的過程中，行者都會自然生起這五種覺受。❾

此外，當我們修持「專注一趣」的禪修時，如果九住心和五覺受的顯現互有關連，則它們會以下述的方式出現。在九住心的前三個定境：內住、續住、安住中，紛亂的念頭會像高聳而降的瀑布那般出現。有許多清楚的念頭生起，看似要比開始禪修之前還多，不過，這只是個迷妄而已，因爲在這以前，念頭從未經過檢視、回想或聚焦，所以從來就沒有察覺到它們的存在。但是，當我們依照奢摩他的教言來作禪修時，便實際開始對這些念頭有所察覺，因此看來貌似比平常還多。藉由一再的持續認出，念頭逐漸變得清晰，最終則將消失。當念頭生起而未認出，就會如瓊嘎這位愚人所發生的事情一樣。

有一天，名叫瓊嘎的這位愚人迷路了，他整整經過一個月後才回到家裡。人們問他究竟到了哪裡，他說自己在路上碰到幾位康巴的商人，他們把他帶至拉薩。大家都相信了他的話。又有一天，某個男人問他，當他在拉薩時曾看到些什麼？他回答，自己並不是很清楚，不過祖父蔣揚就在那兒；可是，這位蔣揚祖父的住所，是在靠近岡底斯山的地方，因此人們推測，瓊嘎可能去過那座山。瓊嘎見到了好幾千人，但是都未曾留下印象，而並非沒有那些知覺。在我們還沒有進行禪修之前，雖然念頭來來去去、從不間斷，我們也從未曾加以檢視或注意，以致並未來到意識的層面，好比愚人瓊嘎那趟旅程的情形一樣。現在，由於禪修教誡的緣故，我們認出生起的念頭，並了解它們的自性，其後，透過禪修，它們也會慢慢消失無蹤。

在第四近住和第五調伏的定境中，先前屬於粗重的念頭變得較為平息，有如溪谷中的激流那般。這時會有許多細微的念頭不斷持續，許多忙亂的念頭不斷打轉，也變得越來越濃密。依照人們的理解，狹隘峽谷中的瀑布會比高聳而降的瀑布來得緩合一些。

❾由索南倫珠老師依照藏文中譯。

至於第六寂靜和第七最極寂靜的覺受，則像是流過平原的大河。從遠處看去，那條河水似乎沒有動靜。走近一瞧，便會看到它緩緩而穩穩地流著。類似這樣，當我們從上方看著自己的心，會以爲它正在安住，等到我們趨近觀察，就會發現它有很多細微的波動。此時的重點是，要更加精勤努力。

到了第八專注一趣的定境，穩固的覺受就像是小湖水面吹過的清新微風，心安住於所緣對境，此時若加以足夠的精勤，則能持續地安住。這就是專注。好比掉落池塘的石頭會使水面掀起漣漪，但這些終將細微到無可察覺，在這個覺受中，念頭的生起變得如此細微，就算我們加以專注也不見得能全部逮到。

在第九平等住的狀態中，我們將獲得究竟受，像山嶽一般如如不動而無有屈從。當我們成就了這樣的「專注一趣」時，心將不費力地趨入所緣境。此時，所有的（九個）階段都將自然成就。當心能保持在沒有念頭的自身狀態中且一切的顯現都停止時，我們便會有心與虛空相融的覺受。其後，貪、瞋等煩惱都將消滅，並最終全數消逝。我們生起樂、明、無念的覺受，就連睡覺都看似與禪定相融，且大部分的夢境看來都是清淨的。

若是這九住心和五覺受的禪修是於大圓滿以外的內涵來達成，將無法超越世間的道路。最好是能首先開展完整的奢摩他，之後再求取大圓滿。無論我們播下什麼種子，都需要肥沃的土地來獲取甜美的豐收。

當我們成就「專注一趣」之後，如果能繼續修持生起次第和圓滿次第，便可輕易得到成就。此外，無論是從本淨的立斷法門，還是從任成的頓超法門進入大圓滿修道，都能受到無上的福報所加持。

讓我們來看看持明極喜金剛的化身波羅．堪仁波切的生平，他花了三年的時間閉關修持奢摩他。在這之後，他修持大圓滿法並得到殊勝的成就，這些是我的上師親口對我所說；他一再表示，初學者若想要成就大圓滿的法教，就應該修持奢摩他。

進一步看，於《幻化網祕密藏續》中說到：

一個如瘋象般的心，
經調伏而入於定境，
其後若依循續、咒、印，
便能達神幻的成就。

2.15 簡易、精要的定境

那些對於精細法門沒有興趣或無力修持的人，則可運用來自貝瑪．林巴《竅訣．融酥》的教言，它甚為簡易又極具加持：

於是，空行母伊喜措嘉請求上師蓮花生大士給予濃縮一切教法爲單一教誡而易於修持的簡要教言。上師回答：「諦聽，妳這位曼妙、虔誠且欣喜的人！有種種對於〔禪修〕坐姿的教言，但其主要的重點，就只是要寬坦安然地坐著。有許多關於語和息（氣）的教誡，例如要結合呼吸和持誦咒語，但其主要的重點，就只是要如瘖啞者般保持靜默。有著許多可以依循的修心關鍵，例如讓心安穩、放鬆、收放光芒、專注等等，但其主要的重點，就只是不要試圖作任何改變，保持自在輕鬆，就只是自然休息。」

讓色身像屍體一樣休息，毫無動作；讓口語像啞巴一樣靜默；讓心任隨它去而不做任何改變。讓本覺自身不作修飾，如其本貌。放鬆、安然，在這個自然狀態中寬坦安住。

這就是身、語、意的最佳定境。再沒有比這個還要更好的方法，而它也是前述章節中種種詳細說明的簡易版。對這個時代的人們而言，這種定境的修持，會讓他們更爲開心也更加勝任。然而，不管我們所做的是什麼修持，簡短還是詳盡，其要點就是應徹底了解大圓滿的見地。

《普賢上師言教》中說到：

不具教言而禪修，

有如無指而攀岩！

要向持明上師求取大圓滿的引介，並好好思量之。接著，則進入禪修——這就是要點。

2·16 於課座之中修持根本本覺的方法

除了先前於「見地」章節之中所解釋的內容之外，再無其他的見地可言。在僻靜之處或安靜房間中進行眞正的禪修時，應要以理想的身體姿勢坐在舒適的墊子上面。接著，如下述一般的念誦皈依和發菩提心願文：

無上佛、法與僧伽，
直至菩提我皈依；
以修布施諸善德，
爲利有情願成佛。

此處，我們需要對佛、法、僧三寶生起深切的信心，並且念誦皈依的偈頌三次。接著，我們的發心不應該只是爲了自己，而是要爲六道一切有情眾生、所有曾經於某生某世身爲我們父母的有緣者，生起求取成佛的大悲願心。然後，我們應該觀想自己的根本上師以蓮花生大士的身相坐在前方，由於上師賜予我們和一切有情眾生加持而使所有眾生都進入深切的虔誠之中，我們在這樣的心境裡，念誦下述的願文三次或七次：

吽！

鄔金淨土西北隅，
降生蓮花胚莖上，
稀有殊勝妙成就，
稱揚聖名蓮花生，
空行眷屬眾圍繞，
我如本尊勤修持，
祈請降臨賜加持，
咕如貝瑪悉地吽。

在念完「**蓮花生大士金剛七句祈請文**」（蓮師七句祈請文）之後，便反覆持誦「**嗡　阿　吽

班雜　咕如　貝瑪　悉地　吽」一百次或三百次❿。最後，我們觀想於上師三門密處的種子字嗡、阿、吽，分別放出白、紅、藍三色的光芒，加持我們的身、語、意。接著上師化光融入我們，上師的心和我們的心就像把水倒入水中那般的無二無別。於此虛空之中無有造作，並以放鬆的狀態保任見地。此時也可換成另外的方式，向相融合一的上師與蓮師祈願，讓心保持安然寬坦，而看著本覺的明性。接著，當念頭忽然生起時，選擇其中一種方式，讓自己的心於念頭中放鬆，如實安住。對於所有在客體場域生起的東西或念頭都不加以具體化，既不肯定也不否定，既不追尋也不修飾。那就是赤裸的本覺，光耀且明晰，沒有外放也沒有內收。如此，慢慢的，本覺就會自己認出自己，我們則在此相續的止靜中休息。

當念頭再度生起時，就如先前一般看著它的本質，讓它於自然狀態中休息，對於善惡不作取捨也無有好惡等等。對於念頭，不像凡俗人等那般的尋伺或壓抑，也不像下乘修僧那般因爲沒有斷念而將之列爲惡行，或以禪修過程來轉化之。

當我們以數日、數月、數年的長久時間來延續這個修持時，本覺將逐漸變成爲自然的常態。外

❿此十二字的咒語為蓮師的心咒，其中的「瓦加拉」（Vajra），大部分藏人由於發音的習慣都念成「班雜」（Bendza）；其意義請見於蔣貢米龐仁波切的《白蓮花：蓮師七句祈請文闡釋》，台灣橡樹林文化出版。

在的情況無法改變之，所有生起的念頭則作爲禪修並自行消融。如此，我們對自己的禪修將獲得自然的信心，不再需要請教他人，因爲禪修是自動自發的事情。我們單憑直覺就能信心滿滿的確定，除此之外，再無其他的佛。

在一座禪修的結束之時，我們將自己的善根迴向給一切有情眾生，並念下述的吉祥願文：

偉大普賢金剛持之下，
至吾具恩上師諸尊前，
有情眾生一切之所求，
願我自身皆能來成辦。

接著念誦：

藉此善根如佛見萬法，
因而戰勝缺失與過患；
生老病死波濤所擾動，

願諸眾生解脫輪迴海。

持守此三善法——大悲心為前行善、無所緣為正行善、作迴向為結行善，並於晨昏之時或閉關之中進行禪修，我們將獲得極大的福德。

敦珠仁波切於《空行心滴》中引述龍欽巴尊者的話，說到：

並非要著重於禪修，而是熟稔串習；
若此串習已成主軸，則為無上禪修。

有了恆時的禪修，則一日的禪修便成為主軸。若是修持到了這種程度，便無可禪修，並且即使剎那也不會從禪修中有所動搖，於是「無修」便是無上的禪修。

巴珠仁波切在《普賢上師言教》中引述蓮花生大士的話，說到：

以禪修成佛，乃屬於共道；
以無修成佛，則我稱稀有。

如果我們能依此修持，便將達到目的。

2·17 誤入禪修覺受的歧途

禪修覺受乃是禪修和禪修力的眞正徵兆，隨著禪修出現，就像煙隨火來，苗芽隨著青稞的種子而生。當我們在那美妙而自然出現的本覺中寬坦休息之時，當下的覺性和先前平常的樣貌不太相同，樂、明、無念將伴隨本覺而出現。如果把禪修覺受視同為赤裸本覺，則本覺將總是帶著對於樂、明、無念的耽著而生起，我們的禪修便絕不可能超越塵俗三界。

《正定品》續中說到：

禪修或許安穩，
但若對此執著，
則如孩童嬉戲，
不能成就涅槃。

當我們受到樂、明、無念這些禪修覺受的繫縛時，就不可能了知赤裸的實相。然而，在禪修的影響之下，樂、明、無念的這些覺受將逐漸且必然生起。它們之所以生起，是因爲本基覺性爲法身的空性本質，報身的自然明性，以及化身的遍在大悲。本覺就是我們自己的本然圓滿。

在我們的無明之中，迷妄生起爲普基〔阿賴耶〕、普基識〔含藏識、阿賴耶識〕、凡夫識〔識〕的染污。普基承載著三界的業力習氣；普基識生起六道眾生的六處（世界爲容器而有情眾生爲其中的甘露）；凡夫識則執著於輪迴，總想著特定的身體享樂。在修持的時候，普基遮蔽了法身的空性本質；普基識遮蔽了報身的自然明性；凡夫識則遮蔽了化身的遍在大悲。簡言之，由於普基、普基識、凡夫識都有著雜染，本覺便因此受到遮蔽，對於樂的覺受也沒辦法像以前那樣強烈生起於心中和心識流中。當樂的覺受生起並帶給我們無給抗拒的舒適感，我們就會對此執著而難以回頭，因此將投生於欲界的天道之中。類似這樣，在覺知上感到光亮的明的覺受，會伴隨出現些微超自然的精神力量。若是我們對此執著，將投生於色界的天道之中。就像這樣，洞察也可能令人愚痴，在我們感到無念覺受的空性時，有點兒像是忘失或無意識的狀態，我們的細微習性全然停止活動，有如進入深沉的睡眠之中，就有可能投生於無色界的天道之中。

這些禪修覺受是造成我們無法從三界解脫的厚重阻障，因此，就連剎那也不要落入它們的掌控之中，而要將它們視爲重大的過患。無論生起的是樂、明、無念哪一個禪修覺受，都要看成是神幻了悟的迷妄徵兆，而在無所緣的本覺之中寬坦歇息。如此，我們將可奪取法身的堡壘。

簡而言之，這些樂、明、無念的禪修覺受都是因執著禪修而來的產物。只要有所執著，就沒有機會看見法身的本貌。唯有透過終止這些對於禪修覺受的執著，我們才能有所進展。

巴珠仁波切在《椎擊三要》中說到：

山中溪流的湍急，因險峻陡坡而更加劇烈；
瑜伽士的禪修，因瓦解中斷而更加進步。

從上方山谷流瀉的溪水，由於快速通過岩石基底，因而清晰明澈；瑜伽士的禪修，若能斬斷對於禪修覺受的執著，則將達到最好的狀態。頂果．欽哲仁波切曾說過這個故事：

當德夏．帕默．竹巴前來求見無與倫比的達波仁波切（即岡波巴尊者）時，他認為自己修習薩迦派的《道果》多年，應該已經證得初地，所以顯得傲慢。⓫他向仁波切分享自己的禪修覺受，並聲稱自己已經證得初地。仁波切當時默然無語，不過，到了帕默．竹巴起程要離開的時候，仁波切便要帕默．竹巴來到他的房間。當帕默．竹巴進入房間時，仁波切一邊吃著糌粑，一邊問他：「你真的認為你那天告訴我的覺受就是初地的覺受嗎？」他回答說：「對啊，我是這麼認為。我確定自己已經達到了初地的果位。」仁波切又問他：「你的上師對此有作確認嗎？」他回答說：「是啊，我的上師說，我絕對已經證得初地的果位。」仁波切拿起一大塊糌粑，說到：「在我的這塊糌粑，和你的初地修位覺受之間，我比較喜歡這塊糌粑。」接著，仁波切放了一聲響屁。從此之後，帕默·竹巴不再傲慢，他專注於實相自性的見地，而他把仁波切視為佛陀的虔誠心則毫無造作地打從心中生起。就如帕默·竹巴，所有的瑜伽士在禪修的各個階段都會有種種外在和內在的禪修覺受出現，如果能在它們生起時就予以清淨，便能更加深化對於實相的確信，直到最終了證大圓滿的境界。

因此，簡單來說，在我們成佛之前，都沒辦法捨棄對於二元感知極細微業習的執著。執著的所在之處就是我們的弱點所在之處，也就是偏離赤裸本覺的歧途所在之處。所有這類的執著都必須捨棄。正如師利·薩拉哈尊者所唱的：

任何有所執著之處，都讓它去！
只要放手，我們就會全然自由。
除此之外，哪還有何需知道的？

⓫本句依藏文直譯，也就是「見道位」。

每一位瑜伽士，無論男女，都容易對自己的成就有所執著。當別人稱讚我們、崇敬我們，或是我們小有名望之時，就自認爲是那個有名的人，對於自己的名字也產生執著。若有任何的瑜伽士或瑜伽女無法讓這個執著自行解脫且立即清除，便會碰到障礙，而必然會投生惡趣。從過往大師對弟子所說、關於順緣比逆緣更難引發成就的故事，我們就可以得知這類事情的確如此。在我們遇到疾病、戰爭、衝突、詆毀等逆境時，我們有辦法認出它們，並以信心來讓這個自顯自行解脫。另一方面，順境則會使我們容易產生執著。美麗的妻子、乖巧的孩子、財富、名望、榮譽、國際認可的特殊獎章等，都會造成我們對外境產生執著。若是我們修持佛法，或許能了證夢境，有時在夢中也會出現眞實的成就徵兆。但有時，那些夢境乃是邪魔所造，甚至是在夢中聽到上師給予口傳的情境，也可能出自邪魔。我們的念頭如此含糊，身、心也和以前不同，種種如樂、明、無念的禪修覺受，又是有的清淨、有的不淨，對於這些我們根本無法分辨那個是成就、哪個是邪魔的惡意作怪。

簡言之，無論生起的是善念或惡念，只要我們沒有執著，了解念頭都是幻相，它們就會自行解脫。關鍵在於不幸能帶來好運，逆境其實比順境還好應付得多。不過，對於一般的瑜伽士和瑜伽女來說，要把順境取爲道用，會比把逆境取爲道用難得多。敦珠．林巴《斷法引導》中所提及蘇亞．瓦加拉（意思是「日神金剛」）這位瑜伽士的故事，就彰顯了順緣如何使我們得到報應的道理。就在蘇亞．瓦加拉快要成就的時候，策畫阻撓他得證的邪魔們蠱惑了他的村人，尤其是那些美麗的女子。以下就是整個故事的來龍去脈。

往昔，在摩竭陀這個偉大的王國中，有個人名叫蘇亞．瓦加拉，他離開了家人，獨自勤奮的修持佛法。當邪魔們（魔羅）知道他所發下的誓言之後，便策畫要傷害他。色界之魔表示，要以讓這位瑜伽士感到恐懼來造成干擾；無色界之魔表示，他要進入這位瑜伽士的心中，讓他感到樂苦的高低起伏，來造成阻撓；傲慢之魔表示，他要引發這位瑜伽士的含糊念頭，來造成阻撓；最後，快樂之魔終於發言，他表示，色界之魔雖然能讓蘇亞．瓦加拉恐懼，但這位瑜伽士曾領受關於無我的教言而懂得如何平息恐懼，他還是會證得成就。恐懼其實會成爲他成就的來源，而讓他超越邪魔們的掌控。所以，恐懼是沒有用的。接著快樂之魔又表示，無色界之魔進入瑜伽士心中而引發種種苦樂感受，所有這些對他來說都能輕易認出，甚至提供了不再投生而入於自在空界的解脫因緣。所以，這類障礙應該要被列爲順境。至於傲慢之魔所要引發的含糊念頭，他則表示，那將被當作取逆境爲善緣教言的實修對象，因此也起不了作用。快樂之魔向那三位邪魔保證，他們的計畫肯定會失敗，因爲全都只想到要給他逆境，而逆境是容易被征服的。另一方面，如果他們和這位瑜伽士交友，提供種種順緣，他就會永遠受他們所掌控。快樂之魔建議大家合作之後，承諾要讓蘇亞．瓦加拉受到魅惑所迷，接著便哈哈大笑起來。當這些邪魔們開會討論的時候，大成就者魯宜巴恰巧路過聽到，便告訴蘇亞．瓦加拉這件事情，他表達感激之意，並說到：事前警告他就能事先準備。魯宜巴離去前再度警告他，並表示他的弱點就在於他對歡愉的誘惑無法阻擋。

其後，蘇亞．瓦加拉日夜不停的精進修持，快樂之魔便開始進行他的計畫，讓所有村民都受到蠱惑，尤其是那些美麗的女子。某夜的夢中，邪魔們進入了蘇亞．瓦加拉的壇城，快樂之魔還僞裝成他個人本尊的模樣，並向這位瑜伽士表示，他已經證得了無上的成就，明天就能擁有一切共同的成就。最後，快樂之魔還說，他因而完全不再有邪魔所帶來的任何障礙，也不需要做這麼多的禪修，因爲他已經證得了所有的眞實慧。蘇亞．瓦加拉瞬間感到極大的快樂。

隔天，一些村民前來供養美食和財富，讓蘇亞．瓦加拉更確認了他個人本尊於夢中所說的事。又隔了幾天，一位美麗的女子趨前並獻上米食和白衣，還向他祈請給予祕密教言。蘇亞．瓦加拉覺得疑惑，他夢境中所顯示的成就報酬似乎並不包括女子。不過，他還是將她納爲法侶，認爲自己絕不會對她或行淫之樂感到執著。然而，隨著時間過去，他和這位女子的關係越來越深，深到沒有她在身旁愛他、照顧他，他就活不下去。他再也離不開她了。女子經常來探訪他，人們則無視於此，繼續固定前來向他禮敬並獻供。

一日，他忽然想到，或許他不該再禪修，而是要成家。但是他對此難以決定，於是他前去參見上師魯宜巴，告訴他自己的想法。魯宜巴立即指出，他必然已經受到邪魔的影響，因爲他的行爲改變顯然是依此而來。上師極力勸導，要他將自己對女子的執著消融而不再受到邪魔侵擾，否則，他將會再度落入輪迴、無法逃離。雖然蘇亞．瓦加拉相信上師的話，但他知道自己已經沒有辦法斷捨對於女子的執著，因此將上師的建言拋諸腦後，成爲了一家之主。他的弟子和信眾因而離開他，責怪他不守誓言，還將他的決定報上法庭，國王於是下令將他驅逐出境。蘇亞．瓦加拉失去了他所有在宗教上的至高幸福，成爲村民中最最貧苦的人。

這個故事一開始，蘇亞．瓦加拉被自己的夢境所欺瞞，接下來則糾纏在執著之中；在中間，他並未了悟到自己眼前的女子只是個粗重的迷妄；而到最後，他因爲眞正的執著而偏離了大圓滿的主要修道，終於落入了無盡的輪迴之中。因此，無論是在清醒時或夢境中所出現的念頭，都一定要讓它在本覺之中寬坦解脫。一旦我們產生興趣而陷落其中，就會受到樂、明、無念等禪修覺受的誘騙，以致絕無可能從輪迴三界中解脫。若是我們能在神幻自顯生起時就解脫之，並對此保任，便不需要再將散漫念頭視爲過錯。接著，我們就可用這種方式來看著它：愈多的念頭，就是愈多的法身。

我們愈能讓自己斷捨樂、明、無念的禪修覺受，就愈能對自己的修持生起信心。有了這種信心之後，便不會再生起對親友的貪愛或對敵人的瞋恨，也無須再於輪迴與涅槃之間作出抉擇。一切生起的念頭都如水中作畫一般，立即消逝。其後，不僅對於樂、明、無念等覺受的執著消失，所有的生起也會成爲赤裸空性本覺的滋養，而無修則成爲大瑜伽士的禪修。由於沒有所緣的參考點，因此剎那都不離於赤裸的本覺。由於清除樂、明、無念等覺受阻障的作爲會自動反應，不管我們碰到的是什麼，睡眠、食物、行走、坐下、快樂、痛苦、不幸、疾病、來自敵人的傷害等等，我們都會認出那是顯相普遍欺瞞的一部分。就算執著的過失生起，只要我們在那令人煩擾的知覺中放鬆，它們就會像是晨曦初昇時的薄霧那般消融。若是能以這種方式清除障礙，赤裸的本覺便能如麩殼落地的穀子那般顯露出來。對此，我們應該要極爲珍視。

至於那些在禪修中生起的下意識念頭，它們非常細微而難以察覺，如果沒有認出這些念頭，它們就會一個接著一個的生起，並且逐漸把我們捲入迷妄之中，最後則成爲使我們積累貪、瞋、癡業力的粗重念頭。這些沒被認出的下意識念頭，好比潛伏在綠蔭草地下方的水流。不過，如果我們能單單安住於赤裸本覺中，則它們便會自行解脫，因此無需特別加以對治。

更進一步地說，當極大的厭惡生起且立即被認出爲本覺時，其內在本來的瞋恨便會自行解脫。不過，接下來的這一刹那，細微的瞋恨會像被切成兩段而無法立起的蛇一般顫動生起，此時，如果我們能猛力對準本覺，接著寬坦安住，則其下意識的情緒便會自行消融。對於偉大的禪修士來說，持明上師有關如何處理下意識念頭的教言，是極爲重要的。

藉由如此的訓練，我們對於樂、明、無念的粗重和細微執著都會竭盡，本基覺性因而得以顯露，並且了證佛陀。從普基、普基識、凡夫識而生起的迷妄輪迴顯相，現在都於各自之處安住，絕然清淨。而本質爲空、自性爲明、力用爲悲的佛性，則得以任運成就。

2.18 心和本覺之間的差別

龍欽巴尊者在《法界寶藏論》中說到：

當本覺和心分離時，所分離的是心的迷妄，而除此之外，再沒有其他的佛果。由於其本質爲佛，且現在離於染污，因此能顯現爲佛。當本覺和心相縛時，就稱爲「有情眾生」；當本覺和心分離時，則稱爲「佛」。

要能分辨本初覺智——也就是本覺，和心之間的差異，這點很重要。心是由二元感知所建構，有如因極爲寒冷而凍結如石的水一般。由於內在沒有溫度，所以直到一劫終了都不會變回液體，就像山頂的冰帽那般。另一方面，本初覺智則非由二元感知所建構，其無可言詮的自性，是透明、清澈、朗然、清淨的本覺，有如桶中的清水，本然無濁且清晰見底。簡言之，只要我們的經驗中有著所知的對境場域和能知的心，我們就被稱爲「有情眾生」。然而，一旦我們安住於赤裸的空性本覺之中，不受二元概念所染，那裡就只有本覺、或說是本初覺智。以下再次引述龍欽巴尊者在《法界寶藏論》中所說的話：

凡俗無修而執取對境的心識，未能了證對境乃是無實體的本覺，那就是輪迴的心識。安住於赤裸本覺而全然明耀，不受希望或恐懼所染，且於了證之境如如不動，這就是佛陀的無二意。

故而，要以聰慧來作此分辨。

2·19 持明上師的親授教言能激勵禪修

以佛教的傳統而言，以前當弟子在向上師求取法教之前，都會先檢視上師的眞實性。如果弟子能在上師身上發現眞實的功德，便會請求上師給予大圓滿的法教，從前行修持一直到成熟灌頂，再加上對於解脫法門的解釋，以及相輔相成的口傳。我們應該將這樣的持明上師視爲佛陀親現，而非凡俗人等。

續部的許多典籍都是這樣說的：

上師就是佛，

上師就是法，

上師就是僧。
上師爲普顯一切者，
上師爲吉祥金剛持。

我們應該尊崇持明上師，視其爲所有壇城之主，以及各個壇城的主要本尊。持明上師則必須檢視弟子，看看他們是否能持守續部的三昧耶誓戒而不加違犯。如果弟子已經準備好了，上師便會以（人身難得、死亡無常、業果法則、輪迴過患）四思量的修心禪修開始訓練弟子，並且最終帶領弟子實證大圓滿。這一路上，他引導如盲人般的弟子，給予各個所需的講解，以便弟子能夠進行修持。有時當弟子走上岔路，上師會加以斥責；如果弟子有所進展，上師則給予讚揚，因此，上師會檢視弟子的修持覺受。

敦珠仁波切於《自生實相》中所揭示的立斷法門，是一個獨有的傳承，包含爲期六個月的講授和訓練過程。到了今日，由於此時眾生的條件不足，這個傳承已經不再有人修持。學生們只是大略閱讀文典的內容，所以也只能得到膚淺的了解。當他們用這些表面功夫來作爲修持基底時，便無法找到眞正的精華。我們所承事的上師不必大有名望，但他一定要實修自己所傳授的法教。不管我們從這位上師所領受的是哪種口耳教言，都要徹底加以理解，這是很重要的；否則，在教言和自身之間便會有著分歧。若是把教言文典拿來當週日新聞那般閱讀，這樣一點用處都沒有，因為我們只是道聽塗說，像猴子學人一樣的模仿上師，禪修也不會有什麼成果。故而，找到一位眞正的持明上師絕對是必要的。

當上師找出我們修持中的錯誤時，自己必須矯正這些過失，就像要把扭曲的東西扳直、把裂開的東西綁緊、把破掉的東西修復一般。如果我們遵循上師的教言來清除障礙，修持便會有成果。

持明昆桑·謝拉有四位心子，他們分別是旭岡·巴當、間岡·阿噴、藏答·多傑塔、瑟瓦·伊喜·森給。他曾給予他們大圓滿的法教，並長時間的指導他們修持。一日，他帶著四位心子來到德格的止曲河畔，並要他們像他一樣雙盤坐在岸上。當天傍晚，河水已經漲得很高，村民都擔心會有水災，最後連上師自己都下座而離開了。其他三位也跟著走掉，只剩下旭岡·巴當一人還是坐著不動。由於他認清了一切覺受都是個大謊言，因此以不離本然狀態的本覺，安穩地坐在河畔，毫髮無傷，內在則生起了對於自己修持的極大信心。上師大大地讚揚了旭岡·巴當，還把其他三人罵了一頓，並告訴他們大圓滿的要點為何，要求他們應該像旭岡·巴當一樣。當然，上師先前離開並非是害怕洪水，而是要看看弟子會有什麼反應。

這個時代，在我們這些大圓滿上師之中，有的人只是假裝他們知道大圓滿的內涵，但卻到處宣揚得好像那是自己的實修覺受一樣。然而，一旦我們遇到困難，例如疾病、苦痛、衝突等等，就像是凡俗人等那般受苦。有的人發瘋發狂，有的人就算沒瘋，卻向天神和魔靈獻供。這就顯示出未將修持利益吸收融入的必然過失。正如過往大師們所說的：**「他或可進入大圓滿的範疇，卻尚未遇見自己的大圓滿。」**我們或許領受了法教，卻還沒融會貫通。簡言之，直到我們在實修時能安住於自己無有修飾、無有造作的心，這時才能說自己已然了證大圓滿。到了這個階段，我們將能恆時認出赤裸的本覺，且毫不受到樂、明、無念等禪修覺受的雜染。

想想我們的敵人，並且以本覺來看；檢視我們對所親所愛者的執著，並且以本覺來看；當逆境來臨時，也是以本覺來看。我們用如此的方式，便能發現自己修持的「煖」或效用，也能知道外在情境是否還能傷害自身，並依此而生起信心。那個信心是修持的產物。如果我們現在對於不幸的境遇能夠不受感染，那麼到了中陰時期，就能對於種種所見也能保持漠然，因而得以解脫。

寬坦

若針對本覺的境界來解釋的話：在本覺的「靜」中，應該要有澄明，以此去除「無念」的覺受；在本覺的「明」中，應該要寬坦，這能去除「明」的覺受；在本覺的「動」中，應該蘊含解脫，以此解決「樂」的覺受。這些也都要透過上師的口訣才能了悟。

扼要來說，本覺的赤裸實相——不帶著止靜、清朗、動能的層面，其見地本身，便能清除所有的阻障。如果我們對此止靜有所執著，無色界就此開展；如果我們對此明性有所執著，色界就此開展；而如果我們對此動能有所執著，欲界就此開展。這三者是將我們繫縛於輪迴三界的阻障。若是我們能對它們不起執著，則法身、報身、化身便能相應生起。

當我們從正式的禪修下座時，日常的狀態被稱爲「出定」。於入定之時，「能知」和「所知」都離於概念參考而不見於自身覺性之中。當我們於此而出來時，此時的覺受全然沒有概念的標記，有如天空的中央一般，顯現卻不存在。我們將輪迴和涅槃的一切顯相都視爲不存在，乃是空性顯相自然生起的樣貌，並且對此有著絕然的信心。

3
行

3·1 說明「行」的內涵

我們對於對境的投射，在本覺的真貌中並不會變成具體化。只要仍然安住於入定的狀態，二元感知的迷妄散漫念頭就會消融於空界中，本覺則不會迷失在對境的場域中。當我們離座而出定，在行、食、坐、臥等等身、語、意層面的所有生起，於生起的當下便自然而然的自行解脫。任運自解是出定行持的自然傾向，而「禪定與後得的無別之行」便是其必然結果。在大圓滿的法教中，並沒有與見地和禪修此修持分離的特定行止。如果有著在見地和禪修修持之外的行止，那便是錯謬的行止。見地和禪修的修持乃離於任何的分別戲論，因此行止就不可能變成是某個具體或特定的東西，否則將成為修道上的唯物主義形態。不過，儘管情況如此，仍不可犯下把見、修、行混為一談的過失，或是將三者互相混淆。

入定與出定是相似的，因為在這兩者之中，無論生起了哪些善惡之念，一切都自行解脫，好似水中作畫時隨著筆順就消融的圖像。不管是在動靜之間，所有的念頭都讓它瞬間解脫，因而不會一再相續或前後相連。這種向內破除而進入清新、輕鬆虛空的力量，乃是出定行持的自然傾向。不管出現的是快樂或悲傷、恐懼或希求，所有的念頭都讓它自行消融而入其本性，好似波浪回返而入於海洋。到了這個階段，不作拒斥而讓念頭本身成為禪修，我們便能了知一切覺受都是令人魅惑的幻相。於法身的空性本覺中，不執為實的慈悲相融本自妙力會在心相續中自然生起，而這也是出定行持的自然傾向。藉由保任出定行持而成佛，這其中的要點便是入定與出定的無二無別，而這就要透過如此的出定行持才能達到。

今日有些禪修者宣稱，即使他們致力於修持也並未改善他們的心性；有些則宣稱，禪修的本身根本幫不上什麼忙。這都是因爲他們不具這個關於行止的關鍵要點：於出定行持時，我們乃安住在自生本智的無戲論虛空中。若要長時間安住於入定的狀態，其必要的中心要素就是要在出定行持中，讓所有生起都自行解脫。對於初學者來說，他們的念頭則時時刻刻都會造成障礙。

以一般人的情況而言，念頭的確如池塘漣漪那樣地不斷追逐，如果還要一一逮住再一一拒斥，那麼就算我們修持了一劫之久，也不可能清除這些念頭。不管生起哪些念頭，就讓它們生起；而當它們生起之時，不作攀執，而是讓它們如水中作畫一般的消失。任由念頭消失而入其本覺之中，這就是大圓滿的法門。

3・2 對於「念頭持續自行解脫」的無知，是一種過失

在面對變化無常的各種苦樂，不管是生意、農務、政治、居家生活等等，當我們失去自我期盼的動力，此時，若能看著痛苦的自性並於此放鬆，就算足夠了。滅除或阻擋任何生起的念頭，是沒有必要的。舉例來說，當我們想到自己在生意上嚴重失金這個念頭，並不需要加以滅除或遺忘。在

我們因此沮喪的時候，朋友可能會來安慰我們，還說這沒什麼好擔心，因爲隔壁那個傢伙遠比我們還慘多了。他們想用這種方式來讓我們心情平穩。或者是，在我們痛失獨子而哀傷時，朋友或許會以其他例子來安慰我們，告訴我們某某人的三個小孩全部都因河水暴漲而溺死等等。這種提供慰藉的方式，在人類的社會中被視爲具有效用。然而，它所能提供的也只有短暫的鬆緩，而非永久的解決。當那些心腸最好且前來安慰我們的朋友離開時，會有更多更多的念頭生起，如果我們仔細觀察，會發現念頭的數量甚至比朋友安慰我們之前還來得多。我們會想到一些從未經商失敗的例子，或是從未失去孩子的例子，因此又開始擔憂。由於我們未能看見心的自性或痛苦的自性，只是從此處轉到彼處，換取不同的一批念頭，而這種念頭的交換並不會帶來任何利益。

當釋迦牟尼佛在世的時候，有一位婦人失去了摯愛的獨子，她悲傷到茶不思飯不想而幾乎快要死去。朋友們想盡辦法要安慰她，但全都沒用，因此便要她前去求見佛陀，或許佛陀能夠讓她的兒子死而復生。她因此重燃希望而打起精神，來到了佛陀面前，在禮敬之後向佛陀哭訴，央求佛陀讓她的兒子死而復生。佛陀答應了她的要求，條件是她必須從一戶從未有人過世的人家中取得火苗並帶來給佛陀。於是，這位悲痛的婦人挨家挨戶地走過整個王國，卻找不到任何一家人是從未有人過世的，因此她領悟到自己並非是唯一感到淒涼的人，而且每一個人都會死，無一例外，所以她便不再哀傷。婦人回到佛陀跟前並告之自己並未找到他所指定的那種火，佛陀也向她開示關於情器世界的無常道理，這位婦人因而得到慰解，也保住了一條性命。

3·3 讓念頭同時生起和解脫的殊勝法門

在我們看見實相自性或自心本性之後，當快樂或悲傷生起的刹那，我們便能了知它們的不實，猶如魔術幻相或夢境一般。如果我們能持守這樣的洞察，並將入定和出定相融，則究竟佛陀的自生本智——其本身乃是無二無別的入定和出定，便會毫無變異的不動安住。

在某些外道的修持中，禪修是爲了消滅身體的五根識，其方法就像是把念頭關進監獄中。長時間處於這種狀態，被他們視爲禪修，也是對治痛苦的方法。然而，這種方法僅能帶來短暫的緩解，或是如前所述的那樣，只不過是換了一種痛苦，而不會根除痛苦。對於一棵有毒的樹木，我們或許能把樹葉搖到全掉、樹枝砍到光禿，可是，除非我們斬斷樹根，否則這些都還是會再長回來。念頭也是如此。

有些人認爲，我們之所以會痛苦，是因爲過去的業力，或者是上帝的意旨，因此他們只能忍受。阻擋五門的根識或許能暫時壓制粗重的念頭，但這個情況不會長久，也絕無可能永恆。寂天菩薩在《入菩薩行論》中說到：

暫時阻擋之，則將再鬆開，

無想之出神，即是爲如此。❶

天道的眾生能安住於「無想定」（出神的狀態）或三摩地中千年之久，但是當三摩地的定力竭盡之後，五毒煩惱的散漫念頭又會再度生起，於是他們也再度投生輪迴。這種三摩地並不是恆常的快樂。對於渴求解脫和遍智的人來說，那種修道和他們一點兒關係都沒有。就像愛滋病患在吃藥退燒並用維他命來強化免疫系統之外，其實需要的是處理病根，病情才能得到控制一樣；瑜伽士和瑜伽女如果只是換取另一批和自己更爲意氣相投的念頭，就不可能根除自己的痛苦。

那些認爲阻擋念頭就是禪修的人，只會投生於無想天（色界第四禪天），而無法證得解脫或遍智。至於那些阻擋念頭並禪修靜止之心的自性者，則會發現很難運用對治煩惱的法門。想想那墮落瑜伽士蘇亞．瓦加拉的故事，他多年禪修而看似最終已然達到目標，卻因爲執著一位有如魅影的女子而失去了一切。印度教的瑜伽士或許能安住於歡喜三摩地長達數年，出定之後卻縱容自己的瞋恨而掠奪鄰近的王國，這樣的故事，可在透村．竹杰的《超勝讚》中看到。若是對於證得修道成就有著強烈的企圖，卻造成無法根除煩惱情緒的後果，這多少就指出了阻擋念頭或交換另一批念頭，並不是對治痛苦的有效方法。在大圓滿的無修之中，一切生起的痛苦，就讓它於所在之處解脫，像是盤繞的蛇自行鬆開那樣，根本不需要任何額外的輔助。

3·4 禪修的覺受會自然生起於心相續之中

若要達到如「盤蛇自解」那般的解脫，其關鍵方式在於，它無法靠著少數幾次積極有力的禪修就可獲得。

我們需要全然寬坦地投入，以便讓那個覺受能夠持續恆在。當對此變得嫻熟時，便不需要任何有目標和有效益的對治方法，因為我們會自動自發的運用對治，有如陶匠在將轉盤大力一轉之後，就不必再施力於拉坏轉軸，即可完成整個作品。一旦我們習慣於這種自動解脫的過程，不管生起的念頭是苦是樂，就能自行消融；由於我們不再受其影響，便會因此自然生起信心的覺受。就算偶然出現了強烈的瞋恨或痛苦，我們也能認出並讓那個念頭立即度脫（釋放）。此時，有可能突然冒出一陣大笑，或是其他特別不同的喜悅之感。

我們在輪迴中所作的一切活動，無論重大或是瑣碎，沒有一個不是混雜著痛苦。所有的經歷都來自衝動的習性，因此皆具有遍在之苦的自性。就拿夢中生子為例：首先，我們對於兒子的誕生感到開心；接著，開始擔心兒子是否健康；最後，兒子的死亡讓我們極度悲痛。如果我們認真思考，儘管在夢中認為這三個層面都是真實的，也的確因此受苦，但它們根本全都不真實。作夢的時候，

❶可能是原書第九品「智慧」的這一段：「若無空性心，暫滅惑復生，猶如無想定，故應修空性。」如石法師譯。

作夢者一直都在床上而未醒來，所以也不覺痛苦，反而是等到他們醒來之後，才覺得剛剛的經驗是眞的。如果我們正在夢境之中，而能了解我們是在睡覺而且還在作夢，那麼即使是夢境繼續不斷，痛苦也會如薄霧一般消融於天空之中。悟曲．透美在《佛子行三十七頌》中說到：

一切苦痛就如夢中失去孩子，
我們已然受夠「相信迷妄爲眞」！
如果我們遇見各種不順境遇，
菩薩便會將其視爲盡皆幻相。❷

對於一般人來說，不管生起的念頭是快樂、痛苦，還是漠然，它們出現的方式都是一樣的。不過，對於在自心本性中寬坦安住的瑜伽士來說，度脫的方式則爲特別的，因爲在他們心中，念頭的生起和度脫是同時發生的。猶如水中作畫，圖像隨著顯現而消失。這就是修持的關鍵要點。

3．5 當行止能同時生起和度脫，它便離於業和果報

讓生起和度脫（釋放）同時發生，在這關鍵性的瑜伽修持之中，僅僅是貪、瞋的生起本身，並

不會造成惡業。就拿單一的念頭為例子：這個念頭，生起的當下就立即消失。它的存在，只會在未來形成之後。於現在這個當下，它根本沒有時間停留，而既然作者、受者、所作三者，於此無時間性的當下並沒有時間交會，就不可能積累業力。業力的累積，只在於念頭的相續當中，在大圓滿的瑜伽之中，念頭是在生起的當下就得以度脫，因此阻擋了念頭的相續，就不會積累業力，更不會生起痛苦。於第一剎那之中，緣境的蘊集並不會自行安立，因此便不可能有相續，也不可能有果報。

白天出現的一切，在夢中並不會馬上出現。但如果我們白天時對某個美麗的對境一再有著深刻的印記，則它可能會於夢中生起。如果我們對那個美麗的對境連一剎那都無執著，那麼，它就不太可能於夢境中生起。是因為反覆的執著而造成對境的相續，以至於會在夢中出現那個對境。類似這樣，讓我們想想，如果能讓種子發芽的條件只持續一秒鐘，那麼它能長出幼苗的機會就很微小。若是這顆種子能被種在土裡，並充分獲得成長的機會，則它就大有可能會發芽並長出幼苗。對著種子只澆水一次，絕對不可能讓它長大。無論生起什麼念頭，如果能在當下就讓它度脫，就算是凡俗人等心中生起的煩惱情緒，都會因為那個立即度脫所造成的不同，而讓我們不受業力的影響。龍欽巴尊者於《法界寶藏論》中說到：

❷「諸苦猶如夢子死，妄執實有起憂惱，故于違緣會遇時，觀為虛妄佛子行。」嚴定法師中譯，並依堪布竹清嘉措仁波切注疏略修。

> 於無間斷的流續中生起、安住、度脫——
> 生起和消融之間並無分隔——
> 在不斷流續之中，因和果乃無二無別。
> 既然並沒有因果，則便跨越輪迴深淵，
> 而若已橫渡深淵，怎有可能再次墮入？
>
> 生起的第一剎那，念頭便自行鬆解（釋放），在此同時，業力或因果都沒機會也不可能發生。

我們既不將惡念判定爲罪並刻意捨棄，也不將善念判定爲德並培養修練。對於善念的執著或許是個善德的執著，但它會因此遮蔽了自然的圓滿。我們要在本覺的赤裸空性中解脫，不作任何的棄惡揚善，這便是關鍵的要點。

怙主敦珠仁波切於《空行心滴》的釋論中說到：

> 一般來說，有兩種出定行持的禪修者，一者是眞正的禪修者，一者是有名無實的禪修者。眞正的出定行持，只會允許出現無戲論的入定，以便其後這位禪修者能達到成佛的要點所在，也就是入定和出定兩者完全相同之處。

有名無實的出定行持禪修者在離座之後，對於身、語、意各種的凡俗活動並沒有隨生起即解脫的作用，因此其經驗是由對於實體感官場域的物質對境感知所組成。

有名無實的出定行持並不能對治將事物視爲具體爲實的理解，因此它也不能將我們從貪和欲等煩惱情緒中解脫。

這些日子以來，許多帶著修持傲慢的人宣稱，宗教修持並未能影響心智的生活，且禪修也無法轉變他們的心。巴珠仁波切於《椎擊三要》中說到：

只知禪修卻不作解脫，
豈非即是天人的無想？

僅僅安住在離於心意戲論的入定之中，這樣並不必然能帶我們進入有別於身、語、意各種凡俗活動的出定行持。如果我們無法讓無戲論的入定和出定這兩種修持相融，則不會獲得利益。

另一方面，如果我們能將同時生起和解脫的覺受，以及自行鬆解和解脫入於本覺的覺受等等，和我們對身、語、意種種苦樂加以結合，則將出現眞正的利益。若是不能結合兩者，我們的禪修將有如孩童嬉戲時的專注，完全受到執著的繫縛。於入定之時，粗重的苦樂都不會生起，但是當我們從奢摩他中起座，喜悅和痛苦就會如同往常一般的出現。當我們帶著塵土而緩緩坐在墊子上，起身的時候，塵土就會如雲朵飛揚。就像這樣，在孩童嬉戲時的那份專注之中，粗重的念頭暫時受到阻擋，看似有著快樂的覺受，但是，當我們從專注中起身，卻發現有更多的粗重念頭打擾我們。這就是爲何有人說，他們從禪修中沒有得到好處的原因。

在這個時代，對於甚深見地具有確信的出定行持禪修者，實爲罕見。由於如此，他們的禪修就如消磨時光，無法讓任何人從三界之中解脫。當重大、劇烈的痛苦或不幸暫時煩擾我們的心，病痛暫時煩擾我們的身，有時候我們的反應看來和一般人完全一樣。原因是，首先我們並未了證立斷（且卻）的大圓滿深見；其次，就算我們是在禪修，那也只是基於對本初清淨離於言說的智識了解，因此我們並沒有安住在赤裸本覺的本質之中；最後，由於我們對出定行持的自行生起和解脫作用缺乏信心，一切的努力便都毫無意義。生時、死時、中陰，在這些時期之中，只要我們受到強烈恐懼、病痛、悲傷的折磨而徬徨無助，就要憶念起這個教言，此即爲要點所在。

3·6 對於大圓滿法超越因和果的明確主張

在出定行持的階段中，如果能隨時隨地、任何情況都確認隨生起即度脫的關鍵作用，則無論我們的身、語、意做了什麼活動，由於都不超出法身戲現、本覺自然妙力的範疇，便不會積累業力。就如持明極喜金剛所言：「大圓滿法超越因果法則。」若是有人對這句話感到懷疑，就來思量以下的兩個層面。首先，在實際修持離於分別戲論的入定之時，由於我們連一絲一毫的業力關係都不會看見，因此我們可以肯定的說，於實相的自然狀態中，因果法則並不存在。而且，在那個狀態中，也無法安立任何的認出、作者和所作。

當蔣貝．賢彥（即妙吉祥友或稱文殊友）聽到持明極喜金剛正在開示超越業力法則的法教時，他受到別人恭維而前去挑戰，想要在辯論中打敗對方。這兩位整整辯論了好幾年，最後，蔣貝．賢彥承認自己輸了，並後悔他對極喜金剛的駁斥。深惡痛絕之餘，他打算割掉舌頭來彌補過失，卻受到極喜金剛的阻止，並建議他反而應該要好好學習並教導這超越業力因果的教誡，且預示他如此一來將可清淨所有的惡業。蔣貝．賢彥因此對極喜金剛生起了極大的虔敬，最後還請求他收為入門弟子，兩人就此成為了師徒。

這裡的重點是，在修持大圓滿法之時，承其之力，便沒有因果關係，因為大圓滿乃超越因果法則。此外，若能保任見地，這是自然出定行持的其中一部分，則也見不到業因和業果。在初始生起隨即度脫的剎那之中，因和果是不可分離的，因此也不會有業力法則的感知。龍欽巴尊者於《法界寶藏論》中說到：

若檢視自心本性，無有任何存在可言；
類似這樣，以實相爲道，與實相合一，
唯於不作想像也不起概念之剎那見中了知實相，
整個就於此安住，我們便是徹底、明晰的赤裸。

此一超絕之界並沒有任何的基礎或支持，
卻能由於煩惱、業力、習氣，
而生起幻妙非實的幻相遊戲，
既然我們需要解脫，就讓因果於此化解。

不管我們是在離於分別戲論的入定，還是隨時確保一切生起都自行度脫的出定行持，既然是超越所有因果的判斷，便不會有因果關係的出現。這是要思量的第一個層面。

第二個層面則是，唯有處於本覺的狀態之中，大圓滿才會超越業力因果。當本覺並未安住在自然狀態，或於凡俗的出定行持中游移不定，則業力因果仍然無可避免且必須小心。以下的章節，就要來討論這一點。

3.7 只要分別念想還在，就要小心業力和果報

如果有人要問，修持大圓滿法的瑜伽士和瑜伽女，是否應該在所有情況下都遵循業力法則，直接了當的答案就是：「當然！」當我們離開了基本覺性或入定的狀態，並進入所謂出定行持之時，就應該要遵循無可欺瞞的業力法則而不予駁斥。即使是在約定俗成的層面，我們都絕對不可詆毀因果關係。而在了義的層次，因果關係並不被視爲眞實存在的歷程；它完美超越了恆常和無常這兩個邊見，而成爲統御一切漸次道法門的至高之王。

龍欽巴尊者於《法界寶藏論》中說到：

妙力將戲現投映於另一個次元，
其於彼看似爲宇宙的多種樣貌。
絕不明確斷言彼處沒有因和果。
依緣所生的錯綜複雜情況無可計數；
輪迴迷妄和涅槃喜悅的狀態亦無可計數；
大量的因和緣構成壯觀的同步巧合事件。

當禪修與眞正的出定行持之中有了間隔，我們便進入所謂「有名無實的出定行持」。由於分別念想會忽隱忽現，且看似有著具體表徵，我們就更要考慮越來越細微的業力因果。在鄔金．林巴取藏的《蓮花遺教》中，蓮花生大士說到：

我的見地比天還高；
我對業力比粉還細。

這裡的意思是，每一個小小的行爲，都是由前一個行爲所決定，因此，每一個當下的行爲，都有著各自未來的果報。

此外，如同在〔薩迦．桑波〕《博達納大白塔軼聞》中所說的，《蓮花遺教》裡也講到，蓮花生大士於某一個前世中，曾與赤松德貞王和寂護大師成爲三兄弟，他們在尼泊爾的加德滿都山谷，共同建造了這一座博達納大白塔。就在完工之際，他們在塔前一起祈願，而由於各自的祈願力量，老大投生爲蓮花生大士，老二成爲赤松德貞王，老三則是寂護菩薩。當他們三人在西藏會合時，佛法便於這塊羅剎之地發揚光大。這完全是來自他們因建造大塔和發下大願所累積的福德所致。

有一次，佛陀感到頭疼而弟子詢問緣由，釋迦牟尼佛便告訴他們，往昔，他曾是釋迦王國的一位漁夫之子。一日，父親抓到了兩隻大魚並將魚線綁在柱子上，任由牠們在熱沙上掙扎翻滾，他卻因牠們的痛苦而大笑。「就算我現在已經證悟了，卻仍要因爲那次大笑的殘業而頭痛發作。」佛陀說到：「更進一步地說，如果我現在還沒有證悟，此時此刻，離車族人就會來掠奪釋迦王國了。」這就是業力的因果法則。除非有情眾生的念頭已然滅止，否則，業力的因果法則將是影響一切的主因。龍欽巴尊者於《如意寶藏論》中說到：

由心建構習氣，
由心積累業力，
由心投射顯相，
由心加上標籤。
當戳力降伏此迷妄心。

已然進入大圓滿自然狀態的人，本身不會受到業力的影響，因此能解說凡俗世間、弟子和凡俗人等的特定業力。他們可針對業力果報的不可免除來作指導，也能以智慧來描述道、次第和因、果。

當我們的導師佛陀於初轉法輪之時，所教的便是業力因果，他以四聖諦的陳述來給予不了義的指導。有些人可能認爲，不了義的教導甚至在世俗的層次上並不眞實，佛陀其實是在欺騙弟子，不過，這種剛愎自用的想法乃是大錯特錯。除非心意概念和心意活動能消失於虛空中或大圓滿的自然狀態中，否則，心仍未竭盡；除非心已竭盡，依心而起的五毒煩惱便無可避免地必然生起。這個世界的有情眾生會一再生起，就如陶匠的拉坯轉軸上一再飛出泥渣，而善的業報就帶來善趣的投生，如天、阿修羅、人；惡的業報就帶來惡趣的投生，如地獄、餓鬼、畜生，這些都是在輪迴之中。因此，只要心還在，我們就會受縛於輪迴，而業力的法則在此是確立的。只要眾生還在，就必定是由某些原因使他們投生，而他們目前的所做所爲也會產生果報。寂護大師在《中觀莊嚴論》說到：

依於前、前某某因，
以及後、後某某因，
果報就此而生起。

目前，我們需要讓自己修持大圓滿的入定和出定，並把心的所有分別戲論都予以消融。於後的某一天，那個執取一切幻相的心將會全然竭盡，而當本初覺智以光的樣貌出現時，便不再有因果的涉入，好比天空不會因爲我們丟擲有色的粉末而受到影響那般。由於全然不再對物質對境有貪求和瞋恨，也就不會對因果關係或輪迴、涅槃有執著，因此我們於相對道德法則的不可免除而生起強烈的信任，並能對他人以智慧來說明之。

當代的一些大圓滿上師，由於其自身並未區分入定和出定，所以肯定地斷言在大圓滿法中不會有業力因果的作用，並且說這就是大圓滿法的殊勝所在。這不僅是一種自我迷妄，還因此摧毀了他人的信心種子。對於這些可能引導我們走入歧途的人，要加以注意。於此，且容我重述龍欽巴尊者於《法界寶藏論》中所說的這段名言：

> 妙力將戲現投映於另一個次元，
> 其於彼看似爲宇宙的多種樣貌。
> 絕不明確斷言彼處沒有因和果。

阿底峽尊者曾說：

> 直至念頭竭盡，業力方無。
> 對於業力成熟，你可擔保！

除非念頭竭盡，除非我們能離於一切心意的和感官的戲論，只要還有二元分別的感知，就會有業。從業而來，有情眾生和各自所投射的世間環境，就因此安立；而六道之中無論高低的各種痛苦，便將無可避免的全然承受。這是必然的。除非那二元執取的心，能藉由大圓滿的無修而迅速竭盡，或透過性相乘的顯道而極緩竭盡，簡言之，除非這個心能離於概念分別，否則，業力因果的難抗報應，還會是個令人憎惡的風險。

龍欽巴尊者於《法界寶藏論》中說到：

我們一旦動搖，便喪失那根本虛空，
運作的智識心，將成爲輪迴的本身，
涉入因果相續，解脫因而受到阻礙，
錯亂眾生，便無可避免而更墮惡趣。
另一方面，於大圓滿的無上祕密中，
我們絕對不會偏離自生的虛空之界，
其妙力的顯現自然回返而入於本源：
此見地意味要在不變的平等中休息。

只要本覺安住於法身之中，我們便不會受到業力因果的影響，因爲在那虛空之中，並無讓分別念想活動的機會。然而，當我們從本覺中游移而去，分別念想的作用，也就是隨機推測的分別概念，就會把我們綑綁在輪迴之中，而在那二元分別的狀態中，輪迴和涅槃、因和果則被安立，我們便無法超越之。既無法超越因果，又攀執事物爲實，因此我們陷於輪迴，如此錯解之後，便相應墮入於惡趣而投生受苦。由此之故，修持大圓滿法無上祕密的瑜伽士和瑜伽女，絕不與離於分別戲論的虛空分開。管它生起的念頭是善是惡，只要一顯現，就讓它在法身的本初解脫基中寬坦安住，不予拒斥也不予納受。這就是安住於實相莊嚴平等中的如如不動之心。既然不受業力因果的影響，便不受業力果報的傷害，無論生起哪些概念、如何生起，都會在法身界中全數度脫。

唯有具此了知的這類大圓滿瑜伽士和瑜伽女，方能誇言自己已然不受業力所制。就像患有疾病的時候，我們需要醫生治療；遇到敵人來襲的時候，我們需要奮起戰鬥；遭到重大損傷的時候，我們承受劇烈痛苦。只要我們還受制於各種情境，就絕不該說沒有業力因果，即使連想都不要這麼想，因爲我們自身都還逃不開它們的掌控。月稱菩薩於《入中論》中說到：「**業力因果，乃是必然！**」只要一個對於業力因果是否有效的錯誤念頭，就會帶來無止無盡的惡業。因此，我們務必相信業力的約定法則，正確依循取善拒惡的道理。

3.8 成就不變自利本覺的佐證，是於世間八法皆以平等捨看待

扼要的說，雖然我們難以評估自己的心，但仍然不可讓這個心保持神祕。此外，我們也無法判斷修持的價值。若是我們能隨時安住於本覺之中，或生起眞正的空性和大悲，則可證明我們對於世間八法的四個所好不再希求，而對於世間八法的四個所惡也不再恐懼。❸世間八法的四個所好爲：喜獲盈利、感官愉悅、享有美譽、受人稱讚。世間八法的四個所惡爲：因失利而貧困衰敗、因病痛和強盜而痛苦受奪、因他人毀謗而遭到惡名，以及因自己過失而於公眾之中受到譏責，或是一般的大眾批評。

3.9 成就不變利他本覺的佐證，是任運大悲和對業果法則的依止

由於六道眾生尙未了解本覺的自性，內在因分別念想爲因、外在因五根欲樂爲緣，故而自無始以來便對「我」和「我所」加以攀執，並在此惡夢中受苦。對於這樣的眾生，我們生起大悲。每一位眾生，過去都曾經是慈愛照顧我們的父母，他們都想要快樂，但卻找不到獲得快樂的原因；他們也全心想要避免痛苦，但卻總是爲自己製造痛苦而受其折磨；他們就像是一群盲人被丟棄在荒野之中且無人引導。對如此眾生的大悲是自然生起的反應，就像媽媽聽到嬰兒的哭聲時會如被裸露的電線電到一般，立即回應。已然了證空性的瑜伽士和瑜伽女，對於錯亂的眾生會自然從心底深處生起大悲。

局·米滂仁波切在《入行論智慧品釋·澄清寶珠》中是這麼說的：

已然了證空性的人，於心相續中，在面對世間八法時，會勤作內省而平等捨之，而對他人的任運悲心，則會同時生起。

寂護大師在《中觀莊嚴論》中則說到：

於諸未具了知眾，
無盡大悲則生起。

那些已然證得無有瑕染見地的人，對於業力因果的信心，會比先前更加無量增長。爲我們顯示心之自然圓滿的上師，被視爲佛的親現。對那些還未了知自心本性的眾生，大悲之心將自然生起，無有造作且非爲矯飾，並隨著每一個感知而一同生起。

❸世間八法分別為：利、衰、苦、樂、稱、譏、毀、譽。

再者，我們還會顯現過去甚至都不知道自己所擁有的功德。我們的理路更加清晰，世間的神通和展現神蹟的能力等等，在我們不加察覺的時候猶如逐漸盈滿的月亮一般悄悄增長。到了此時，不再需要任何人來爲我們確認自己的見地是否爲眞，自己就能非常確定了。我們過去在涅槃道上所可能出現的自大與傲慢，皆已不再。從那時開始，身、語、意的一切所行，都自然是正確的。對於任何事物都不再出現一絲一毫的貪愛或瞋恨，就算忽然生起了某些粗重的貪瞋念頭，也立即會和光明心（菩提心）相融爲一，猶如波浪回返大海之中。所有的念頭，都消融在法身之中。

還記得薩拉哈尊者的道歌，是這麼唱的：

究竟的財富爲知足；
最終的快樂爲無貪。

如果我們對目前所擁有的財富和名望並不知足，則內心的不滿將毫無限度地上揚。就算眼前有堆積如山的食物，還是感到飢餓；就算整個湖水都屬於我們，依然覺得口渴。從歷史上可以得知，有些統治者會用一輩子的時間來擴展領土和權勢，例如阿道夫．希特勒，但他們仍舊不覺滿足。

只要我們對美好事物產生貪愛，便會直接或間接的受苦。打從一開始，貪愛和瞋恨就是痛苦的來源。除非貪愛和瞋恨能夠得到釋放，否則就會有痛苦；同樣的，除非能鬆開手上的火，否則我們的手就會被燙傷。痛苦來自我們對自身的珠寶、金錢，當然還有愛子的執著。釋迦牟尼佛捨棄了一切，包括王國、臣民、妻子和兒子等等，並出離了世間。這是一則告訴我們需要捨棄貪愛和瞋恨的實際例子，畢竟釋迦牟尼佛並非沒有重大緣由而來出離這些。類似的例子還有阿底峽尊者。他曾是孟加拉的一個王子，同樣捨棄了一切愉悅並出離了凡俗世間。

簡言之，我們身、語、意的一切所行，都應該要離於執著，這是很重要的。即使我們看來並不執著的活動，都有可能忽然生起快樂或痛苦，此時，就在那個感知當中寬坦安住，讓心回返自己所在之處，就像大浪再度融入大海。

無論生起了哪些快樂或悲傷的好壞念頭，所有都是妙力。在根本的層面上，妙力就是本覺，以及自行生起和自行度脫的眞正特性。我們需要在念頭無先前也無後續的那個狀態中，修持生起和解脫。當我們習慣於此之後，便不必再刻意認眞的捨棄惡念或培養善念。如果我們了證各種生起的念頭都在生起的當下得以度脫，我們就會知道這些念頭都能滋養那赤裸空性的本覺，也就是法身的妙力。儘管沒有所緣的禪修對境，也刹那都不起散漫，這時，雖然並無禪修，仍稱爲「禪修的修持者」。我們只是在念頭起落的當下看著念頭的本質，也沒做些什麼，但是，再也沒有比這個更好的方式或更容易的禪修了。

類似這樣，就算瑜伽士和瑜伽女心中生起煩惱情緒的方式和一般眾生是相似的，但是對這些大圓滿瑜伽士來說，解脫的方式則是獨特的。不過，在此就無需強調它的無上殊勝了。

3·10 下乘法門的修行者受縛於勤作的費力

經部和續部所教導的一切，包括離於分別戲論的空性、生起次第、圓滿次第、有相圓滿次第、氣脈瑜伽等等，都不出於滅除、修正、轉化念頭的範疇。當我們實際來看這些較爲下乘法門的禪修者時，發現他們都會區分對治法和應當拒斥的對象，然而從大圓滿無勤作的角度來看，他們則全都受到細微努力的病擾。

這些下乘法門的道次第無論有多深奧，在禪修見地的正行中，雖然送走一些念頭但卻因此迎接更多新的念頭，或者不過是交換了一批不同的念頭罷了。這些，全都還在對於念頭的細微二元攀執之內，並未超越之。龍欽巴尊者於《毗瑪心滴》中，引用持明極喜金剛的話，說到：「**以智識來控制原本應該打開見地的禪修，多令人疲憊啊！**」唯有當我們的念頭能在生起的當下立即自然鬆解，就如水中作畫那般，此時，出定行持本身才有可能成爲對治我們於分別念想之最細微習性的方式。以目前時期的修持來說，於出定中隨時保持念頭生起隨即自行鬆解，這種融合修道的行止，也就是入定和出定的合爲一體，便是成佛的條件。

3·11 行止具有三解脫法的特色

大圓滿的自然實修，要以長時間來維持。當初學的瑜伽士認出了第一個生起的念頭時，會像是遇到好久不見的老朋友一般。僅僅是一個念頭的生起，無論苦樂或好壞，就能引發行者認出這個念頭就是本覺的妙力，是個主觀的幻相，而且於生起即予度脫。到了修行的中期，禪修稍稍有些進步，念頭則會如盤蛇鬆解那般自行釋放。無論心中生起的是快樂或痛苦，都能在本覺之界中同步鬆解，而不會隨喜悅而生起希望，或隨悲傷而生起恐懼。最後，當禪修已然完成，念頭的生起既不帶來利益、也不造成損傷，好比小偷進入了空屋，其所生起的任何負面情境，也不再能干擾或影響我們，我們的作爲就像是盯著牆上畫作的小孩一般。

讓我們來看看瑟瓦·貢千的故事，他是玉括·洽扎·秋英·壤卓的親近弟子，一生都閉關修持大圓滿法。他有五個兄弟，每個都很富有，也是當地的名人。整個家族，包括妻子和小孩在內，共有二十五人。由於這個家族極具權勢又經常濫用，因此受到當地人們的嫉妒和厭惡，一日，眾人祕密集會並決定要殺光整個家族，而且不准留下任何活口，否則大家都會不高興。於是，到了某天晚上，當整個家族於屋裡聚會時，人們便在外頭放火，還拿槍等在火光周圍，準備獵殺任何逃走的人。就這樣，一家族的人全都死光了。隔天，這個家族的一位親戚來到山裡見到瑟瓦·貢千，告訴他昨晚所發生的事情，一邊說著一邊哭泣。瑟瓦·貢千清晰的發出了一個種子字「阿」的聲音，接著又假裝沒有完全聽到整個故事，便請這位親戚再說一次。當他重覆聽完了故事之後，說到：「現在，白蟻窩已清除了！」整個人全然寬坦，毫無一絲悲痛或憤怒，從此也沒再提過這件事情。大圓滿的瑜伽士就是這樣的一種人。

如果是我等這些平凡人，有能力的就會以身體和敵人對打，沒辦法的就會上法庭進行訴訟。要是不能公開爭鬥，就訴諸於巫術儀式或求助於天人龍族，為的就是要傷害敵人。如此一來，當不幸的事情發生，我們就忘了大圓滿見地的安住要點，至於修持的教誡，則連一個字都想不起來。這就是因為我們尚未對見地或保任禪修建立信心。唯有等到我們能讓身、語、意的慣常作為都成為溫和的行儀，才能在發生大大小小的個人災禍時，不因劇烈之痛或難忍之苦而倍受折磨。過往有許多大師的故事，都示現了如何在面對原本難忍之苦時，保持漠然的態度。

當我們成為不再分辨好、壞或輪、涅的瑜伽士時，就能從希求和恐懼的深淵中解脫。到了這個階段，隨時都能將所有的業力因果在本初清淨的基本空界中化解，此時若說是沒有業力因果，便無謬誤。但是，當我們還陷入希求和恐懼的網中時，如果還吹噓說自己是個大圓滿瑜伽士，放肆對待我們所處的狀態，到處宣說沒有業力因果，任憑直覺和衝動行事，隨身、語、意所好而為，那麼，依於不可免除的因緣力量，我們將會投生在無窮無盡的惡趣中而多世多劫受苦。

3·12 經、續的觀點都同意要拒斥粗重的煩惱

簡言之，經部和續部之中，都說要斷棄粗重的煩惱。佛陀於《毗奈耶》中開示：

> 若有法教成為貪愛之因，無論直接或間接，或有法教非為離貪之因，則皆非佛法、非戒律，其導師亦非我。我所教導者，能讓人離貪並離於貪愛之因，而此方為戒律。

無論是經部或續部，不管文字如何描述，都應該是對治貪、瞋、癡的法門，如果並非對治煩惱的法教，則無論多麼高深都是假的。在經部和續部之中，都有許多不同的善巧方便或深奧方法，皆可用來對付煩惱情緒。若是沒有這些法門，則沒有必要區分是經部還是續部。關於斷捨煩惱的方法，龍欽巴尊者在《禪定休息》中是這麼說的：

> 扼要而言，藉由個人誓言而拒斥煩惱，於菩提心中清淨煩惱，以續部為道：以斷捨煩惱的目標來說，這三者是一體的，就好像若要避免因吃毒而死，則應同時避免吞下毒素，避免將毒素視為藥物，並且以咒語讓其轉變性質。

故而，瑜伽士和瑜伽女無論以身體或語言進行什麼作為，都不會允許自己的煩惱變得過度粗

重。避開之、使之失效、使之變質，這三個是針對粗重煩惱的自動對治。這種修持，稱爲瑜伽士的行止。若是我們無法超越貪、瞋、癡，則無論我們使用什麼方法，都還是會帶著凡俗的粗重煩惱，並積累輪迴的業力，而讓痛苦如流水般跟隨我們。因此，不要吹噓說自己擁有崇高的行止和深奧的見地，而應依循《毗奈耶》所教導的：

要相信業力和業熟，並如保護眼球一般的持守戒律。否則，將於惡趣中遭火所燒。

只要我們對輪迴或涅槃的覺受有任何執著，則必然會痛苦隨行；當我們對這些覺受不再貪著，則其成果便是獲得快樂。不僅具有禪修深觀的人是這麼說的，就連我們一般的經驗也是如此確立這個道理。巴珠仁波切於自己的《零墨雜文》中說到：

於有攀執處，便要斷捨，
因執著，乃是惡魔之作；
要相信，執著之境爲幻相，
萬法皆爲遊戲——薈輪之供！

我們的執著是針對善好事物或惡壞事物而生，這並不重要，問題乃在於那個執著，它才是痛苦的來源。唯有當我們對財富、名望、青春色身沒有任何貪欲或執著時，才有可能暫時感到全然的快樂。如此，便不會積累惡業，並且由於認出一切事物皆爲本覺的妙力，而能將一切感官欲樂視爲普賢王佛母大樂之本初無生界的遊戲。我們以這樣的方式，在本初覺智的薈供盛宴中修持恆常喜悅的瑜伽。

對於恆常喜悅瑜伽有著信心的瑜伽士和瑜伽女，以他們來說，身、語、意的每一個作爲都是於薈供中所作的供養，並不需要額外努力以累積福德或開展見、修、行、果。就如吉美·林巴在《遍知車乘》中所說的：

> 念頭於本覺中解脫，見、修、行、果的造作全然粉碎，固定的儀式和每日的虔敬修持不再成爲負擔，離於種種的分別戲論，從未和菩提心有所分別，實相乃是涵攝一切。

儘管初學者要達到這種不執於見、修、行的修持有其困難，但保有將一切生起：所有身、語、意的無執之行，都解脫入法身界中的作爲，是很重要的。這被稱爲「殊勝行」。

顯然，我們對世間八法的執著應當要斷棄，不過，對於別解脫戒、菩薩戒、續部三昧耶誓戒的執著，也應該要拋開。後面這三者，對於一般人來說是不應捨離的，因爲那是好的執著；但是，既然所有的執著都會阻礙成佛，對大圓滿瑜伽士來說，就連這種崇高的執著，也應該丟掉。

輪迴的不淨覺受，也就是那些不存在的如幻顯相被認爲具有實體存在的經驗，以及涅槃的無染寂靜：這兩者互相依存，因此，只以心智指稱的經驗而存在，此外無他。「父親」一詞的意義是由兒子所給，「兒子」一詞，則是由「父親」來證明。同樣的，在心智當中，「對於涅槃覺受的崇高執著」和「對於輪迴覺受的低劣執著」這兩者是相互依存的。當念頭自然安住於沒有任何分別戲論的本覺之界中，則會如薄霧融入天空一般的消失。在那之中，對於輪迴和涅槃的概念，也在本然、眞正、自生的覺性中褪去，則輪迴和涅槃的二元分別便因而化解。

3·13 將六波羅蜜多融入行止之中

巴珠仁波切於《椎擊三要》中說到：「菩薩所做之行要對社會有益」；依此，對如幻顯相修持生起即解脫此出定行持的大圓滿瑜伽士，會以六波羅蜜多（六度）之道來磨練自己，但仍保有無所執著的宗旨。菩薩行是爲了磨練，而大圓滿的見地則是根本而必要的主軸。

接著，由於對任何內外事物都不加以具體化，因此其布施波羅蜜多的相續不會間斷。由於對世間種種欲樂都沒有渴求嚮往，便不會留下任何惡念的染污，因此其持戒波羅蜜多的相續不會間斷。由於對「汝渣」的自我主張不再喜好，便不會有瞋恨，因此其忍辱波羅蜜多的相續不會間斷。由於在法身本覺的實相中，心便自然具足外放的能量，因此其精進波羅蜜多的相續不會間斷。由於不會在希求和恐懼此二元極端之間擺盪，因此其禪定波羅蜜多的相續不會間斷。由於在輪迴與涅槃融合之境中沒有參考所緣，因此其般若波羅蜜多的相續不會間斷。

以不執著的心態向淨土佛國獻上供養，如此所帶來的利益，可用以下的故事來作說明。過去，在瓦拉納西王國，有一位媽媽生了個女嬰，並將小孩用白布妥善包裹。女嬰長大之後，成為一位非常漂亮的女孩，許多的國王、大臣和有錢人家都希望這女孩能和自己的兒子結婚。女孩並不想要成家，因此拒絕了所有的提親，反而前去求見釋迦牟尼佛，懇請佛陀將她剃度，於是她成為了出家人。就在她剃度之後沒有多久，她便成就了阿羅漢的果位。阿難尊者詢問釋迦牟尼佛，何以她能迅速成就，佛陀便說了這一段故事：

往昔於索嘉佛❹出世的劫中，有一對非常貧窮的夫妻。每日，當佛陀講法的時候，國王、權貴、有錢人家，都會向佛陀獻上廣大的供養並聽聞他的法教，然而，這對窮夫妻連個小東西都沒得供養。他們唯一的財產就是一塊布，白天拿來當衣服穿，晚上拿來當棉被蓋，而白天留在家中的那一位，就拿草遮蔽裸身而坐著。一日，一群行旅僧人經過村子，談到了以慷慨之心供養佛陀的

❹藏文原文「སོ་སོར་སྐྱབས་」，佛號的直接意譯為「別護」；或說「福德與皈依」。

極大利益，而那位妻子剛好聽到。她受到啓發而淚流滿面的詢問其中一位僧人，她的境遇是如此悲慘，要如何供養佛陀？這位僧人答到：「請依自己的能力供養佛陀。佛陀對於供養的物品，並不作任何批判。福德的累積，乃在於供養的心意。」這位婦人想到：「或許我這輩子還是會貧窮，但只要我現在能累積福德，下輩子就不必這麼窮了。」她決定要盡己所能的進行供養，於是便請僧人們稍待一下，前去找自己的丈夫商量，告訴他布施的利益並鼓勵他也做供養。丈夫提醒妻子，他什麼遮蔽物都沒有，而他倆也只剩下那一片布。最後，他們都同意要將那塊布供養佛陀，就將布交給了僧人。到了當天傍晚，聚集的大眾將所有的供養都放在佛陀前面，黃金、白銀、珍珠、錦緞，應有盡有，而這群僧人則帶回那塊又髒又破、滿是虱子和蟲卵的布當作供養。佛陀請僧人將那塊布拿來給他，並喜悅的將它放在腳下。國王問佛陀這究竟是怎麼回事？佛陀回答：「在今日所有的布施當中，那對窮困夫妻所供養的這塊布是最棒的。他們以清淨的信心，毫無執著也不顧聲名地做此供養。由於今日的供養，他們將於未來的八十個生世都會投生在富有的家庭中，並從誕生的那一刻開始，便有白布作爲包衣。到了第八十個生世的末了，他們將聽聞到釋迦牟尼佛的教導，並因此證得阿羅漢果位。」國王和皇后聽了之後都非常感動，並給予那對夫妻每人一套衣裝和許多食物，他們因此在那一輩子中就成爲有錢人家。

這對夫妻之所以能累積極大利益的善根，乃是因爲他們對供養的東西沒有任何執著，也根本沒有期望要得到報酬，特別是在聲望方面。這個布施是清淨的，並在這輩子就看見一些結果。此外，他們因這次布施的福德，最終證得阿羅漢果位，其原因乃在於他們毫無對個人利益的自私想法，於布施的行爲也絕對沒有執著，而且也不將所布施的物品執著爲物質的東西。

布施、持戒、忍辱、精進、禪定、智慧（般若）這六波羅蜜多的福德，便是成就無上正等正覺的無誤善根，因此我們要加以修持。

3·14 對於財富的沉溺將導致痛苦

以前，在印度的舍衛國中，有一位窮人名叫「涅巴」。他需求極少，因此對自己的狀態感到滿意。有一天，由於天神的恩慈，他找到一塊珍貴的石頭。他一開始的想法，是要將這塊石頭送給村子裡最貧窮的人，於是他挨家挨戶的尋找這樣的人選，最後，他在瑟加的皇宮中找到了國王，因爲和他貪得無厭的欲望相比，國王就是最貧窮的人。涅巴將石頭給了國王，並告訴他，他是最貧窮的人。可是，國王對此很不開心，告訴涅巴說，整個王國中，沒有誰比他更有權勢、財富、名望，因此，這個石頭應該要送給別人才對。涅巴繼續堅持，認爲這個王國中，沒有誰所擁有的和他所需求的相較起來是那麼的少，因此將寶石送給國王才是合理的。

涅巴和國王來到了佛陀面前，請求佛陀針對這個問題給予開示。瑟加王描述了整個事情的經過，以及他對涅巴所說的話。佛陀對國王則說了和涅巴完全相同的事情。究竟的貧窮，就是貪得無饜的欲望，而國王的貪婪如此難以滿足，就決定了他該得到這個寶石。正如佛陀所教導的，少欲知足，欲望越少、越能知足：這是此生和來世的關鍵要點。

讓我們來想想有錢人家吧！大多的富人在累積財富的過程中，身心都受了極大的艱苦，同時也大多沒顧及自己的健康。因此，他們的享樂便受到疾病的影響，不是高血壓，就是肝生病。當他們聽到醫生說，由於肝臟受到損傷，時日無多，那時才了解到，他們必須拋下財富而離開人世，這使得他們痛苦難堪。然而，事情就是這樣。我們或許能夠變得有錢，但是，且看看所要承擔的痛苦吧！因爲我們日日夜夜都只想到增加並保護財富，以至於可能沒有藥物便不得眠，這樣還有什麼快樂或利益可言？比起財富的擁有，健康的身心所帶來的快樂眞是大多了。實際上，想要獲得權勢和財富就是爲了能有健康的身心，但是當追求財富和名望的疾病和壓力插手時，其目的便已喪失。那麼，既然爾後必須用金錢來治療病痛，並恢復在累積財富期間所喪失的心靈平靜，這樣的財富，又何必要累積呢？

3·15 無論地位高低，每個人都受到貪執所奴役

因爲受到執著的奴役而失去自由，這是人性。反之，若能不起執著，便獲得自由，而這是眞正

的自由。我們不需要像現在的人們那樣，走上街頭爲改變政治而抗爭，或是告上法庭爲人權而爭訟。重要的是實際放下執著。

一般來說，人們會對這三種事情產生貪愛：金錢、聲譽、男女關係，只要看看我們如何成爲這些執著的奴隸就知道了。首先，爲了賺錢，我們努力工作，早也做、晚也做，生活中充滿了壓力和焦慮。讓我們來想想，紐約這類大城市的人們是如何過生活的。車水馬龍的速度和噪音令人不知所措。當我們仔細檢視這樣的生活形態，就會發現，若要買一棟頭期款六、七十萬美金的房子，就意味著在接下來的三十年中，每個月至少要付五千元美金的房款。若要買大車，頭期款付完了之後，三年內，每個月則要付五百元美金。如果有哪個月沒付款，車子就會被車廠沒收。所以，人們必須努力賺取大量金錢，一點兒也無法休息，而這就讓他們夜間失眠且假日泡湯。外表看似如此的華美，內在生活卻充滿無盡的焦慮！除了沒時間睡覺以外，連好好品嚐一口食物的閒暇都沒有！工廠和商場都是這樣，外表看來都和實際上大相徑庭。

此外，雖然一家人可能是在同一個屋簷下的同一張桌子上吃飯，卻不是同時間吃飯。男主人吃了什麼、何時吃飯，女主人可能都不知道。孩子們放學與回家的時間，和父母親下班與到家的時間，都不一樣。孩子們尚未上學的時候，父母親可能已經離家了。等到父母親深夜回到家中，孩子們早就睡著了。儘管是在同一個屋簷下生活，卻只能一星期見面一次。這全都是爲了賺錢，是錢，讓家人之間如此經常產生嫌隙。生意人和領薪水的人，都是金錢的奴隸。而資本主義，基本上就是金錢奴役！

其次，因爲執著於名望，我們受其左右，吃不下也睡不好。當生活不如預期的時候，有些人會走上自殺之路，我們看到很多這樣的例子。有些人爲了冒險而攀爬進入飛彈，並因此死亡；有些人爲了聲譽而試圖爬上高山，並因此死亡；有些人則爲了冒險而潛入深海，並因此死亡。如果有人在世的時候頗有名氣，死後名字還清楚地刻印在高高的杜子上，當然會受到人們的注意，至少是幾年之中，這絕對沒問題。然而，十年或更久之後，這位仁兄將被遺忘，那根柱子也將被忽略。而他刻在柱子上的名字，則因爬滿了苔蘚和雜草而被遮蔽。就算是國家英雄和英雌的雕像，不僅長年無人理睬，而且到處都是鳥屎。這些事情我們都看在眼裡。我們的英雄和英雌，僅僅數年就失去聲譽，接著便逐漸被人淡忘。將此珍貴人身浪費在追求名望，簡直就是拿它來當聲譽的奴隸，簡直毫無意義。此外，想想離婚對聲譽的影響，或是墮胎必須保密免得損害聲譽。這些全都毫無意義。寂天菩薩這位詩人在他的《入菩薩行論》中說到：

花費金錢只爲了飽享貪欲，
冒著生命危險只爲了名望，
這樣的作爲有何用處？
誰能在死時因此得利？❺

第三，從歷史上，我們都能看到執著伴侶所帶來的災難。印度蒙兀兒王朝的國王沙賈汗，因爲寵后慕塔茲·瑪哈的去世而瘋狂悲痛，因此建立了泰姬瑪哈陵。其實，就連幾位大上師，也因這類的執著而苦。例如撰寫《羅摩衍那》的仙人毘雅薩，便深深執著於一位瓦拉那西的女子，她的名字是卡西·寇利蒂。寇利蒂的美貌，在當時傳遍全國，因此吸引了許多男子。毘雅薩受到美色的誘惑而和她發生關係。有一天，寇利蒂的國家遭到敵國攻打，國王爲了防禦，下令全國的年輕人，要在一日之內各自挖出大約十呎之深的地洞，而且如果自己不做，就要找個替身來做，否則得付不少的罰款。寇利蒂付不起那一筆罰金，因此想要找人幫她挖洞，可是卻遍尋不著，這使得她非常生氣。仙人毘雅薩知道了她的狀況，便請她帶著鏟子和鐵鍬來找他，表示他會爲她挖洞。由於這個工作得在日落之前完成，但是這位仙人年事已高，所以看來不太可能會在期限之內做好，因此他就讓太陽高升不落，以便繼續工作。等到該是日落的時刻，國王和人民卻看到太陽依然懸掛空中，另一位仙人看到了這幅景象，猜想應該是毘雅薩爲了完工而阻止日落，因此國王和大臣與所有人們都來到仙人毘雅薩挖洞的地方，國王還向他禮敬，並要求他停工。然而，國王的到來卻讓毘雅薩感到羞赧，反而不理會國王。國王受到冷落回絕，就想辦法查出這位仙人究竟是爲誰工作，於是他找到了寇利

❺原書第六品「安忍」：「若僅為虛名，失財復喪命，譽詞何所為，死時誰得樂？」如石法師譯。

蒂，要她解除毘雅薩的工作。寇利蒂連續派了三位信差前去，每個都要他停止挖洞，毘雅薩卻依然不聽，因此她只好親自前往。到了毘雅薩那裡，她隨即朝毘雅薩的頭上踢去，還罵他為何不理會那些信差。毘雅薩對於她的親自前來感到開心，立刻停止挖洞，並讓太陽落下。我們從這個故事所學到的教訓就是：執著淫欲就變成淫欲的奴隸。看看那位大仙人毘雅薩，是怎麼成爲交際花寇利蒂的卑賤僕人，就知道了！

正如大成就者薩拉哈尊者的道歌所唱：「於任何所執之處，都要放下！」如果我們想要獲得永久的快樂且離於痛苦，就必須滅除執著，如此才能爲今生和來世帶來利益；若是無法避免執著，一直尋求外來的快樂，還希望同時擁有恆常的快樂，這就像是內臟生了病，卻拿皮膚藥來治。

要知道，大圓滿的見地能滅除執著的煩惱和其他的煩惱，而這些都是痛苦的來源。如果我們目前尚無法運用大圓滿的法教，則至少應該要依循大乘和金剛乘法門所教的知足常樂之道，以便最終能來實修大圓滿法教。就算我們這一生所能修持的只是修持四思量（人身難得、死亡無常、輪迴過患、因果業報），我們也將過得更爲祥和、更爲快樂，而不會有貪婪、競爭、侵犯、敵意、惡意等等，每個人都會愛我們。病痛減少，即使生病也能很快康復，就算得了重病也不會變得更糟。有一些科學家了解到身心之間的密切關係，就知道宗教的虔敬有時能減輕病痛。爲此，我們應該隨時隨地盡力避免內在與外在的執著，這是很重要的。

3·16 自殺的愚蠢之處

今日，不知道大圓滿法教、也不了解佛性的人們，會認為痛苦是眞正且具有實質。因此，世界各處，尤其是在西方，一些精神錯亂的人們進入校園或是在公共場合，胡亂掃射、濫殺無辜，最後也常常飲彈自盡。特別是這樣的例子會使得整個社會充滿焦慮，因為政府對於這類事件毫無預防的能力。隨便殺人的問題，其原因是個人因欲望和願求不滿而深感挫折。強烈的憤怒和瞋恨的結果，以及反覆遭到拒絕和受到挫折，可能讓人走上自殺之途，例如跳入河中、點火自盡、吞服毒藥等等。但是，如果他們選擇用隨便殺人的方式，就會在一瞬間終結了許多充滿資源和潛能的人類生命。大規模的濫殺無辜將造成更多、更多人們的傷痛和悲慘，是個極為愚蠢的行為。既然這類行為的根源是嫉妒和執著，我們就必須盡力在任何執著生起的當下就讓它自行解脫，並努力達到無所執著的境地。

有些現代人主張，當情況無可忍受或失去控制之時，自殺能夠解決問題。這樣的想法，乃是一種想要逃離過去生世所積痛苦的企圖。薩迦·班智達於《薩迦格言》中曾經如此描述這類人們：

雖然他們只想獲得快樂，
愚者所求卻只帶來痛苦；

那些被惡魔所蠱惑的人，
想要用自殺來了解痛苦。

薩迦．班智達說，受到惡魔所蠱惑的人們會企圖跳入火中、水中、崖下而自殺，他還說，自殺是極爲愚蠢的行爲。那些自殺的人，並非全都來自於資源弱勢的階級，而是橫跨所有社會的層面，包括學者、總統、有名的表演家，甚至是有錢人。大致來說，各種自殺的起因，都是由於相信苦樂爲實質存在、認爲苦樂都基於外在所致的強烈執著，以及由於相信朋友和敵人爲實有所致的強烈執著。

當我們無法達成目標或得到想要的東西，當我們的企圖最後總是變成挫折，自殺的想法就會浮上心頭。雖說沮喪、苦痛、憤怒都是自殺的根本原因，但實際上，我們所承受的椎心之痛和深切之憂，和我們夢見摯愛獨子喪生所致的痛苦是一樣的。所有的痛苦和快樂，其自性都是空性，只不過顯現的方式不太一樣。好比是魔術師所變現的彩虹，是讓心迷住的幻相，並非有著實質的存在。因此，不管心中出現了什麼，愉悅或苦楚、病痛或健康、名望或恥辱、朋友或敵人，還是至愛的伴侶，都要當下了知，我們雖然有所覺受，但這些都只是幻相，並沒有實質存在。當我們的親戚或父母過世，或聽到有人自殺，不必讓自己就此悲痛不已。

根據佛教的觀點，自殺的業力就等同去殺那些住在我們色身當中的四十二寂靜尊和五十八忿怒尊，其業報則是必須在地獄中受苦多劫多世。就算我們最終從地獄中出來，仍會因曾經自殺過，而好幾生世都有想要自殺的傾向。在《力圓之獅》這部偉大的續典中，說到：

曾以兵刃自殺者，
未來五百世都將
再受兵刃自殺苦；
而於此生則不時
遭受諸般之痛楚。❻

整體而言，能夠獲得人身、生於人界，是非常難得的事；若能具有人身又聽聞佛法，則更為稀有；這個人身能讓我們達到解脫和成佛的境地。寂天菩薩於《入菩薩行論》中說到：

要仰賴這個人身，作為小舟
用以橫渡那痛苦的巨河；

❻本則偈誦內容，由索南倫珠老師依照藏文中譯。

未來，將難以獲得這一只舟。❼

想要逃離生、老、病、死的大海，沒有比仰賴人身這艘美妙舟船還要更好的方式。出現逆境就了結這個珍貴人身，是非常愚蠢的行爲。在這世上，能夠對自己所欲感到知足的人，少之又少。就算是名氣大又聲望好的人，也隨時都必須保守自己的興趣而不讓人知道，而他們最不可能獲得寧靜。實際上，那些人從來不會是知足的。最好的方式，就是對自己現在所擁有的感到心滿意足。

3·17 若不執著，則僅是擁有財富和名望並無害處

只是有名、或只是有錢，而對任何都不執著，則身心都不會受苦。一開始，是爲了累積財富或得到名望的方式而生起痛苦；到中間，是爲了如何保護和延續它們而生起痛苦；到最後，則是爲了不斷執著於這些而生起痛苦。如果我們能修持「無所執著」，就算我們擁有整個世界的財富或名望都不會有痛苦。只要我們離於執著這個痛苦之根，我們就能像那位大圓滿瑜伽士因扎菩提國王一般，統治整個王國，擁有無數臣民和從不間斷的五根欲樂，而仍能即身成就佛果。

這樣的成就，有賴於大圓滿的實修和無所執著的見和行。如果我們能隨時讓一切生起都自行解脫，便不會因累積和保護財富、聲名的過程而受苦。這個實修的根本就在於本覺對所緣之境的無有

執著。當我們學習了這個善巧，便能擁有快樂的家庭、和諧的友誼，隨遇而安的心境，以及足可勝任一切目標的智識。對於眾生的利他之心和大悲之心也將油然而生。這是眞實的。所有實踐菩薩行的善巧方便——對種種化現其自性和多樣性、對萬法一切經驗其自性和樣態的本初覺智，其唯一來源就是離於執著和攀執而確保隨時自行解脫的行止。

所謂「確保隨時自行解脫的行止」，意思是爲了一切有情眾生的利益而修持身、語、意的六波羅蜜多，而且是不希求回饋也不期盼報酬。以這樣的行止來說，不可能有一絲一毫的自私自利，因爲全然都是爲了利益他眾，不管是在今生還是來世都是如此。另一方面，以輪迴眾生的自性來說，本來就是自私自利，即使美其名爲了「利他」而做些什麼，其實仍只是想要利益自己。

有一次我在香港，功德主帶我到一家有名的餐廳吃晚飯。餐廳店員的招呼態度簡直好得沒話說，從我們進門、用餐，到離開之時，都彬彬有禮。我對他們的印象極佳，所以在離開的時候，便對眼前的一位僧人如此表示。他向收銀台的店員招了招手，並微笑地告訴我說，每一個禮貌的表情和姿態都是有價的。一想到連這樣華美的企業都是以交換條件和期待報酬的方式來經營的，驀地讓我不禁感到憎惡。

❼見原書第七品「精進」：「依此人身筏，能渡大苦海，此筏難復得，愚者勿貪眠！」如石法師譯。

我相信，比起今日，上一個世紀的家庭關係是較爲和諧的，家人之間有著較多的分享和禮貌的對待，而每個人對業力因果也較爲相信。今日，人們的禮貌和善意已經沒有以前那樣好，而對於相處的關係也變得比較自我中心，這些關係包括對小孩照顧、與朋友合作、對父母敬重、愛自己伴侶等層面。「這對我有什麼好處？」當我們爲別人做任何事情之前，這是我們所想到的。我們的關係就此變成了只是外交手腕的作法，這對我們和他人都沒有好處，因爲如果是以自私爲出發點而去愛朋友、父母、孩子等等，這樣的愛並不穩固、也不堅定。一般來說，所有的現象都是無常的。特別以二十一世紀來說，每一天事物都變化得如此劇烈。如果我相信輪迴轉世，也希望今生就身心安樂，就必須保持善意。若是我不相信輪迴轉世，過不了多久我的三毒煩惱就會增加。接著，我會因而開始討厭別人，還爲每個人——包括我自己在內，都製造更多的痛苦。要是我們能夠不爲己利而照顧他人，一切都會變得完美無缺！

3·18 無私之心，最能服務他衆

如果我們擁有利益他人的清淨發心，也就是不爲己利的大悲菩提心，以目前和長久來說，今生和來世都會獲得極大的利益，並且在這輩子中便得以安樂。就如局·米滂仁波切於《自宗論典》中所說的：

極爲自私的小幹事，
就算能成爲領導人，
最終還是會如水落懸崖般地掉下。

一個自私的人，就算被指派高階的職位，也會因爲自己的私心，而落到被別人不把他當人看而卑劣對待。反之，《自宗論典》接著說到：

具有利他之心的人，
爲他人而擔負重責，
就算開始只是僕役，
也將慢慢攀爬高升，
有如龍般飛入天空。

當我們爲他人的利益著想，即使我們看起來像是僕役，也會逐漸受到別人的肯定和敬重，因而成爲了人中之人。這是利他之心和無有私心的結果。因此，最好能想想要如何利益他人，而不是如何從他人獲利。這樣能帶來好的氛圍，使父母、親戚、朋友、國家等等都和諧相處，也能讓我們在這二十一世紀的世界中，生活得比較快樂。

讓我們來看看《毗奈耶》中所說，優婆鞠多（又譯優波笈多）的故事。在印度的瓦拉那西城中，曾經有個女子如天女般曼妙，她的歌聲和舞蹈讓所有人都如醉如痴，國王、貴族、大臣們，沒有一個不因她而神魂顛倒。隨著時光流逝，她逐漸獲得權勢和財富，國王和大臣們對她所說的話都開心的言聽計從。由於她是個交際花，這個身分使她不時就需要和這些人發生關係，然而她自己對那種事情卻一點興趣都沒有。有一天，她在皇宮前盯見一位名叫優婆鞠多的僧人，由於受到他（外表）所吸引，每天當他經過皇宮前的時候，這位女子都會凝神注目。她也想盡辦法要引起僧人的注意，但是過了好幾天後，卻連僧人的一瞥都沒得到。所有想要吸引注意的方式，全都無用，根本沒辦法讓僧人看她一眼，不過，這卻使她興致更高。一日，她等在路口，當僧人經過時，便邀請僧人到家中用餐，然而，僧人拒絕了她。她對僧人的貪愛與日俱增，直到有一天她實在忍不住了，碰觸了僧人，並再度邀請對方到家中拜訪。僧人這次的回答是：雖然他自己不需要到她家拜訪，不過，他以後會去。說完便離開了。好幾年過了，雖然女子對僧人的執著依然不減，但是，她仍舊全神貫注於她的工作，用歌聲和舞蹈來迷醉人們。然而，有一天，她染上可怕的痲瘋病，嘴巴和鼻子都扁塌變形，很快就失去了美貌。最後，朋友和親戚沒一個會來拜訪她，自己一人孤零零的置身於尸陀林中，連一毛錢都沒有。一天晚上，她既沒有食物也沒有衣著，口渴得受不了而喊著求人給水，可是，沒有任何人聽見她的哭叫。她對生命感到疲憊，悲傷至極。就在此時，她聽到有人前來的聲音，這名男子遞水給她飲用，她因此恢復元氣。當她問到對方是誰的時候，男子回答：「我就是那名叫做優婆鞠多的僧人」。她就問對方，為何不在她年輕的時候拜訪她，反而等到她這種慘狀的時候才來看她。「過去，妳的美貌和魅力吸引來許多朋友，那時的妳，並不需要我。」僧人回答：「現在，沒有人會來照顧妳，所以我來了。」她受到僧人的關心而感動得淚水盈眶。

優婆鞠多這位僧人，對於她的聲音和美貌都沒有興趣，而後來當她生病的時候卻來看她；國王、大臣和其他的人，曾經受到她的美貌所吸引，卻在她失去美貌之後對她迴避不理。我們從這個故事所學到的教訓是：不為己利的大悲和利他之心，至為無上；反之，以自己為出發點、由自我所生起的善心，則會毀了自己。

大悲菩提心是沒有執著的，因此能利益一切。當我們不再執著於見和行，穩定的慈和悲將會為所有人生起：父母、親戚、朋友、整個國家等等，於每一個方位，都能看見和諧。

另外還有一則故事：一對母女相偕到河中沐浴，卻被猛然的湍急水流所沖走。女兒想到：「就算會死，我也要救我媽媽！」母親也想到：「要是我能救我女兒，就算要我死也關係！」由於兩人的善心好意，使天神們隨之讚嘆，所以兩人都投生於天界之中。

解脫和遍智（一切智智），是能確立無私利他的所依來源，若不安住空性且隨時確保自行解脫的作爲，則不可能證得無私。尊聖之人所做的無私行爲，一般人是做不來的；一般人所做的一切，不管直接間接，都會和自私己利有些關連。有些人的行爲出自貪婪、有些人的行爲出自傲慢，這些事情處處可見。如果我們能以大圓滿的見地讓所有生起都自行解脫，則無論是惡意或粗重的情緒，例如對於敵人的瞋恨和對於朋友的想望，都不會生起。如果我們能一再反覆地禪修並修持讓念頭自行解脫的作爲，那麼，以自我爲出發點的細微念頭也不會於後生起。

若是我們想對這個世界做出一些不同的大貢獻，首先，就必須行於無貪欲且無執著的道上，保持讓一切生起自行解脫的作爲。如此一來，爲了他人福祉而投入無私行爲的大潮中，便是個極大的喜悅。

3·19 了知所執之境乃是迷妄，則五根欲樂並無害處

如果我們可以現下就不再執著於家庭、財富、親戚、聲譽等等，光是這樣的無所執著，便能讓我們的痛苦減少。看看薩霍國王因札菩提的故事就知道了，他邀請蓮花生大士從印度前來，並讓他納取后妃。❽蓮花生大士爲薩霍國的人民教導佛法，然而有一天，他發現不能讓宗教和政治相混，因此決定要捨棄他在皇宮的生活。由於他的養父，也就是國王一定會反對，因此他想好了一個對

策。一日，就在擁擠的市集之中，他把衣服脫得精光，只剩下身上所戴的骨飾，還一邊持著手杖和手鼓一路舞蹈。他來到一位大臣兒子的身邊，而這傢伙早已聲名狼藉，便假裝自己被東西絆到而跌倒，接著用鐵杖刺穿了男孩的身體，男孩當場氣絕身亡。有人向國王報告了這個謀殺的事件，國王為了讓人民都能尊崇國法，決定要懲罰蓮花生大士。國王對自己養子的狀況非常清楚，但是為了平息眾人和大臣的反對聲浪，因此召開了一場大會，討論要如何懲處蓮花生大士。大會中，有些人建議該讓他以刺刑處死；有些人說該讓他終身監禁；還有人建議就把他驅逐出境。會議過後，國王偷偷去見蓮花生大士，並問他想要選哪一種處罰。蓮花生大士回答說：「我對王國沒有執著，所以我不怕被流放。由於沒有生也沒有死，所以我能忍受刺刑。既然我違犯了國家的法律，因此我選擇被流放。我的父親，請不要擔心，我們彼此仍有業緣，未來還會再次相遇。」

蓮花生大士一點兒都不畏懼那些充滿毒蛇猛獸與種種惡魔的可怕地方，或者任何讓人熱得受不了的地方。由於他無所畏懼，因此他被放逐也沒有危險。既然生和死都只是個標籤指稱，那就都不

---

❽這裡的地名 Sindhu，其實是梵語，波斯語則為 Hindu，希臘人又將波斯語變音，成為 Indu。它的本意是「信度河」（即印度河），而後衍伸為印度河流經的地方或國家，包括現在的巴基斯坦——蓮花生大士誕生的地方。依普度法師所言，玄奘在《大唐西域記》中將過去對此地的譯名，如天竺、身毒、賢豆等，正名為印度，其所依據的應該是 Indu。此外，在佛教的歷史中，至少有三位著名的因札菩提國王，這是其中一位。

是實質的存在，所以蓮花生大士也不畏懼死亡。

蓮花生大士接著說到：「父母親想要我做什麼，我都會遵照，如果是讓我選擇，我會想去索薩尸陀林修持續法。我寧願被放逐到很遠很遠的國度。」

國王便告訴聚集的大臣和人民，他將把蓮花生大士放逐到稱爲「索薩」的尸陀林，接著就依此而爲。當蓮花生大士到了那裡之後，有數千名空行母前來伴隨，他還爲許多人、非人、鬼靈等帶來極大的利益。

蓮花生大士對死亡和流放的無所畏懼，是從何而來？這乃是來自對一切生起的毫無執著，以及對所有經驗如水中作畫、乃是「俱時自生與自解之相續」的了證。

大禪修士和大瑜伽士們，若是無法保任無緣自解的身、語、意之行，就如巴珠仁波切在《椎擊三要》中所指的那樣：

只知禪修卻不作解脫，
豈非即是天人的無想？

當我們執著於心而猛力禪修時，能夠有一段時間不受痛苦的影響。但是，當我們從禪修起身，痛苦就會再度如影隨形。這就是因爲不了知解脫作爲而犯下的過錯。

巴珠仁波切於他的《零墨雜文》中說到：

簡言之，於一切的生起之中全然休息，便不需要任何對治的修持。整個放鬆，觀看一切的生起，則清晰和清淨的覺性便會自然出現。因爲你從內在就會生起自信而加以確認，所以並不必從外在求取確認。禪修和行止無二無別的這個見地，便稱爲「大圓滿水流實修」。

3·20 識得本覺者稱爲「佛」，對此無明者則爲「有情衆生」

當本初覺智之陽照耀，那遮蔽三界數劫之久的厚重黑暗於刹那間就明亮了，而本然清朗且安住的法身之意也自然生起。這讓我們對於佛和有情眾生之間的差異，有了深切的確信。且讓我重述於《法界寶藏論》中，龍欽巴尊者的這段名言佳句：「只要識得萬法的自性，就稱爲『佛』。」識得自心本性，就是「佛」；尚未識得，則依然是迷妄的「有情眾生」。這便是我們分辨佛和有情眾生的方式。一切的迷妄根源爲執著，而儘管經部和續部對於執著的處理方式有如天壤之別，然而，所有經部和續部法教的祕密之鑰即是無有執著。此外，大圓滿法超越了無福人們的狹小心量，就如《文殊眞實名經》所說的：

於諸剎那能分別，
一剎那中正等覺。

一旦成就了深奧的見地，我們就能如因札菩提國王那般成佛。就算修持這一條法道而無法即身達到圓滿正覺，這輩子也必然能快樂生活，並於下輩子成就佛果。這一條法道，是今生來世的快樂之源，因此，每個人都應該修持之！成就佛果，乃是究竟的快樂。

龍欽巴尊者於《空行心滴》中說到：

佛和有情眾生之間的差別，就是快樂和痛苦之間的差別。從法身中所生起的大樂，稱爲「佛」。不能識得此一大樂，且被困於執取物體實質的迷妄之中，稱爲「痛苦」。了知身語意的喜悅和快樂，以及法身的空性大樂，這樣的人，稱爲「佛」。若是將令人悲惱的痛苦和嚴格禁欲的苦行當作佛，那麼，餓鬼道的眾生和地獄道的惡魔便都是佛了。要能確知，那些並未離於痛苦而且並不快樂的人，都不是佛。這是根本的要點。

只要我們還持有智識之心，就會被困在二元分別的感知中；當我們離於那種內在的分別，無有凡心之時，則爲自生本智。

3·21 自生本智的三種特性

龍欽巴尊者於《空行極密心滴》說到：

非從口傳所領受的祕密教誡；

非從心中所生源的佛；

非從因所來的果。

原始法身佛普賢王如來，在輪迴中、在涅槃中都遍尋不著，乃因自身了證本基覺性而自行解脫，且這是不需要外來指導的。原本尚未識得的本覺，並非是上師或佛陀所授記而來，而是隨自生本智而清新生起。因此，這個口訣並非從口傳所領受。

過去、現在、未來的一切佛，本始便離於智識之心的指稱，而既然他們離於八識，就絕對不會經歷迷妄的輪迴。他們因自行解脫而識得本覺，因此，諸佛非從心中所生。

對於情器世界的一切經歷，包括外在容器的宇宙或內在居住的有情眾生，都有賴於從無實迷妄之內含習氣所來的負面因和緣，因此，在實相中，這個經歷和所顯現的並不相同。另一方面，自生本智乃是法身的本質，永遠也不會受到從有名無實之迷妄中所化現的習氣所染污。而它絲毫也不仰賴福德資糧的累積和解脫道上的行旅。在本基的自然圓滿之慧中，本覺是自行解脫的，因此，它並非從因所來的果。

3·22 散漫念頭必然消融而入於本基覺性之中

在我們能了證那已然具足的自生本智之前，我們必須先要了解，想要努力生起那個覺性是個錯誤的道途。如果我們依然納悶，究竟那無勤的自生本覺要如何修持，就讓我們來看看這個：於入定和出定之時，不管生起了哪些五根的外在對境或煩惱的內在念頭，只要在生起的當下，保任那個虛空而無有造作，就會在生起時自行解脫，好似水中的畫作一般。自行生起和自行解脫者，一刻都不會安住，而會像水中作畫或盤蛇鬆解那樣單單消失無蹤。由於念頭是以本貌解脫而入於法身之中，因此不需要有任何對於分別感知的對治。巴珠仁波切在《椎擊三要》中說到：

任運生起又任運解脫，並無有間斷；
一切的出現，皆能滋養赤裸的空覺；

一切的活動，都是本覺君王的妙力。

這是無有痕跡的自然清淨——奇妙哉！

當念頭生起，我們便認出它在生起，並且不加追尋，這就是解脫的關鍵，則念頭也不會影響禪修，反而會強化之。如同所說的：「**念頭越多，法身越多**」。

《寶積經》中說到：

迦葉啊，就如這般：好比受到咒語和醫藥保護的人不會因毒素所傷，具有智慧和善巧方便的菩薩，就算是煩惱之毒，也不會受其所傷。毒藥無法傷害持誦咒語的人；同樣的，煩惱無法欺瞞具有智慧的菩薩。迦葉啊，就如這般：大城市的排泄物對甘蔗田和葡萄園來說是很有價值的，迦葉啊，對菩薩來說，煩惱就是能利益佛法的肥料。就像大城市的排泄物是有利於甘蔗田的肥料，菩薩的煩惱也有利於佛陀的法教。❾

❾「迦葉。譬如咒術藥力毒不害人。菩薩結毒亦復如是。智慧力故不墮惡道。迦葉。譬如諸大城中所棄糞穢。若置甘蔗蒲桃田中則有利益。菩薩結使亦復如是。」見《大正新脩大藏經》第十一冊 No. 310《大寶積經》卷第一百一十二「普明菩薩會第四十三」，大唐三藏法師菩提流志譯。

於光明心（菩提心）中，煩惱可被當作一種增益，而若從大圓滿法教的見地來看，更無需多說什麼。在《三相燈續》這一部續中說到：

剎那的清晰了知，便無無明；
諸多的善巧方便，亦無困難；
有了敏銳的心性力量，
續部的道路是爲最佳！

如此這般，念頭有益於行者，而非有害。龍欽巴尊者於《毗瑪心滴》中，引用持明極喜金剛的話，說到：

於清淨無時的空界之中，
偶然注意到忽現的本覺，
就像在大海深處找到的珠寶，
法身非由任何人所造作而成。

「念頭生起隨即解脫」的此一要訣，便是「立斷」法門見修合一的主要修持。

3·23 對於輪迴、涅槃和兩者之間的修道皆不執著，此乃關鍵所在

著名的印度阿育王，曾經統治將近印度三分之一的土地，像他這樣的國王，前無古人也後無來者。一日，他邀請自己印度教的傳教士們來到皇宮，詢問他們要如何讓自己更加具有權勢和威望。傳教士們建議阿育王，既然他已經完成了大部分的事情，而他又還想要有更多的威望，則他就應該要建造十萬個塔，並奉獻十萬個人來作祭祀。阿育王同意了這一項計畫，並來到王國的邊境，命令人們開始打造一座美麗的寺廟。他還指派一位傳教士來照顧這座寺廟，且命令他要將任何來此參訪的人殺掉。這位傳教士便開始執行任務，每看到一個來到訪的信徒就殺掉他，當祭祀奉獻的人數達到了五千時，阿羅漢克里提的一位弟子剛好經過，而這位僧人已經證得五道當中的修道果位。❿傳教士立即抓住他並想要殺掉他，不過，這位僧人對於傳教士的意圖感到驚訝，便問對方爲何想要殺掉他。傳教士便告訴他這個寺廟的故事。僧人聽完之後，請求傳教士暫時放了他並讓他待在寺廟中一星期，而一星期後，隨他要殺不殺都可。於是，傳教士同意了他的一星期緩刑。

❿五道指資糧道、加行道、見道（預流果）、修道（一來果和不來果）、無學道（阿羅漢果）。

這位僧人，其實即將要證得阿羅漢果位，所以他一整星期都入於專一的定境，不眠不休且日夜不斷。就在第七天的早上，他證得了阿羅漢果位，由於他具有預知和神通的能力，他便等候著傳教士的到來，而對方也眞的前來要抓他取命。僧人並未掙扎，還將自己的胸膛送上劍端，可是傳教士卻怎麼也殺不了他，那一把劍，就是穿不過僧人的身體。既然劍無法殺他，傳教士便用火燒，還用滾燙的油汁，但他依然毫髮無傷。到最後，僧人反而是越來越莊嚴宏偉，傳教士只好前往晉見國王，稟報了這件事情。

阿育王和多位大臣便前來看這位僧人，而這位阿羅漢也示現了大神通，讓所有在場的人對他生起了深切的虔誠心。這就是阿育王和佛法結緣而擁法護法的開端。阿羅漢將深奧的教法傳授給國王，並特別談到以生人祭祀的不道德處。國王非常懊悔，便請教阿羅漢他該要如何懺罪。阿羅漢說，他並不知道國王要如何彌補過錯，不過國王應該要親見他的上師阿羅漢克里提，因爲上師一定曉得贖罪的方法。

於是，國王便去拜見阿羅漢克里提，告訴他關於寺廟的整個故事，以及他對於惡行的深切悔恨，並請教上師他應該如何懺悔罪過。阿羅漢克里提告訴國王，他應該要從王舍城中挖掘出兩公斤的佛陀舍利子，並用這些來建造一座舍利塔。

阿育王便依照阿羅漢克里提的建議來做，就在他挖掘舍利子的時候，他發現有一張黃銅圓版，上面還刻有授記：未來將有一位貧窮的人會將這些舍利子挖掘出來，而且，在發現這張版子之後，他還會繼續挖掘。國王認爲自己這麼有錢，應該不是該來挖取更多舍利子的人，於是，他便向阿羅漢克里提尋求確切的答案。上師說，那張黃銅版子上面所指的確實就是阿育王他自己，之所以刻印上說的是「貧苦的國王」，爲的就是要削減國王的傲慢。阿羅漢還給了阿育王如下的教導：「國王啊！即使是巨大的山嶽，也可能被沖刷到海中，你那小小的王國，又能如何？」所以，國王又再度回到現場，繼續挖掘更多的舍利子，直到他整整挖到了四十公斤的寶藏，裡面還包含了無數的寶石。當阿育王看到這些無量的財富，身爲國王的傲慢已然不再，便將舍利子取出，命令在王國周圍建造許多的舍利塔。有些歷史學家認爲阿育王建造了一千萬座的舍利塔，不過一般咸認的數字爲八萬四千。他也供養了數百萬的佛教僧眾，由於他對佛法的廣大承事，讓佛法在印度興盛了三個世紀以上。最後，隨著印度教的復甦和穆斯林教徒的占領印度，佛法便逐漸衰微了。

無上的功德，乃是「三輪體空」：不受作者、受者、所作的概念所染污。就拿布施來說明：布施能讓人證得涅槃和佛果，但唯有當它在不受三種執著所影響的情況之下才是如此。這三種執著分別爲：對於布施行爲的執著、對於布施接受者的執著、對於所布施物品的執著。同樣的，爲了過著正當守戒的生活，我們應該要修持不受作者、受者、所作概念所染污的戒律。這就是佛法的根本。若是以執著來持戒，就連最清淨的僧人也無法證得涅槃和佛果。寂天菩薩在《入菩薩行論》中說到：

僧伽乃是佛法的根本，
但僧伽之道相當艱難；
並且由於心意的執念，
便非常難以證得涅槃。⓫

如果對輪迴的種種活動有著執著，當然不可能成就什麼，但如果對能達到涅槃的六波羅蜜多行有著執著，那我們便是迷路了。由於我們對一切事物都有執著的傾向，包括輪迴、涅槃、輪涅之間的道路等，因此，以下這類〔小乘〕的教言，比起教導了義實相的經部和續部，以及特別是和大圓滿法相比，被認爲是屬於較低層次的法門。那種想要將輪迴安立爲應該拒斥者而將涅槃安立爲應該得證者的習氣，以及依此追尋並視此爲眞的傾向，正是我們在大圓滿無勤作之法道上要避免的誘惑之處。輪迴、涅槃、道路，或任何的參考所緣等，〔於大圓滿中〕都無法抗拒而自行解脫、自行消失，就如幻師的幻相一般。此乃大圓滿法教的殊勝所在。

3.24 「掌中」教言：簡說

以下，摘要自龍欽巴尊者的《上師心滴》：

為了保任出定行持的覺受，首先，於入定之時，寬坦安住，輕鬆而有著開放、自然的清明，對於赤裸空覺的自生本智不作任何指稱也沒有任何執著。而對於六種現象：包括眼中所見、耳中所聞（、鼻中所嗅）、舌上所嘗、身上所觸，或是心中的種種善惡念頭，都不加以具體化；以開放的覺知，了知本覺。於所有對境皆不追隨也不尋伺，一切清晰明瞭，沒有希望或恐懼、不作修正或摻染，也不拒斥任何的生起，在這樣的覺受之中，對境就會自行解脫。如此一來，將所顯對境作智識理解的那個心，也會自行釋放，主體和客體便融合為一，無有分別。

清淨後的眼，即是天神的眼，無有遮蔽，因此，包括牆壁、圍籬、山嶽等等在內，看來全都是透明的。耳朵則能聽見包括天神和龍族的聲音，無論他們是大吼喊叫或輕聲細語等等。鼻子的嗅覺範圍變得很廣，比一般人所能聞到的還敏銳。舌頭則在不作吃食的情況之下，能品嘗數百種禪定悅意之味。身體可感受到明性、大樂和本智之煖。心則能憶念我們過去的好幾個生世並看見他人的好幾個生世，具有神通。當一切都全然無染之時，我們的作為就是如此。

⓫見原書第九品「智慧」：「若僧為教本，僧亦難安住，心有所緣者，亦難住涅槃。」如石法師譯。

於出定行持之中，不管出現了什麼，這些在兩座禪修間隔中所生起的一切，都應該被視爲有如妙化幻相的八種譬喻之一；我們因此而能從貪、瞋等種種煩惱中解脫。如果生起了善或惡的心意戲現，要相信那些都沒有任何的根本或基礎，既不作執取也不作拒斥。

在自我尚未消融而入於它自身的內在空界之前，都要依照深奧的教言來禪修、遵循業果的法則而行事，並以虔誠和淨觀，不讓任何罪孽或錯誤的想法染污自己的心。於僻靜之處孤身自處，持守經部的戒律和誓言。依止於出離心，無有散漫或輕忽。行旅在無私道上，不起貪愛或執著。隨時憶念死亡並懷有精進熱火。日夜都不停修持善德之行，並棄捨對此生的關注。侍奉持明上師並向他虔誠祈願。保持在無有企圖或目標的狀態中，安住於無作。捨棄對自己和他人的區別，並根除恐懼和希望。將逆境取爲道用，觀想所有的顯現都是上師。了知一切的覺受皆爲個人的自顯，而不再有我執。由於萬法都沒有實質，就繼續維持那荒謬的戲耍。了知本初的空性和忽現的空性，萬法向來都是以自顯而生起。藉由這樣的作爲、如此的方式，日日夜夜不停修持。

當心意的狀態允許之時，就讓本覺的妙力作最佳展現。要在僻靜之處獨居。只要我們還會對事物加以判斷並固守那些判斷，只要善惡之間的區分還依然存在，我們都必須讓自己對「無二」（不作分別）加以熟悉。當衝突出現時，將那個爭論反轉而看著內在的自生本覺。對於生死有著懼怕時，就必須要對「無生」的意義加以熟悉。如此一來，所有的內在和外在現象都會以法身生起，而我們便安住在如江河流水般的無修瑜伽中。

經部和續部都認為，我們需要捨棄概念的枷鎖和執著的枷鎖。不過，這兩種法門對此觀點的修持方式則有所不同，如同上述所說。對於有毒的樹，有些人會逃開；有些人想辦法從根砍斷；有些人則拿它的果實來當藥用。修持大圓滿法的瑜伽士和瑜伽女，其方法則是允許每一個情緒煩惱在生起的當下便消融而入於其自身的本然狀態之中。既不企圖將它轉變為某種正面的東西，也不使用對治的方式來讓它無效。隨著時間過去，由於熟悉了大圓滿的法門，不管瑜伽士有著什麼念頭，都能以禪修而生起。不過，從外在來看，以一般人的觀點而言，害怕痛苦和希求快樂的外表則看似沒有差別。和大圓滿瑜伽士和瑜伽女不同的是，一般人將這些都當作實體，加以培養或加以拒斥，因此累積了業力。對瑜伽士和瑜伽女來說，所有的顯現都在生起的當下解脫，因此絕對沒有機會對它產生執著。首先，只要知道有這個念頭，好像老朋友過了好久才見面一樣，這樣便能讓它解脫；到了中期，念頭會自行解脫，有如打結了的蛇自行鬆解一般；到了最後，不造利益也不作害處，念頭便如小偷入了空屋那般的解脫。要能領會解脫的方式，這是關鍵所在。當我們對此有所了解，就能解開分別心對我們的束縛。

當我們探險而來到黃金王國，遍地除了黃金之外便什麼都無；就像這樣，無論生起了什麼由煩惱所摻雜的念頭，全都不過是禪修的對境。就算我們想要找到實質的迷妄或物質的對境，根本就不會有這些東西。一切時間、一切情況之中，唯一的修持便是讓所有的生起自行解脫，而主要的修持要點，則是對各個的顯現加以細查。能夠做此修持的人也必然能於四個中陰：生後中陰、死亡中陰、法性中陰、生有中陰的其中一時解脫。此外，我們還能與朋友、親戚、父母、一切生物都和諧相處。就如敦珠仁波切在《遙呼上師．本初道歌》中所說的：「友善而快樂者，皆爲蓮花生大士的心子。」

以入定和出定的這種修持爲基礎，大持明極喜金剛和其他七位的大持明、印度的八十位大成就者、蓮花生大士和他的王臣等二十五位弟子，以及葉巴的八十位大成就者都證得了佛果。⓬

⓬印度的八位大成就祖師，分別為文殊身持明：妙吉祥友；蓮花語持明：龍樹；真實意持明：吽嘎拉；甘露功德持明：無垢友；普巴事業持明：帕巴哈帝；瑪姆（本母）持明：達那桑折達；世間供贊持明：容布固嘿；猛咒詛詈持明：香提嘎巴。

4

果

4・1 佛果功德在本基覺性中的任運顯現

在對自然大圓滿之道如理如法地建立了自然圓滿的見地之後，我們便寬坦輕依、安住在涵攝一切的本初清淨之中。藉由實證修行的要點——透過自行解脫在出定所生起的一切，我們達到入定與出定之一味——此時，我們對二元顯相的傾向，連同其最細微的習性都因而消融，自生本智顯露為永恆無時之佛。這並不表示透過以禪修為道，過去不存在的佛身自性和佛本初覺智，會突然因而全新創造，且每個刹那又重新創造。反而是，在自然安住的本初覺智面前，伴隨二元感知所生起的心與心所（心意活動）此外來的障蔽概念，會消融在它們自己的虛空之中。此時，本基覺性的佛果功德便會任運綻放，而無關乎究竟是「心性顯露為佛」或是「佛性顯現於有情眾生之內」。

在《法界寶藏論》中，龍欽巴尊者說到：

若能串習光明藏，
萬法光明之任運，
則依無勤教誡鑰，
無時佛中另佛覺，
無比金剛意實相。

〔如果能嫻熟於光明的本質（菩提心）——也就是一切事物的光明任運，則藉由不戳力和不費力的關鍵教誡，在那永恆無時的佛陀之中將有另外一位佛陀覺醒，這就是無與倫比的金剛心之實際樣貌。〕

在自生本智的任運之中，會生起五身、五智，和其他的佛果功德（共二十五種面向），而這些都是自然展現的。因此，如同月影顯現在無數的水面上，無限的悲心會生起爲十方六道輪迴眾生的遊戲。只要輪迴還在，佛行事業將依照眾生所需而滿其所願，並持續且精確地顯示深、廣之身、心、能量（風息）之行——也就是佛果功德的事業。米龐仁波切在《定解寶燈論》中，提及這種佛行事業的緣由：

顯分為色身，
護佑諸眾生，
乃安樂之源；
故其本自性，乃究竟大悲。
乃安樂之源：
護佑諸眾生，
顯分爲色身，

出於自生本智的自然流動光燦，其顯分（顯現的面向，如報身等等，生起爲具大人相和隨形好的色身）的自性為悲心，因此藉由毫不費力地任運，只要世界還在，一切有情眾生都能夠獲得暫時和究竟安樂的利益。至於色身的明分（光明的面向），其一切無礙事業所帶來的任運勝妙之果，將會毫無分別且持續不斷地保護所有淨與不淨的眾生，使其免於所有輪迴的困擾與悲苦。

若以佛身為外在的容器、內在覺智為內含的容物，從這個觀點來看，則佛身可被分類為法身、報身、化身、不變金剛身和證悟菩提身。它們所包含的本智種類，便為法界體性智、大圓鏡智、平等性智、妙觀察智和成所作智。這許多的詳列，在上述關於「見」的部分已曾簡單提及，請自行參見。

《普作王續》說到：

往昔一切佛所教，
唯是自心之本性；
如實本貌不摻染，
於定境中不散漫，
心靜便是得成就。
現在未來佛亦同，
安立此無念一味。

〔一切過去的佛，所教導的就只有我們自心的樣貌；保持心的本貌而不作雜染，於三摩地中不起散漫的念頭，靜默的心便是成就之果。現在和未來的佛，也會安立相同的東西：無念一味。〕

根據這個法門，打從一開始，心性本身即是勝妙的自行解脫，識得心性便稱爲「本覺」。若能猛力維持這個認識，我們將比踏上其他修道更容易迅速成佛。

對於此本基——也就是自生本智，若能藉由立斷道的四種直定而圓滿達成堅固的定解，則可現證佛果。或者，依頓超道的坐姿、看式，切中關要地實修四燈，則能現前四相而成佛。❶

此中道理，即如《金字簽題大圓滿口訣》中，龍欽巴尊者所說的：

透過實相所顯相，智識見地便消融；
隨同此相增強時，本初中陰覺智現；
本覺之相至終極，報身因而得成熟；
顯現實相達頂峰，大圓滿果便了證。
若於本基得圓滿，無需他處求涅槃。

❶直定的英文 freely resting，其藏文為 chokzhak（cog bzhag）。益西多遺教《四安住法》中說到「四直定教誡」：「見修行果四者，見量如山直定，修量如海直定，行量顯現直定，果量智慧直定。」本段乃依藏文直譯。

4·2 了知大圓滿法：即身成佛！

在《椎擊三要》中，巴珠仁波切說：

見爲龍欽冉江尊，遍在一切之法界；
修爲欽哲歐瑟尊，智慧慈悲之光耀；
行爲嘉威紐固尊，具有大願之佛陀。
於此見修行覺受，無所費力或出勞，即身可證佛果位。❷

可以肯定的是，在擁有見、修、行三鑰之後，就算我們未能在今生成佛，最糟糕的狀況，至少也能在三世或七世之內成佛。

在過去，偉大的持明極喜金剛及其弟子蔣貝・賢彥（妙吉祥友）、及其弟子師利・星哈、及其弟子蓮花生大士、〔蓮花生大士的弟子〕伊喜・措嘉及其他弟子，都在西藏證得了虹身。而，朋・米龐・貢波、涅朗・蔣秋・嘉岑、釀奔・聽津・桑波等數百人，則是證道成佛。從那個時候一直到現在，大圓滿的頓超成就了虹身，立斷則讓虹身昇華爲無形微粒。這些化現，以前的人們曾經看見，未來的人們也將看見，而且事實上，目前在大圓滿心要的修道上，人們也正在看見這些化現。

《金剛薩埵心鏡續》中說到：「涅槃有兩種：圓滿無染之佛，以及顯明的圓滿無染之佛。」前者是證得光身或虹身，死後不留任何痕跡；後者則會產生光亮、聲音、舍利、身體或大地震動等現象。偉大著名的傑尊．森給．旺秋證得了虹身，乃是前者的典範；遍知的龍欽．冉江在圓寂之際，出現了許多不可思議的神妙現象，乃是後者之典範。

讓我來簡短地談一談龍欽巴尊者證得顯明圓滿無染之佛的故事。龍欽巴尊者一生無病，在屆滿五十六歲之後的某一天，當傑瑟．左巴正在記錄龍欽巴尊者所說的話語時，龍欽巴尊者捲了一個紙筒，然後用紙筒對著傑瑟．左巴的耳朵說：「我，貝瑪．雷竹．策將不再留駐，而要前往大樂無死之處。我之祈願、生命和業的力量都已經耗盡。」龍欽巴尊者如此預知了自己的死亡。接著，同年的十二月，於桑耶青埔，他要求阿闍梨昆噶．佩和其他的人，先對三寶行勝妙欲樂的供養，並隨後在房間的外面等待。他們乞求龍欽巴尊者讓他們留在房間裡面，於是龍欽巴尊者勉強同意。龍欽巴尊者告訴他們：「我現在就要捨棄這個虛幻的身體，你們全都靜靜坐著，無畏無懼地禪修。」《日月和合續》中說到：「彼時，要遵從上師的指示。」就這樣，龍欽巴尊者以「法身看式」靜坐，

❷龍欽．冉江（意指「無量廣空」）或稱直美．歐瑟（1308—1364）：欽哲．歐瑟（Khyentse Wozer，意指「悲智光耀」）即是吉美．林巴（1729—1798）：嘉威．紐固（Gyelwai Nyugu，無畏佛子，漢譯：如來芽尊者）（1765—1843）為吉美．林巴的大弟子之一，其大弟子即是著名《普賢上師言教》（藏語：崑桑拉美歐龍）的作者札．巴珠仁波切。

融攝入本淨廣空的法界之中。在那個時候，如同釋迦牟尼佛入滅一般，善天眾悲傷難忍而震動了大地，龍欽巴尊者的身體也隨著大地而震動，悲傷的哭號聲清晰可聞。天空降下花雨，出現彩虹帳幕，這些都是對龍欽巴尊者的供養，天空中還出現許多虹光和光點等不可思議的徵相。如《璀璨舍利續》中所說的：

有三種光：第一種是在周遭圍繞的光，表示無論他從哪裡所來，都必然能在第一中陰時證得修果；第二種是直接向上照射的光，表示他根本就不會進入中陰，而是剎那成佛；第三種是從他身體放出的正切光，則表示他將會在最後的中陰得到證悟。

此外，人們也描述了龍欽巴尊者身體內部所顯露的光，其徵相是身體周圍瀰漫著樟腦、藏紅花和檀香木的香氣，並且持續了二十五天都沒有失去其明亮光燦。尊者的心解脫進入實相，其徵相是四季失去規律、四大錯亂顯現；例如，在寒冷的十二月和一月，冰雪融化而刺藤長出新葉。這類的徵相，表示尊者已證得阿底瑜伽無上修道的目標：融攝入於無死童子瓶身之界，也就是大圓滿之巔。

四位上師以息、增、懷、誅的四密續事業，為龍欽巴尊者舉行荼毘大典。尊者的心、舌頭和眼睛轉化為五佛部舍利，其徵相是當大小如芥子般的無數五色舍利出現的時候，人們聽見了「下日讓、巴日讓、去日讓、班卡讓、那日讓」的聲音。如同「倍增的舍利」一般，每一顆舍利都隨著時間而增量數倍，成爲積聚功德的所依，而今日的人們也仍可見到。

人們可能會問：「爲什麼偉大的龍欽巴尊者成佛之後，沒有證得光身？爲什麼要留下法體？」答案是，他留下肉身，以便他當時的弟子以及未來的弟子，都能夠領受「解脫四機會」的大利益。第一個機會是由食用留下的身舍利而解脫；第二個機會是由食用塗抹在法體上的舍利鹽而解脫；第三個機會是由聽聞荼毘柴薪燃燒時所發出的劈啪聲而解脫；第四個機會是由主動吸入燃燒柴薪的煙霧而解脫。欲了解細節的讀者，請閱讀龍欽巴尊者的傳記《傳記林巴三信津梁》。

4·3 有關色身消融和虹身解脫的當代故事

像龍欽巴尊者這樣的故事，不只發生在遙遠的過去。就在最近，一九九八年八月二十九日，在西藏阿孜戎的督美康涅，八十歲的堪布秋英·壤卓，也就是一般所知的堪布阿秋證得虹化。如寧瑪派敦珠法王所預示的，堪布阿秋是卓本·且瓊大譯師的轉世，也是《金剛橛·天鐵利刃》這個法教的持有者❸。一天中午，堪布阿秋躺在床上，呈獅子臥姿（吉祥臥姿），沒有任何病痛而持誦著六

❸《敦珠新巖傳》普巴金剛本尊法之一，或稱「天鐵利刃觸滅」。

字大明咒，接著便在本淨的本初法界之中成佛，他的明光法性已臻至圓滿、超越智識。隨著他的身體化光，身上的皺紋也跟著消失了，看起來就像是一個膚色秀麗的八歲孩童。一個星期之後，當人們得知堪布阿秋過世的消息，便隱瞞當局，祕密的舉行荼毘法會。在那個時候，裡裡外外都出現彩虹，處處充滿著宜人的香氣。他的身體逐漸縮小，到了最後成佛時，連指甲和毛髮都沒有留下。彷佛鳥兒從岩石飛出一般，附近的人都不知道鳥飛到哪裡去了。

如同吉美・林巴在《遍知車乘》中從續典所引用的這段話：

> 瑜伽士自由了，好似朝陽初昇，
> 法身出現了。奇哉！奇哉！

諸如此類的事蹟已經發生過許多次了。例如在拉里的普莫切，釀・謝拉・炯涅的身體，便消融爲細小的微粒，如同在晨間消失的薄霧一般。這樣的事蹟如此常見，不可能一一記錄。藉由大圓滿本淨立斷和任運頓超的次第，人們可以不依因緣而成佛。如果我們從現在開始好好修持大圓滿之道，也可以達到肉身消融成最細微粒的境界，甚至證得虹身。這種主張既不是毀謗佛法，也沒有否定常識或人們認爲可靠的推理邏輯，正如關於原動力的科學主張，並不會毀損實際的物理牽引一般。

大約在一九六〇年，於德格的葉壠，瑪尼・給果和葉壠巴・索南・多傑證得了虹身圓寂。直至今日，我們仍然可以從當地一些長者口中，聽到關於此事的見證。當我住在康區的時候，我曾去看索南・多傑證得虹身的房舍，甚至還有機會住在那裡幾天。我從他的姪兒和姪女口中，獲得他了證虹身過程的第一手資料，這讓我徹底信服。

在本淨立斷的修道上，堪布阿秋的肉身消融爲細小的微粒；在任運頓超的修道上，葉壠巴・索南・多傑則證得了虹身。這兩人可能就是這兩種修道之果最近期的典範。自從蓮師的二十五位弟子——藏王赤松德眞及其他二十四位弟子證得虹身以來，在印度和西藏已經出現過無數的虹身。我們可以從咕嚕・札西或敦珠仁波切所寫的《寧瑪教法史》中，讀到這些故事。

此外，如同科學家能精確預測到星球的軌道，大圓滿的大師們也能預知成佛的時機。舉例來說，當美國太空總署的科學家發射火箭到火星的時候，他們需要考慮，在火箭行進的過程中，火星所在位置的改變。譬如當火星位在東方的時候，要把火箭往南方發射。科學家準確預測了火箭接近火星而準備降落時，火星的確切位置；他們對火星行進速度的預測，精準到分秒不差的地步——這是個不可思議的事蹟。同樣的，我們也可以預測在大圓滿的修道上，那些上、中、下等根器的人，要花多久的時間來證得佛果（分別爲六個月、三年、一輩子），以及會出現哪些的徵相。過去博學且有成就的大師，包括堪布阿秋在內，都已經爲我們提出了明證。

5

四個中陰

5·1 爲中等根器者所說的中陰解脫教言

如果我們無法透過密集地研修那些具有大圓滿見、修、行教誡的經典傳統來學習，仍可以透過和我們各自性質與能力相符的大圓滿簡易祕密教誡來學習。在續部層次較低的法門中，這種深奧的教言是聞所未聞的，而這種教言能由一位即身成佛的人所顯現。舉例來說，我們在遍知者龍欽巴尊者的著作《毗瑪心髓》中，可以讀到無數簡易的教誡。關於這個殊勝的大圓滿法教，在其他平凡無奇的來源中，我們當然找不到這樣的法教。米龐仁波切在其著作《定解寶燈論》中說到：

> 大圓滿法教之殊勝，毋庸多言，大圓滿教誡之修持，簡易直指，
> 其卓越無上之要點，既廣又深，分別有心部和界部、訣部教誡，
> 此大圓滿源於續部，
> 其他經典無法得見。

在依照個人願求而引介心性之後，也會顯示如何用身、語、意作修行的方式。這種方法不像一般的續部修持那樣，把身觀想爲本尊、語轉化爲咒語、意則爲三摩地；也不像外、內、密解脫的「區別（分別）輪涅」（或稱爲區別有寂）法門那般，直接斬斷身、語、意的執著。相反地，它是由

各式各樣的教誡所組成，而這些教誡的相關層面可能包含了修法所依物、明妃和黑關（在黑暗中閉關）等等，使我們在一個生世之內成佛。讓我們以八十歲的米龐．貢波為例：貝若擦那在一杯茶的時間內，便為米龐．貢波引介了本覺，還給他一條禪修帶和一個下巴托墊，其後，米龐．貢波便依此而證得虹身成佛。

因此，那些渴望持有「當下」大圓滿教誡經典、卻無法加以深廣研修的人，應該轉而研修可以促成解脫的各種祕密教誡，例如那些與中陰有關的教誡。

慣例上，我們說有六種中陰，但是，在不共無上的大圓滿本續《聲應成續》裡，只提出了這四種中陰：生後中陰、死亡中陰、法性中陰、生有中陰。

5．2 生後中陰

首先，如果未能認出從本基生起的今生顯相乃是自己的本智，那就是「俱生無明」的過患。當我們把這些顯相覺知為「他」，而沒有認識到這些顯相是我們的自顯，這就是「遍計無明」的過患。由於受到色、聲、香、味、觸等五塵之緣慮，我們迷失在粗重的概念之中；因為執著於色、受、想、行、識等五蘊，我們受到「我」、「我的」（我所）等語言文字之緣慮，「我的兒子」、「我的父母」、「我的國家」……等等的見解於是生起。這因而產生了對自我的執著、對他人的仇恨，以及對在兩端之間的人的漠然（中立感受）。這種粗重的迷妄如同從斷崖峭壁傾瀉而下的瀑布，使我們從無始輪迴以來，至今仍在六道輪迴中流轉。如果我們未能遵循深奧的大圓滿之道，肯定會繼續在這個輪迴中流浪徘徊。因此，我們需要了解生後中陰，尋找一位持明上師做爲善知識，並在金剛乘共道的生起、圓滿次第，和不共的大圓滿見地這兩方面都臻至極致。好不容易遇見一位持明上師，卻未由上師處得到能即身成佛的大圓滿眞義就離開上師，就好似入了寶山卻空手而返那般的愚蠢。同樣的，已經擁有了這個具足六福德的難得人身，卻沒有生起想要有意義地善用人身的願望，也是無知的做法。

再者，爲了在這個生後中陰時，根除駁斥大圓滿見、修、行的懷疑、譏諷和偏見，讓我們想一想燕子的例子：在眾鳥之中，燕子是最優秀的築巢者，牠們把巢建築在最掩蔽的地方，免於人類和其他動物的威脅危險。唯有在牠沒有任何疑慮、百分之百確定之下，牠才會開始築巢。把這個教導記在心中，並去除你對上師忠告所產生的任何懷疑。

在本書關於「見」的部分，描述了賢噶仁波切遇見蓮師的故事；我們應該具有他那樣的信心。❶這裡還有個類似的故事：曾經有一位名叫康瓊・喇嘛・桑巴的瑜伽士，他在爲期三年的閉關之時，染上了一種嚴重的疾病。雖然他沒有任何痛苦，但是有一天因爲身體虛弱而無法行動。他請妻子把法友喇嘛貝瑪請來。當老友抵達之後，喇嘛桑巴請妻子到屋外，要求喇嘛貝瑪念誦〈遙喚上師祈請文〉，並且說到，他已經無法繼續留在肉身之中。喇嘛貝瑪開始用旋律優美的曲調來念誦祈請文，喇嘛桑巴便從枕頭上微微起身。當祈請文念到一半的時候，喇嘛桑巴脊椎挺直地坐著，雙手結三摩地印（定印）。就在祈請文結束之時，喇嘛桑巴便過世了，但是他的身體卻開始發光，而且從他的表情看來，他似乎正要開口說話。喇嘛貝瑪到外面告訴喇嘛桑巴的妻子，她的丈夫已經過世；可是她並不相信，直到一團虹光出現在門框附近，她才相信這件事情。許多人看見彩虹的光芒，這也成爲眾人談論的話題。喇嘛貝瑪目前依然健在，並且繼續述說著這個故事。

這個年頭，科學製造了令人不安的疑慮和充滿懷疑的想法。如果我們對自然圓滿的基本見地持有任何偏見，則很重要的是，要在它生起的剎那便加以根除。有一句西藏的俗語是這麼說的：一個願望無法由兩個心來完成；另一句俗語則說，一根兩頭尖銳的針無法用來縫紉。不論我們從事什麼樣的修學，都應該要完成它、圓滿它。我們不應該像共道的性相乘那般，用推論的見地來假定這種圓滿，而是應該要透過自己的覺受來使其圓滿。頂峰的覺受需要仰賴一位眞正的持明上師，因此我們必須不畏艱辛地尋找這樣的上師。如果某位上師並未了證心性，則不管他給予什麼指引，都只會是誤導。因此，在尋找上師的時候，你要小心謹愼！

❶在2．1有提到，但並未有故事內容。

六道眾生有六種不同的迷妄。舉例來說，天道眾生把水覺知爲甘露，人道眾生把它覺知爲飲用和清潔之水，畜生道眾生把它覺知爲解渴之物，餓鬼道眾生把它覺知爲膿和血，地獄道眾生則把它覺知爲熾烈之火。由於不同的眾生對水有著不同的看法，因此我們可以說「水沒有客觀實體的存在」。在《入菩薩行論》中，寂天菩薩說到：

鎔鐵之處由誰造？
熾熱火燃從何來？
依據佛陀之所言，
惡心自有且所致。❷

當自生本覺受到二元感知所包覆時，六道輪迴的每一道眾生便會用不同的方式看待事物，如同一個黃疸病人可能把諸如海螺等白色物品看成是黃色的。在人道之中，從出生到不可避免之死的壽命，這個自顯應該要知道它乃是個騙人的大迷妄。如果我們能透過上師所傳授的口訣教言而對大圓滿有一些覺受，那麼，在生後中陰，我們就能穩穩地持守本覺並獲得解脫。這一點，極爲重要。

5·3 死亡中陰

《普賢上師言教》中，引用了阿闍黎聖天的這段話：

造成死亡的緣境，甚多；
帶來生命的緣境，甚少；
生命還成爲死亡的緣境。

在這個時代，大火、洪水、風暴和地震等天災發生的次數，多過以往，某些程度和氣候變化有關。似乎每天都有好幾千人同時死於天災。

一九九二年，泰航 **TG 311** 班機在預定降落加德滿都特里布萬國際機場的十五分鐘之前，於巴提達拉山墜機，機上的一百三十多人全數罹難，無人生還。在這三百位乘客之中，沒有人事先知道自己會在當天喪命。此外，在機場接機的父母和親人，當他們聽到飛機撞山墜毀的消息之後，都感到

❷見原書第五品「護正知」：「有情獄兵器，施設何人意，誰製燒鐵地，妖女從何出；佛說彼一切，皆由惡心造，是故三界中，恐怖莫甚心。」如石法師譯。

不知所措，難以置信。飛機的殘骸依然還在山裡，但罹難者的遺體卻無法尋獲，如同鳥兒飛過天際而不留痕跡。我們無法確信目前的這個肉身還能夠存活多久！

科學或許能使我們更輕易旅行、更長壽，但也創造了更多種死亡的機會。在已開發國家，或更確切地說，那些國家中的貪婪人士，爲了短期的利益而製造這類緣境：譬如，用四大元素製造出來的機器。由於他們的生產製造，到了這個世紀結束之前，這個世界非常有可能會成爲一個人類與動物都無法居住的地方。如果我們眞的走到如此嚴重的地步，將會有更多種死亡的方式產生。

此外，基於細微的化學反應，現在的新疾病根本不分性別，也無關社會階級或所在地方，一視同仁地置人於死地。人們並非因爲自然的業緣而死，反而是因爲這些新疾病、戰爭武器等因素，而且每天都面臨大規模的死亡。這些過世的人，並非沒有父母、親戚、配偶和朋友，而是像我們一樣有著所愛和愛他的人，可是他們卻就此留下未竟之事。

死亡的時間並不確定。死亡不會爲任何人而稍做停留，它甚至不會看看孩子是否已經能夠自行站立。死亡突然降臨，如同在我們頭頂上空所發出的轟隆雷鳴。到了那個時候，唯有我們的修學才能夠發揮用處；至於財富、子女、名聲等等，都毫無用武之地。所有的東西，都必須留在身後。因此，有從現在開始就憶念死亡和修心的必要。我們必須了知死亡的本質，以便在死亡中陰就能夠成功地進入解脫的狀態。

5·4 死亡中陰的實際修持

死亡中陰，開始於死亡的痛苦襲擊，結束於我們的呼吸停止，其時間長短不一。

上上根器、確信本覺的人，將會如此思量：「我現在就要死了，即將滅入涅槃，進入離戲之界」，接著便深深而緩緩地呼氣，了無所緣的安住在心識之中。這是最迅速的死亡方式，我們應該一再地練習這種深緩的呼氣。

當死亡於最後的呼氣期間降臨，但此時我們尚未解脫，若在過去曾經重複練習，則要觀想本覺爲位於心輪的一個白色「阿」字，從囟門（梵穴）射出，進入虛空。要清晰觀想二十一個白色「阿」字，一個接著一個地從心輪往上、由頭頂射出，我們則安住在了無所緣的本覺之中，並獲得解脫。

那些擁有像上述這種關鍵教言的人，不需要仰賴身心感官必然且漸進的三消融（顯、增、得）和本覺相之過程。他們可藉由菩薩的呼吸遷轉法門而證得涅槃。

而那些對這種教言沒有太大信心的人，在死亡來臨時，他們應該了知三消融的階段與過程。但是首先，讓我們想一想我們生成的過程：在自己父母交合的時候，父親的白色種子（白菩提）和母親的紅色血液（紅菩提）會融合在一起，然後受到業風的驅使，心識進入胚胎中。剛開始，地、水、火、風四大元素的物質生成習性聚合在一起，創造了由五大元素所構成的身體，然後隨著不同階段，眼睛等粗重的感覺器官就會一一出現。

在生命的盡頭當消融的時期出現，最先開始消融的正是這五種感官。接著，身體分解成爲五大元素，然後各個元素先融入元素本身，再融入到另一個元素。這相融一體的元素又分解爲白色和紅色的元素。當心識與這些元素分離，三階段的消融次第，也就是顯、增、得三相便於焉產生。

讓我們先來看看感官融攝的先後順序。在死亡的時刻如果有喇嘛、僧侶、親戚、配偶或朋友在側，當我們試圖要聽他們的持誦或談話、卻發現自己根本聽不到時，這表示我們的聽覺已經停止；或者，我們之所以聽不到他們的持誦或談話，是因爲這些話語對我們來說，來自非常遙遠的地方；就算我們仍然能夠聽到一些聲音，也無法理解其中的意義。同樣的，當我們注視事物的時候，再也無法再好好地觀看，這表示我們的視覺已經停止。我們的嗅覺、味覺和觸覺也以同樣的方式逐一停止。這是我們喪失外在感官的順序過程。

有一次，當我在鄴虹的時候，看到一位婦人的死亡歷程。她說：「這是怎麼回事？我看不清楚了。」接著，她感覺到有巨如大地的重量把她往下壓，當她試圖起身的時候，說：「請把枕頭墊高一點。」我親眼目睹感官和四大元素消融的先後順序。在那個時候，如果有人可以指導，那便是他開始著手的適當時機；假使有人知道如何進行遷識的話，那也是最適當的時機。

在《竅訣・融酥》中，貝瑪・林巴說到：

當地大消融入水大的時候，我們會感到沉重而站不起來；
當水大消融入火大的時候，鼻子和嘴巴會變得乾燥；
當火大消融入風大的時候，身體會失去溫度；
當風大消融入心識的時候，吸氣會停止，但仍然有順暢的呼氣，
此時，我們會感到有巨大重量把我們壓住，並且有一片黑暗把我們包圍，或是感覺被丟入雲中。這所有的景象都伴隨著呼嘯的風聲而來。

當我們的肌肉融攝入地大，地大融攝入水大的時候，我們會有沉重的感覺，彷彿被人丟入坑洞，或被一座山往下壓那般。這時，有些人會說：「請把我拉起來！」或「把枕頭墊高！」當血液融攝入水大，水大融攝入火大的時候，唾液從口和鼻滴下。當體溫融攝入火大，火大融攝入風大的時候，我們的口和鼻變得乾燥，身體失溫。在那個時候有些人的梵穴會冒出一滴液體，這是失去體溫的表示。當呼吸融攝入風大，風大融攝入心識的時候，所有細微和粗重的氣息都會攝入持命氣之中，吸氣變得異常困難。氣息從肺部送往喉嚨，聚集在那裡。身體的所有血液都聚集在維持生命的主動脈，三滴血液打在心輪上，隨著三次長長的呼氣之後，大口的吸氣便會停止。

此時，我們從父親那裡得到的白色明點（白菩提），會從頂輪下降至心輪，這時的死亡徵相是如

同滿月時的異色天空那般，內在的心識相當明晰，三十三種瞋念全都停息——這稱為「顯相」。接著，從母親那裡得到的紅色明點（紅菩提），便從臍輪往上，這時的死亡徵相是彷彿太陽下山的淡紅天空，內在的心識充滿大樂，四十種貪念全都停息——這稱為「增相」。接著，心識從紅、白明點的中心分離，這時的死亡徵相是被黑暗籠罩但仍清朗的淡紅天空，內在的心識了無念頭，七種癡念全都停息。在這一個剎那之中，我們宛如失明般，同時昏了過去——這稱為「得相」。

然後，當我們重獲部分意識的時候，我們認出本初明光（在受孕和死亡時生起），它離於擾亂虛空的三消融階段。當我們安住於禪定之時，將心識遷轉至無上法身而成佛，此時便超越了所有的中陰。

事實上，當呼吸停止的時候，父親的白色明點從頂輪降下，母親的紅色明點從臍輪上升，兩者會在心輪融合，而此同時，心識則離開肉身。如果我們欠缺知識，對這個過程不加熟悉，心識將會昏厥很長一段時間。所以，在死者失去心識的期間，傳統上會舉行眾所周知的四十九天法事。

對於那些已具良好訓練的人而言，只會有短暫的時間失去心識，接著心識便消融入虛空中，虛空則融入明光中，或是掌握本基覺性的堡壘而得到解脫。當我們呼吸停止的時候，過去良好的修學會帶來完整而依序出現的顯、增、得三相，接著，由於識得了本基平等的明光自然安住於其自身之中，我們便可獲得解脫。

如果我們能夠成就不造作的自然大圓滿之見，並且從現在開始熟悉這個見地，那麼在死亡來臨時，因爲嫻熟此見之故，將能夠充滿信心地通過立斷的迅捷道。在這條道路上，本覺和虛空既不分離、也不結合，能帶來進入離戲法身的解脫。這就是當代現存瑜伽士所稱❸的「圖當」，或死亡時刻的明光覺受。

以下的軼聞說明了「圖當」的關鍵要點。二〇〇五年七月，在尼泊爾的普莫切山，有一位大瑜伽士梅梅．嘉岑，他一輩子都在閉關。數個月以來，他小病不斷。有一天，他請朋友前去邀請祖古德嘉仁波切，希望對方在他仍能起身迎接的時候來拜訪他。朋友們按照他的指示去做。當梅梅．嘉岑會見仁波切的時候，他告訴仁波切他已經完成畢生的工作，並請仁波切替他修「頗瓦法」（遷識的一般稱呼）。仁波切提醒梅梅．嘉岑，他一輩子都修持續法，也遇見許多眞正的持明上師，因此並不需要任何人替他修頗瓦法。接著，仁波切告訴他：「在死亡的時刻，只要向那些持明上師祈請，記得像你過去所做的那樣，用相同的方式來修持瑜伽，便會對你有所助益。」梅梅．嘉岑回答說：「沒錯，我自己就可以修頗瓦法」。隔天的十點鐘左右，一位名叫根敦的僧人前來拜訪梅梅．嘉岑，談了一會兒之後，他便去爲梅梅．嘉岑煮粥。在他煮粥的時候，他聽到三次種子字「呸」的

❸這個名相目前通譯為「法性中陰禪定」，但未能完整表達其意，故於文中皆使用音譯「圖當」。依照作者說明，其內涵簡述如下：臨終中陰之時，「顯、增、得」三相顯現，當下認識本覺、母子光明相遇而入定；其中，「圖」為意，「當」為定，當下本覺的意境。

猛然大響。他走進房間，看見梅梅．嘉岑背脊挺直地雙盤而坐，小聲覆誦四次的種子字「呸」。在那個時期，毛派份子正在尼泊爾進行叛變，他們甚至持續監視葬禮的進行。我們鄰近村莊揚噶和悠望的人們，都前來見證喇嘛的圓寂。他們驚訝地看見喇嘛雙盤直坐，因而對佛法生起了一些信心，同時還讚揚這位圓寂後仍能夠雙盤而坐的瑜伽士。

一九五九年，在西藏的果洛色塔，敦珠．林巴的傳承持有心子多傑．達杜在市集的廣場中央雙盤而坐，凝視天空，並大聲且清晰地說出種子字「呸」，然後圓寂。許多人親眼目睹了此一事件。「圖當」或說死亡時刻的明光覺受，是因母光明和子光明的結合而產生。由於掌握本初本基的堡壘，由於在生起和圓滿次第之道上證得不變，由於從死亡中陰的迷妄獲得解脫，其圓滿的徵相便是能安住於非造作的身心覺受之中。

此外，在死亡之前的剎那，有必要細察教誡，且小心謹慎的程度應有如舞者在鏡前自我審視那般，釐清未然。一個爲了參加宴會而打扮的佳人，首先會毫無瑕疵地穿上衣服和飾品，然後化妝。唯有在鏡中檢查並徹底心滿意足之後，她才會充滿信心地出門赴約。同樣的，當我們學習遷識的時候，我們必須先修持，直到我們充滿信心，並確定內、外徵相都相應地展現。之後，當死亡降臨時，我們則應用此一法門，實際把心識遷至淨土。那些對遷識具有信心的人，不僅不會害怕死亡，反而歡迎死亡的來到。大瑜伽士密勒日巴唱道：

我們所稱之死亡，

瑜伽士把它當作芝麻小事。

這些修持佛法的瑜伽士，出身於無上淨土，在修畢大圓滿法還需修持的部分之後，便證得了圓滿佛果。

5.5 遷識爲五種無修的成佛法門之一

就在死亡之前，我們應該釐清任何與遷識有關、卻仍不清楚的部分，如同一位跳舞的女孩在鏡中注視自己那般。遷識有四種：法身遷識、報身遷識和化身遷識，以及由三種想所構成的凡俗遷識。

由三種想所構成的凡俗遷識，是將中脈當作道路，心識當作行旅於中脈的過客，而無上極樂淨土則爲其目的地。我們需要修持這三種想，直到內與外的成就都展現出來爲止。當死亡來臨的時候，如果向來都能把修行當作我們業習的一部分，便能夠遷移我們的心識，並從輪迴的痛苦中解脫出來，投生在極樂淨土或化身無上界等類似之處。我們可以從貝瑪・隆拓・嘉措針對敦珠・林巴《斷法引導》所做的論釋，學習到遷識法的精確細節。

如果我們是不具遷識修持經驗的尋常人等，在死亡的時刻，我們應該熟知八大如來（毘婆尸佛、尸棄佛、毘舍浮佛、拘留孫佛、拘那含佛、迦葉佛、釋迦牟尼佛和彌勒佛）、八大善逝（即藥師佛眾）❹和八大菩薩（佛陀最親近的心子：文殊師利菩薩、觀世音菩薩、大勢至菩薩、地藏王菩薩、除蓋障菩薩、虛空藏菩薩、彌勒菩薩和普賢菩薩）的名號。僅僅是在死亡中陰期間聽聞他們的名號，我們便能夠離於下三道的痛苦。

有一則故事是這麼說的：有一次，舍利弗對著一頭垂死公牛的耳朵念誦諸佛的名號和咒語；因爲咒語的力量，公牛投生爲婆羅門，後來出家，領受釋迦牟尼佛的法教，最後證得阿羅漢的果位。同樣的，如果我們能對垂死者念誦陀羅尼、咒語及其根本上師的名號，垂死者也將因而獲得極大的利益。所有人都應該了解這一點。

隨著感官、四大和顯、增、得三相的先後消融，我們在圓滿的平等捨中死去。心意昏厥，而在重獲心識之時，它已受到清淨，本基之光生起，其實相得以保任。當稱爲「本覺自然妙力之實相」的明光消融，在它消失之際，法性中陰遂逐漸顯露。

5．6 法性中陰

目前這個包含了自我、由父精母血而來的粗重身體已被捨棄，在本基覺性之中生起普現如幻遊戲的明光。正如坐在母親腿上的嬰孩完全信任母親一般，在這個法性中陰期間，我們應該信任這樣的教導：自己的覺受不具有絲毫實質的存在，實際上是明光的自顯。就像不會說話而迷失於人群中的幼兒，在他與母親團圓之後，因爲母子之間的親密關係，幼兒充滿信心、毫不猶豫地爬到母親的腿上那般；同樣的，由上師指出、因無修法門而顯露的子明光，和非緣、自生之本基覺性的母明光融合在一起。在法性中陰時期，母明光是本質，子明光是自顯之自然妙力，兩者如同太陽和陽光一般是一體的。懷著這種確信，我們如同爬到母親腿上的兒子。在這一個刹那之間，從無始以來由二元感知所引起的二障習性立時得到清淨，此時便證得了無中陰的佛果。

如果要問，爲什麼本基明光會在這個時候生起？這是因爲我們剛剛才脫離由粗重血肉所組成的屍體，與顯、增、得三相有關的八十心所妄念都已停止生起。因此，在這個關鍵時刻，我們對樂、明和無念等禪修覺受了無執著。接著，從既是記憶又是製造記憶者的本基識（含藏識）所來的憶念，本身似乎消融入虛空之中，自生本覺完全無拘無束，離於所有的偏見和私心，空虛明朗，了無障蔽。我們毫無造作、自在輕鬆地安住於自然狀態之中，全然地進入本淨之廣大內在空界而解脫，成爲本初自解本基的大任運實相。

❹《藥師琉璃光七佛本願功德經》（唐義淨大師譯）云：藥師佛又作七佛藥師，即善名稱吉祥王如來、寶月智嚴光音自在王如來、金色寶光妙行成就如來、無憂最勝吉祥如來、法海雷音如來、法海勝慧遊戲神通如來、藥師琉璃光如來。加上釋迦牟尼佛，為藥師八佛；再加上阿彌陀佛，則為藥師九佛。

到了呼吸停止的時刻，我們感官平常能覺知的外在對境已變得無形，這也包括自己的屍體在內。如果此時沒有解脫，就必須認出自己光身的明性。我們的覺知場域由虹光構成；虛幻顯相變化無限，諸如大地、岩石、樹木、森林、日月等有生命和無生命的事物都已然消失，不論我們往哪裡看，都看見彩虹——所有的顯相都閃耀著明燦眩目的光芒。在這個時候，我們修持大圓滿立斷和頓超的功力深淺，將決定我們是否能把這些光相看成讓我們達至本覺的解脫媒介。那些以前對此沒有覺受的人，只會像閃電那般的一瞥本覺。如果我們能夠維持這些景象，了知一切事物皆爲自顯，那麼在第一個刹那，我們就已然確信那種自顯是不具實體的；在第二個刹那，我們將立時解脫；到了第三個刹那，我們便掌握了解脫的堡壘。在此之後，將不再有任何顯相。

當明光成爲單一實相的一部分時，自顯將自然顯露爲佛身、清淨的身相。寂靜尊從心輪生起，忿怒尊——自顯的動相則從顱骨顯現。這些寂靜尊和忿怒尊佈滿了中陰的世界，至於他們會有多大或多小，並無法預測。如果此時並未認出這些幻相乃爲自顯，那麼，這個光將會引發恐懼，光芒和聲音也會引起驚慌。如果我們並未了解上師教導的要點，便無法認出這些光、光芒和聲音，因而在輪迴中繼續流浪。

再者，五佛部男女雙運本尊眾的顯現會與我們立斷、頓超的修持功力深淺，以及我們安住禪定的時間長短，直接成正比。五佛部的壇城本尊眾，會在第一天到第五天顯現。如果我們無法把握這此些顯相，那麼，本初覺智的四種景象，也就是「金剛薩埵空界」，便將生起。

那些不熟悉大圓滿修道的人，對這些從本基生起、又如同夕陽西下山頭那般沈入本基卻又突然消失的法性中陰景象，將無從認出。那些熟悉大圓滿的人，則可能會停留在此虛空中一段時間，然後對上師生起深刻的信心和虔敬，並呼喚上師前來。上師可能會顯現為自顯的導師，讓人們得以認出並感到撫慰，而上師也可能藉由這種方式，顯示解脫道和解脫果。

5·7 生有中陰

心識只能靠風息來移動，它只會受到金剛坐的不變本淨和母親的子宮所阻礙；而土地、岩石、山岳、樹幹或任何其他的堅固物體，都無法阻擋我們。自身可以毫無障礙地穿越一切事物。在這個中陰時期，我們所擁有的是意生身，並非有血有肉的實際身軀。顯相如夢，只是以標籤而存在。由於業緣之故，我們能夠參與一些牛頭不對馬嘴、或帶點奇異神妙的事件。我們所能看見的，就只是那些和我們類似的各種不同中陰眾生，以及其他的輪迴眾生。由於具有天眼通，我們能了知仍然在另一個世界活著的眾生其心續中的喜、惡。

這時可能會聽到自己的父母或子女正在交談，或是僧眾正在誦經，但是當我們試圖和他們說話的時候，他們會因為聽不到我們的聲音而沒有回應。那時，我們可能會認為每個人都痛恨我們，這時對他們的憎恨於焉生起。舉例來說，當大夥同在餐桌前的時候，沒有人會替我們上菜；太陽或任何其他的光源，也照映不出我們的影子；在沙子上將不會留下腳印，就算腳濕了，也不會有足印。此時，我們才漸漸了解自己已經死去，深深的恐懼和痛苦將把我們吞沒。

我們可能會向上師和僧眾尋求庇護和皈依，卻發現他們正在舉行的儀軌是個贗品，他們違犯了三昧耶且尚未還淨，並對生起和圓滿次第的修學置之不理。尤其是看見他們的貪婪時，更覺得倍受愚弄，而且他們就是下三道的代理人，如果和對方扯上關係，只會讓我們生起邪見。於是，想要趕快投生的欲望變得更加強烈，我們四處尋找子宮的入口；但是，在生有中陰的業命耗盡之前，我們不可能找到那個子宮。

死亡的景象，每七天就會重複一次。由於死亡景象的重現會帶給死者劇烈的痛苦，因此傳統上都堅持要每星期舉行超度，而且要連續七星期。在景象重現的時候，我們會聽到四種可怕的聲音：像是隆隆作響的土石流、波濤洶湧的海洋、巨大熾燃的火焰和旋轉不停的風暴。貪、瞋、癡三毒顯現為具體化的深淵，由於想著自己可能會掉入深淵，而感受到難忍的驚慌。心識之「行」（心識的衝動）、「識」（心識的概念化）、「名與色」（或說心法與物法）的體現，其所造成的感受，自性都是劇苦。受到業風吹襲的生命，如同一根被微風吹動的羽毛，沒有著陸的大地。

此時，善變且朦朧的心識此時變得比以往更清晰、更警覺七倍，因此中陰的七個星期似乎非常漫長。在頭三個星期裡，我們仍然保有生前的身體樣貌，行爲舉止也和生前差不多，但是，就連這個也無可預測。當我們坐下的時候，突然就覺得自己好像必須移動；當感到快樂的時候，驀地一陣的驚慌可能使我們感到煩擾；或者，我們可能會面臨其他無法預測的類似經驗。

到了第三週之後，我們會體驗到自己將要投生之輪迴眾生其特定的行爲舉止。例如：要是我們將投生爲鴿子，便會感覺到鴿子的嘴喙、翅膀和爪子。有時候，會覺得自己擁有一半前世的身體，一半來世的身體。

投生不同輪迴六道的徵相如下：如果將要投生於天道或人道，我們的頭會向上揚起，目光也會向上凝視；如果將要投生於阿修羅道或畜生道，我們則傾向往側邊看或往橫面看；如果將要投生於地獄道或餓鬼道，我們的目光便會朝下。

顏色的徵相如下：若要前往的是地獄道，會看見黑光和燒焦的樹根；若要前往的是餓鬼道，會看見飄盪的黑色羊毛；若要前往的是畜生道，會看見一片血海；若要前往的是人道，會看見白光；若要前往的是阿修羅道，會看見綠光；若要前往的是天道，會看見大約一公尺長的白光。這時應該要立刻認出這些徵相代表的是什麼，了解我們的命運，而不要壓制這種了解。如果我們能認出自己可能的投生之處，法身會顯露爲安住於本基之中的本覺。懷著對本覺的信心，法身的本基明光和本初清淨將再度顯現。透過這些跡象——法身的本基明光和本初清淨有如修補破損的灌溉渠道而讓水流順暢的材料，我們便能獲得解脫。

就像只要想去哪裡就能立即抵達該處的神通那般，那些能夠看見大圓滿見地之門的人，將了知中陰的心識，並憶起十方的化身淨土。懷著渴望前往這些淨土的強烈願望，留在中陰之身的習性便會因而消融。由於法性眞實的加持進入內心相續，於往後生生世世接連投生的延續力量將告中斷，便能往生該清淨刹土而成就佛果。

每星期為死者所進行的圓寂法會（詞意直譯為密意圓滿法會）是極具功效的，必須定期且準時地舉辦。古代的智者把生有中陰當成利益有情眾生的一種特別法門，他們會邀請修持生起和圓滿瑜伽有成的持明上師，啓建寂靜尊和忿怒尊的壇城。[5]上師把死者的心識召來而進入牌位裡面，焚燒牌位，然後給予灌頂，引介心性，指出道路，促使死者的心識前往淨土。此舉能為死者帶來巨大的利益。正如我們可用繮繩把一匹野馬帶進深谷的死胡同那般，同樣的，當持守誓戒的虔敬弟子身處中陰之時，持明上師也可充滿信心地把他們帶至安全之地。在佐欽・明究・南卡・多傑的故事中，他僅僅藉由靜忿本尊法來引導弟子涅・給奔・夏，就使涅・給奔・夏脫離下三道，而進入人道。如果我們能在四天之內，把死者的心識從其所在之處脫離，就能為死者帶來巨大的利益。

如果上師舉行餗煙供、薈供和燈供，在中陰的死者將會獲得食物、飲水和衣著，並且還能獲得利益。就以舉行一場餗煙供的利益為例：有一次，玉隆地方的一群男子冒險前往果洛從事貿易，經過好一段時間之後，家人聽說他們在路上遇到果洛盜匪的洗劫而已遭殺害；家人於是請來嘉戎・朋楚仁波切為死者念誦祈願文，而仁波切也舉行了餗煙供。不過，在這群商人之中有一個人僥倖逃脫，儘管要經歷飢渴和嚴寒的種種艱辛，他依然踏上回家的路程。當他抵達羌塘高原的時候，忽然聞到一股燒焦的甜糌粑味兒，飢渴之苦便在剎那之間盡失；當他回到家的時候，剛好看見仁波切和他的僧眾正在舉行餗煙供，才知道那糌粑的味道是從何而來。他的家人都對仁波切餗煙供的功效感到驚奇。❻

此外，上師藉由觀想力和持咒力而對死者生起悲憫的心懷和特別的三摩地，這將能使死者從中陰的恐懼幻相中脫離，並投生於化身佛的極樂淨土、銅色山淨土或類似的地方。即使死者並未因此而投生淨土，至少也能暫時投生於善趣，並且最終證得涅槃或般涅槃。因此，我們在父母親過世之後，連續七週、每週舉行餗煙供，這是必要的做法，另外也要同時盡力舉行皈依護佑和供養布施的法事。

---

❺即一般所稱的中陰「文武百尊」或「靜忿百尊」壇城，詳細說明請見《中陰聞教得度》或《西藏生死書》。

❻一般來說，煙供分為兩種：「桑煙供」和「餗煙供」，「桑煙供」主要作上供，「餗煙供」主要作下施。「薈供」的修持則依本尊法而各有不同，但主要是對這四種賓客作供養布施：三寶三根本聖眾、世間護法、怨親債主、有情眾生。

講到這裡，便完成了四中陰的教導。龍欽巴尊者在《法界寶藏論》中，釐清了在詳細說明大圓滿主要的見、修、行、果之後，爲何要解釋四中陰的目的：

這些方法不著重任何目標導向的勤作；
唯有自在安住當下任運之時才會發光。
這無上的祕密會在此時此刻自行揭露，
既然連在中陰都不會受誘惑而遠離之，
這金剛意的絕頂法門因而高出所有漸進道的法門。

這一章，對四中陰次第的解釋，屬於大圓滿立斷入本淨之正行的附加部分。它的次第，符合那些無法在道上獲得立即或直接解脫者的不同智識需求。對這四中陰按部就班的教導，能利益弟子。大圓滿法教有著許多強而有力、有效、善巧方便的教導。

如果我們能對大圓滿的法教融會貫通，那些上上根器的人，其所有主觀的自顯都將在今生消融於實相界之中，並能如持明極喜金剛、海生金剛（蓮師八變之一）那般，成就大遷轉和虹身。對於較下根器的人來說，重要的做法是，在死亡中陰期間我們應該要認出顯、增、得三相之光。接著藉由修持遷識，我們便可投生於三身的淨土。在法性中陰，我們不應該害怕聲音、光亮和靜忿本尊眾所散放的光耀，而應該直接認出我們赤裸的自顯即爲本覺的自然妙力。如同窩在媽媽腿上的孩子一般，我們透過上師引介而認出的明光會和本基明光相融合一，我們因而解脫入本基之中。如果我們未能運用這三個機會來獲得解脫，最後，當我們進入生有中陰的時候，如果這時能確信一切顯相皆爲迷妄，憶念我們目前的根本上師、阿彌陀佛和其他上師，則藉由虔誠、專注一境而祈願前往化身淨土的力量，就能克服生有中陰的一切障礙。這個忠告至關重要，請謹記在心。

此外，爲了不要浪費此一珍貴人身，首先，我們應該修持四思量來積聚福德，這四思量分別爲：人身難得、死亡無常、輪迴過患和業果不爽。接著，藉由修持十萬遍的五加行（前行法）和續部獨有的漸進法門，並像過去偉大上師那般仰賴相同的無上法門，則我們應該能在今生成佛。

對佛法、尤其對大圓滿法教特別感興趣的人，如果現在多努力一點，不僅能在來世投生淨土，也可能會在今生成佛。看看今日世界人們的處境！日日夜夜處於有錢、有名、有權人士之間的競爭壓力，如同厚重雲層之內的雷鳴和閃電，似乎完全排除了快樂及祥和的可能性。這個身心的能力是有限的，如果我們超出這個限度，身體的疼痛、壓力和緊繃難免都會發生，諸如憂鬱症等現代疾病，將導致精神失常，甚至死亡。相反地，如果我們能依止大圓滿的法教，將身體放鬆，所有情緒的緊繃便會立即獲得釋放。大圓滿的修持如同靈丹妙藥，能化解我們視爲問題的一切事物，逆轉劣勢，令人感到舒服愉快，因此家庭、朋友、伴侶和社群之間的純粹歡樂與和諧，便是我們快樂的精髓。沒有什麼比和所有人快樂和諧共處的人生來得更好。單單爲了這個理由，我就要激勵你們所有人修持佛法。

作者之跋

撰寫這本書的緣起，是來自我兩位台灣弟子的不斷請求，沈一雲（Shen Yee-Yun，法名 Yeshe Dolma 依喜卓瑪）和劉金礪曾表示，如果我能把我教導他們的所有一切都寫下並出書，必定能帶來很大的利益。我的新加坡弟子惠璇（Hui Sheun）也是如此的請求。因此，我便在尼泊爾的巴·達格瑪·南卡·穹宗寺（寧瑪巴南卡穹宗祖寺）寫作，那裡不僅遠離人車喧囂，而且靠近岡底斯山（岡仁波齊峰）這個西藏的主要聖地——勝樂金剛宮。❶

爲報母親懷孕苦，

務必善用此人生；

❶引述仁波切在台中心的法訊內容：「岡底斯山主峰位于西藏阿里地區，與尼泊爾交界，海拔六千六百公尺，佛陀曾在此轉大法輪，現今仍有五百羅漢法身常住于此，是最殊勝的佛山道場，佛經中所說的底斯雪山，即是此處。依密續記載，往昔釋迦牟尼佛，曾與五百大阿羅漢，以神變之力，降臨岡底斯雪山，以大悲如幻三昧力，現起勝樂金剛與金剛亥母雙運像，調伏當地一切非人等眾，令其守護佛法，並授記此地，為勝樂金剛二十四聖境，六十二壇城之首的大成就福地。……洪拉山區南卡穹宗祖寺離此聖地不遠……。」（http://www.sgnltv.com/news/content.php?news_id=1105）。

亦報他人畢生恩，
今吾獻書予大眾。

憶及上師之恩慈，
為讓所教不虛耗，
故以寫書之善根，
願成青春彩項鍊，
法興盛且眾得利。

詞彙選列對照表

大圓滿法藏文名相的中英對照

藏文拼音	英文翻譯	中文翻譯
ka dag	alpha-purity	本淨，本自清淨
gzhi rig	basic pure presence	本基覺性
sangs rgyas (pa)	buddha	佛，佛陀
yon tan	buddha-potential	佛果功德
zhi gnas（梵文 shamata）	calm-abiding meditation	止，奢摩它
bya bral	carefree, free of convention	自在的、離於約定俗成的
nges pa	certain, predictable, unequivocal	確定的、可預測的、不含糊的
rtsal	creativity	妙力
rol pa	display	遊戲
nyon mongs	emotional affliction	煩惱
rang snang	envisionment	自顯（相對於「他顯」而言）
Dzogchen	Great Perfection	大圓滿法
lhag mthong（梵文 vipasyana）	insight meditation	觀，毘婆舍那

藏文拼音	英文翻譯	中文翻譯
rang byung ye shes	intrinsic awareness	自生本智
rang rtsal	intrinsic creativity, self-expression	自生妙力
rig rtsal	intrinsic creativity of pure presence	本覺妙力
rang rig	intrinsic presence	己覺，自身覺性
byang chub sems（梵文 bodhichitta）	luminous mind	菩提心❶
klong	matrix	界
rgyan	ornamentation	莊嚴
ye shes	primal awareness	本智，本初覺智
sku dang ye shes	pure being and primal awareness	佛身與佛智，清淨身與本初智
rig pa	pure presence	本覺
ngang	space (existential)	境界（存在的）
lhun grub	spontaneity	任運
sku gsum	trikaya, the three dimensions of being	三身
grub	truly existing, substantial existence	眞實存在，具體存在
ma nges pa	unpredictable, uncertain, equivocal	不可預測的、不確定的、含糊的

引用文典對照表❷

※ 經

’Od mdo Amitabha-sutra	The Amitabha Sutra	《阿彌陀經》
Kun dga’ bo’i mdo	Ananda’s Sutra	《阿難陀經》
Mdo sde phal po che	Avatamsaka Sutra	《大方廣佛華嚴經》
’Phags pa’da’ga ye she kyi mdo Atajnananama-sutra	Awareness of the Moment of Death	《聖臨終智經》
Rten cing ’brel bar byung ’ba’i don bshad pa’i mdo Pratityasamutpada-sutra	The Explanatory Sutra of Interdependent Origination	《佛說緣起經》
Sdong po bskod pa’i mdo	Gandavyuha Sutra	《樹王莊嚴經》❸

❶於書中講到自性光明時，還是以英譯「光明心」為主。

❷〔 〕內為作者名稱，《 》內為經名或續名，（ ）內為別稱。

❸外文書中常見以此名來代表《華嚴經》〈普賢菩薩行品〉，但若依阿張蘭石的《心靈華嚴：辨證互明的心靈學與圓融證悟次第體系》，則也可能是〈入法界品〉。

藏文拼音	英文翻譯	中文翻譯
Yum chen mo stong phrag brgya pa Aryaprajnaparamita – sanchayagata-sutra	The Great Matrix Perfection of Wisdom Sutra in One Hundred Thousand Verses	《般若十萬頌》
Shes rab snying po'i mdo Prajnaparamita-hrdaya-sutra	The Heart Sutra	《心經》
Blo gros mi zad pa'i mdo Aksayamati-nirdesa-sutra	The Inexhaustible Mind	《無盡意經》
Ting nge 'dzin gyi rgyal po'i mdo Samadhiraja-sutra	The King of Samadhi Sutra	《三摩地王經》 〔漢譯《月燈三昧經》〕
Lang Kar gshegs pa'i mdo	Lankavatara Sutra	《入楞伽經》
Yum bar ma brgyad stong pa Astasahasrika-prajnaparamita-sutra	The Medium Matrix Perfection of Wisdom Sutra in Eight Thousand Verses	《般若八千頌》
Dkon mchog brtsegs pa'i mdo Ratnakuta-sutra	The Pile of Jewels	《寶積經》
So sor thar pa'i mdo Pratimoksa-sutra	The Sutra of Individual Liberation	《別解脫經》
Phags pa Khye'u snang ba bsam gyi mi khyab pa bstan pa'i mdo （梵文經名未能確認）	The Teaching of the Noble Youth "Incredible Light"	《不思議光菩薩所說經》 〔或譯《勝不可思議光童子經》〕

'Dui ba lung	Vinaya	《毗奈耶》（律藏）

※續：甘珠爾

Rgyud rtags gnyis	Hevajra Tantra	《〈喜金剛〉二品續》
Manjusrinamasangiti 'Jam dpal mtshan brjod	Recitation of the Names of Manjushri	《文殊眞實名經》 （聖妙吉祥眞實名經）

※續：寧瑪十萬續

Sgra thal gyur rgyud	Beyond the Sound	《聲應成續》
Sku gdung 'bar ba'i rgyud	The Blazing Relics	《璀璨舍利續》
Kun 'dus rig pa'i rgyud	The Compendium of Pure Presence	《總集本覺續》
Mdo dgongs pa 'dus pa, 'Dus pa'i mdo	The Discourse of the General Assembly	《經部・密意總集／總集經》
Heruka gal po'i rgyud	The Essential Heruka Tantra	《嘿汝嘎噶薄續》
Lta ba yang dag sgron me'i rgyud	The Lamp of Immaculate View	《正見炬續》
Tshul gsum sgron me'i rgyud	The Lamp of the Three Modes	《三相燈續》
Spros bral don gsal chen mo'i rgyud	Magnificent Unelaborated Clear Meaning	《明離戲大義續》
Byang chub sems kyi sgom pa	Meditation upon the Luminous Mind	《實修菩提心》
Rdo rje sems dpa' snying gi me long gi rgyud	The mirror of the Heart of Vajrasattva	《金剛薩埵心鏡續》
Sen ge rtsal rdzogs kyi chen po'i rgyud	The Rampant Lion	《力圓之獅大續》

藏文拼音	英文翻譯	中文翻譯
Rgyud gsang ba snying po'i rgyud Guhyagarbha-tantra	The Secret Core	《祕密藏續》
Sgyu 'phrul gsang snying	The Secret Core: Illusory Display	《幻化網祕密藏續》
Ting 'dzin dam pa'i le'u	The Source of Sacred Samadhi	《正定品》
Kun byed rgyal po'i rgyud	The Supreme Source	《普作王續》
Rtsal rdzogs pa'i rgyud	The Tantra of Perfect Creativity	《妙力圓滿續》
Nyi zla kha sbyor rgyud	The Union of Sun and Moon	《日月和合續》

※ 論：梵文釋論

Sum cu pa Trimsika-karika	(Asanga) The Thirty Stanzas	〔世親〕❹ 《唯識三十頌》
Lam gyi sgron ma Bodhipatapradipam	(Atisha) The Lamp of the Path	〔阿底峽〕 《菩提道炬論》
Dbu ma la 'jug pa Madhyamakavatara	(Chandrakirti) Entry into the Middle Way	〔月稱〕 《入中論》
Rgyud bla ma bstan bcos Uttaratantra	(Maitreya) The Supreme Tantra	〔彌勒〕 《大乘無上續論》（究竟一乘寶性論）

Chos dbying bstod pa	(Nagarjuna)	〔龍樹〕
Dharmadhatustapa	In Praise of the Dharmadhatu	《法界讚》
Dbu ma rtsa ba'i shes rab	(Nagarjuna)	〔龍樹〕
Prajna-mulamadhyamaka-karikas	The Root Stanzas of the Middle Way	《中觀根本慧論》（中論）
Sangs rgyas mnyam byor	(Padmasambhava)	〔蓮花生大士〕
	In Union with Buddha	《相契諸佛》
Dohakosa	(Saraha)	〔薩拉哈〕
		《多哈道歌》
Dbu ma rgyan	(Shantarakshita)	〔寂護〕
Madhyamakalamkara-karika	Ornament of the Middle Way	《中觀莊嚴論》
Spyod 'jug	(Shantideva)	〔寂天〕
Bodhicaryavatara	Entering the Way of the Bodhisattva	《入菩薩行論》

※ 論：藏文釋論

Sba gsal snag	The Samye Chronicles	〔拔・薩囊〕
Sba bshed		《桑耶寺廣誌・巴協》

❹此處英文為無著尊者的拼音，後與作者確認而修改為世親尊者的《唯識二十頌》。

藏文或梵文拼音	英文翻譯	中文翻譯
Botrul Dongak Tenpai Nyima (Bod sprul mdo sngag bstan pa'i nyi ma) Lta grub shan 'byed	Analysis of View and Doctrine	〔博珠・董阿・滇貝・尼瑪〕 《辨析見地與宗義》
Dilgo Khyentse Rinpoche (Dil go mkhyen brtse)	Oral commentary on Garab Dorje's The Three Incisive Precepts	〔頂果・欽哲仁波切〕 《噶拉・多傑〈椎擊三要〉講記》
Drubchen Pema Dewai Gyelpo (Grub chen pad ma bde ba'i gyal po) Sen ge rtsal rdzogs	The Rampant Lion	〔大成就者貝瑪・德威・嘉波〕 《力圓之獅》
Dudjom Lingpa (Bdug 'joms gling pa) Gcod Pa'i khrid	Cutting Instruction	〔敦珠・林巴〕 《斷法引導》
Dudjom Rinpoche (Bdhd 'joms 'jig bral ye she rdo rje)		〔敦珠仁波切〕 〔敦珠・吉札耶謝多傑〕
Khro ma'i lam rim smon lam	Aspiration on the Gradual Path of the Wrathful Dakini	《忿怒母道次第願文》
Bla ma rgyang 'bod gnyug ma'i thol glu	Calling the Lama from Afar : Spontaneously Calling to the Lama Afar in Song	《遙呼上師・本初道歌》
Mkha' gro thugs this khrid yig	The Dakini's Heart-Essence : A Manual	《空行心滴引導》

Mkha' gro thugs thig	Heart-Essence of the Dakini	《空行心滴》
Chos byung lha dbang gyul rgyal	History of the Nyingma School	《寧瑪教法史》
Gnas lugs rang byung	The Intrinsic Nature of Being	《自生實相》
Ri chos dmar khrid	Lifeblood of the Mountain Retreat	《山法赤裸引導》
Phur ba spu gri reg phung	Vajrakilaya: The Razor Slash	《金剛橛・利刃觸滅》
Gendum Chopel (Dge 'dun chos 'phel)		〔根敦・群培〕
Snyan rtsom 'thor bu	A Collection of Elegant Verses	《詩文雜篇》
Klu sgrub dgongs rgyan	An Ornament of Nagarjuna's Mind	《龍樹意莊嚴》
Guru Tashi (Gu ru bkra shis)		〔咕汝・札西〕
Chos byung ngo mtshar gtam gyi rol mtsho	History of the Nyingma School	《寧瑪派教法史・稀有教言遊戲海》
Jigme Lingpa ('Jigs med gling pa)		〔吉美・林巴〕
Legs byas yongs 'du'I snye ma	Autobiography	《自傳・善行全聚穗》
'Jigs med gling pa	The Chariot of Omniscience	《遍知車乘》
Ju Mipham ('Ju Mi pham)		〔局・米滂〕
Gzhi lam 'bras bu smon lam	The Aspiration of Ground, Path, and Fruit	《基道果願文》

藏文或梵文拼音	英文翻譯	中文翻譯
Nges shes gron me	Beacon of Certainty	《定解寶燈論》
Sher grel ke ta ka	Ketaka Commentary (upon the ninth chapter of the Bodhicaryavatara)	《入行論智慧品釋・澄清寶珠》
Brgal len nyin byed snang ba[5]	Reply to Refutation	《答難文・作晝日光》
Lugs kyi bstan bcos	Traditional Shastra	《自宗論典》
'jam dpal rdzogs pa chen po'i smon lam	Voice of Vajra Awareness	《文殊大圓滿願文》
(Karma gling pa)	Karma Lingpa	〔噶瑪・林巴〕
Ba rdo do thos grol	Liberation by Hearing in the Bardo (The Tibetan Book of the Dead)	《中陰大聞解脫》（西藏生死書）
Lakla Chodrup (Glag bla chos grub)	Doorway of Threefold Faith	〔拉喇・確祝〕
Rnam thar dad pa gsum kyi 'jug ngogs		《傳記林巴三信津梁》
Longchen Rabjampa (Klong chen rab 'byams pa)		〔龍欽・冉江巴〕
Gsung thor bu	Collected Fragments	《零墨雜文》
Mkha' 'gro sying thig	The Dakini's Heart-Essence	《空行心滴》
Bsam gtan ngal so	Finding Comfort and Ease in Meditation	《禪定休息》

Gser yig can	The Golden Letters	《金字簽題大圓滿口訣》
Bi ma snying thig	The Heart-Essence of Vimalamitra	《毗瑪心滴》
Mkha' gro yabg thig	The Most Secret Essence of the Dakini	《空行極密心滴》
Bla ma yang thig	The Most Secret Essence of the Lama	《上師心滴》
Gnas lugs mdzod	The Treasury of Natural Perfection	《實相寶藏論》
Chos dbyings mdzod	The Treasury of the Dharmadhatu	《法界寶藏論》
Theg mchog mdzod	The Treasury of the Supreme Approach	《勝乘寶藏論》
Yid dzhin mdzod	The Wish-Fulfilling Treasury	《如意寶藏論》
Milarepa (Jetsun Mi la ras pa)		〔密勒日巴〕 〔至尊密勒日巴〕
Mgur 'bum	Songbook	《道歌集》
Ngari Panchen (Nga ri Pandita Pema dbang kyi rgyal po)❻		〔阿里班禪〕 〔阿里班禪・貝瑪旺格嘉波〕
Sdom sgum rnam nges	Ascertaining the Three Vows	《三律儀決定論》

❺此處藏文拼音原為 nyid，由敦珠貝瑪南嘉師兄修正為 nyin；若依照 Rigpa Wiki，則全名為 *Response to Objections: The Light of the Sun*（rgal lan nyin byed snang ba）。

❻此處藏文拼音原為 dbyang，由敦珠貝瑪南嘉師兄修正為 dbang；若依照 Rigpa Wiki，則全名為 nga' ris pan chen padma dbang rgyal。

藏文或梵文拼音	英文翻譯	中文翻譯
Ngulchu Tokme		〔悟曲・透美〕
(Dngul chu thog med)		〔無著賢菩薩〕
Rgyal sras lag len so bdun ma	The Thirty-Seven Practices of the Bodhisattva	《佛子行三十七頌》
Orgyen Lingpa		〔鄔金・林巴〕
('O rgyan gling pa)		
Pad ma bka' thang	The Chronicles of Padmasambhava	《蓮花遺教》
Patrul Rinpoche		〔巴珠仁波切〕
(Dpal sprul rin po che)		
Gsung thor bu	Collected Fragments	《零墨雜文》
Mdzod bdun blta bar bskul ba	Exhortation to Read the Seven Treasuries	《勸閱七寶藏》
Tshig gsum gnad brdegs	The Three Incisive Precepts	《椎擊三要》
Kun bzang bla ma'i shal lung	The Words of My Perfect teacher	《普賢上師言教》
Pema Lhungtok Gyatso		〔貝瑪・龍多・嘉措〕
(Padma lung rtogs rgya mtsho)		
Gcod khrid grel ba	Commentary on "The Cutting Instruction"	《斷法引導釋》
Pema Lingpa		〔貝瑪・林巴〕
(Padma gling pa)		
Gdam ngag mar gyi yang shun	The Superrefined Oral Instruction	《竅訣・融酥》

Rongzompa Mahapandita		〔榮松巴・摩訶班智達〕
(Je Rong zom chos kyi bzang po)		〔至尊榮松・確吉・桑波〕
Theg chen tshul'jug pa	Applying the Mahayana Method	《入大乘理》
Lta ba'i brjed byang chen mo	Great Memorandum of View	《見地備忘錄》
Sakya Pandita		〔薩迦班智達〕
Sa skya legs bshad	Elegant Sayings of Sakya Pandita	《薩迦格言》
Sakya Zangpo		〔薩迦・桑波〕
(Sa skya bzang po)	The Legend of the Great Stupa	《博達納大白塔軼聞》
Bya rung kha shor lo rgyus	of Boudhanath	
Shabkhar Lama		〔夏嘎喇嘛〕
(Shabs dkar bla ma tshogs drug rang grol)		〔夏嘎喇嘛・湊竹穰卓〕
Mkha' lding shogs bslabs	Flight of the Garuda	《大鵬展翅》
Totshun Drubje		〔透村・竹杰〕
(Mtho tshun grub rje)	Extraordinary Exalted Praise	《超勝讚》
Khyad par'phags bstod		

中譯者致謝

首先，感謝作者祖古貝瑪．里沙仁波切、桑傑嘉措仁波切（作者弟弟）、索南倫珠老師在本書翻譯期間，不厭其煩地透過電子郵件回覆許多大大小小的疑問；尤其敝人因腰痛和眼痛而無法著力之時，仁波切還特別修法迴向，實爲感激！

再者，由於敝人不諳藏文也不懂法教，本書若是沒有藏中譯者敦珠貝瑪南嘉師兄的大力協助，可能將錯誤百出而不堪一讀。因此，特別感謝他從藏文澄清了本書名稱的實際涵義、書中引述的論典名稱、內文所提的種種名相，並爲英譯文之原本意思較爲晦澀的多則偈頌，提供了直接的藏文中譯，也詳答了數十個疑惑和問題。然其本人不願居功，唯在此稍加說明，懇表謝意！

此外，也要感謝普賢法譯小組的所有夥伴，尤其是雅琳、淑華、美蓮三位師姐，無償協助潤稿挑錯、英文打字和行政事務；老友項慧齡的及時幫忙，更讓我在身心困頓之時能有溫暖的支持。法鼓山推廣中心與德祺書坊法譯課程的朋友們也一再鼓勵我繼續向前；而貝瑪里沙仁波切台灣的弟子方力脩師兄，對於本書最後的順利完稿，也扮演著功不可沒的角色。

最後，要向家裡的孩子們說聲謝謝，女兒在我累時會來抱一個，兒子在我煩時會來逗我笑；當然，也抱歉讓孩子們的暑假和週末沒有旅遊的玩樂，只因爲我都整天掛在電腦上……不過，想到將來，孩子們、孩子們的朋友、所有的讀者，都可能因爲這本書的啓發而看見自性的光明，這一切就值得了！

種種疏漏錯誤，懺悔願不再造！
所有翻譯功德，迴向有情證果！

Serena 楊書婷

～藏曆木馬年八月初十蓮師薈供日完稿

橡樹林文化 ❖❖ 善知識系列 ❖❖ 書目

JB0001	狂喜之後	傑克．康菲爾德◎著	380 元
JB0002	抉擇未來	達賴喇嘛◎著	250 元
JB0003	佛性的遊戲	舒亞．達斯喇嘛◎著	300 元
JB0004	東方大日	邱陽．創巴仁波切◎著	300 元
JB0005	幸福的修煉	達賴喇嘛◎著	230 元
JB0006	與生命相約	一行禪師◎著	240 元
JB0007	森林中的法語	阿姜查◎著	320 元
JB0008	重讀釋迦牟尼	陳兵◎著	320 元
JB0009	你可以不生氣	一行禪師◎著	230 元
JB0010	禪修地圖	達賴喇嘛◎著	280 元
JB0011	你可以不怕死	一行禪師◎著	250 元
JB0012	平靜的第一堂課——觀呼吸	德寶法師 ◎著	260 元
JB0013	正念的奇蹟	一行禪師◎著	220 元
JB0014	觀照的奇蹟	一行禪師◎著	220 元
JB0015	阿姜查的禪修世界——戒	阿姜查◎著	220 元
JB0016	阿姜查的禪修世界——定	阿姜查◎著	250 元
JB0017	阿姜查的禪修世界——慧	阿姜查◎著	230 元
JB0018X	遠離四種執著	究給．企千仁波切◎著	280 元
JB0019	禪者的初心	鈴木俊隆◎著	220 元
JB0020X	心的導引	薩姜．米龐仁波切◎著	240 元
JB0021X	佛陀的聖弟子傳 1	向智長老◎著	240 元
JB0022	佛陀的聖弟子傳 2	向智長老◎著	200 元
JB0023	佛陀的聖弟子傳 3	向智長老◎著	200 元
JB0024	佛陀的聖弟子傳 4	向智長老◎著	260 元
JB0025	正念的四個練習	喜戒禪師◎著	260 元
JB0026	遇見藥師佛	堪千創古仁波切◎著	270 元
JB0027	見佛殺佛	一行禪師◎著	220 元
JB0028	無常	阿姜查◎著	220 元
JB0029	覺悟勇士	邱陽．創巴仁波切◎著	230 元
JB0030	正念之道	向智長老◎著	280 元
JB0031	師父——與阿姜查共處的歲月	保羅．布里特◎著	260 元
JB0032	統御你的世界	薩姜．米龐仁波切◎著	240 元

JB0033	親近釋迦牟尼佛	髻智比丘◎著	430元
JB0034	藏傳佛教的第一堂課	卡盧仁波切◎著	300元
JB0035	拙火之樂	圖敦・耶喜喇嘛◎著	280元
JB0036	心與科學的交會	亞瑟・札炯克◎著	330元
JB0037	你可以，愛	一行禪師◎著	220元
JB0038	專注力	B・艾倫・華勒士◎著	250元
JB0039	輪迴的故事	慈誠羅珠堪布◎著	270元
JB0040	成佛的藍圖	堪千創古仁波切◎著	270元
JB0041	事情並非總是如此	鈴木俊隆禪師◎著	240元
JB0042	祈禱的力量	一行禪師◎著	250元
JB0043	培養慈悲心	圖丹・卻准◎著	320元
JB0044	當光亮照破黑暗	達賴喇嘛◎著	300元
JB0045	覺照在當下	優婆夷　紀・那那蓉◎著	300元
JB0046	大手印暨觀音儀軌修法	卡盧仁波切◎著	340元
JB0047X	蔣貢康楚閉關手冊	蔣貢康楚羅卓泰耶◎著	260元
JB0048	開始學習禪修	凱薩琳・麥唐諾◎著	300元
JB0049	我可以這樣改變人生	堪布慈囊仁波切◎著	250元
JB0050	不生氣的生活	W. 伐札梅諦◎著	250元
JB0051	智慧明光：《心經》	堪布慈囊仁波切◎著	250元
JB0052	一心走路	一行禪師◎著	280元
JB0054	觀世音菩薩妙明教示	堪布慈囊仁波切◎著	350元
JB0055	世界心精華寶	貝瑪仁增仁波切◎著	280元
JB0056	到達心靈的彼岸	堪千・阿貝仁波切◎著	220元
JB0057	慈心禪	慈濟瓦法師◎著	230元
JB0058	慈悲與智見	達賴喇嘛◎著	320元
JB0059	親愛的喇嘛梭巴	喇嘛梭巴仁波切◎著	320元
JB0060	轉心	蔣康祖古仁波切◎著	260元
JB0061	遇見上師之後	詹杜固仁波切◎著	320元
JB0062	白話《菩提道次第廣論》	宗喀巴大師◎著	500元
JB0063	離死之心	竹慶本樂仁波切◎著	400元
JB0064	生命真正的力量	一行禪師◎著	280元
JB0065	夢瑜伽與自然光的修習	南開諾布仁波切◎著	280元
JB0066	實證佛教導論	呂真觀◎著	500元
JB0067	最勇敢的女性菩薩——綠度母	堪布慈囊仁波切◎著	350元
JB0068	建設淨土——《阿彌陀經》禪解	一行禪師◎著	240元

JB0069	接觸大地—與佛陀的親密對話	一行禪師◎著	220 元
JB0070	安住於清淨自性中	達賴喇嘛◎著	480 元
JB0071/72	菩薩行的祕密【上下冊】	佛子希瓦拉◎著	799 元
JB0073	穿越六道輪迴之旅	德洛達娃多瑪◎著	280 元
JB0074	突破修道上的唯物	邱陽．創巴仁波切◎著	320 元
JB0075	生死的幻覺	白瑪格桑仁波切◎著	380 元
JB0076	如何修觀音	堪布慈囊仁波切◎著	260 元
JB0077	死亡的藝術	波卡仁波切◎著	250 元
JB0078	見之道	根松仁波切◎著	330 元
JB0079	彩虹丹青	祖古．烏金仁波切◎著	340 元
JB0080	我的極樂大願	卓千拉貢仁波切◎著	260 元
JB0081	再捻佛語妙花	祖古．烏金仁波切◎著	250 元
JB0082	進入禪定的第一堂課	德寶法師◎著	300 元
JB0083	藏傳密續的真相	圖敦．耶喜喇嘛◎著	300 元
JB0084	鮮活的覺性	堪千創古仁波切◎著	350 元
JB0085	本智光照	遍智　吉美．林巴◎著	380 元
JB0086	普賢王如來祈願文	竹慶本樂仁波切◎著	320 元
JB0087	禪林風雨	果煜法師◎著	360 元
JB0088	不依執修之佛果	敦珠林巴◎著	320 元
JB0089	本智光照—功德寶藏論　密宗分講記	遍智　吉美．林巴◎著	340 元
JB0090	三主要道論	堪布慈囊仁波切◎講解	280 元
JB0091	千手千眼觀音齋戒—紐涅的修持法	汪遷仁波切◎著	400 元
JB0092	回到家，我看見真心	一行禪師◎著	220 元
JB0093	愛對了	一行禪師◎著	260 元
JB0094	追求幸福的開始：薩迦法王教你如何修行	尊勝的薩迦法王◎著	300 元
JB0095	次第花開	希阿榮博堪布◎著	350 元
JB0096	楞嚴貫心	果煜法師◎著	380 元
JB0097	心安了，路就開了：讓《佛說四十二章經》成為你人生的指引	釋悟因◎著	320 元
JB0098	修行不入迷宮	札丘傑仁波切◎著	320 元
JB0099	看自己的心，比看電影精彩	圖敦．耶喜喇嘛◎著	280 元
JB0100	自性光明　法界寶庫論	大遍智　龍欽巴尊者◎著	480 元
JB0101	穿透《心經》：原來，你以為的只是假象	柳道成法師◎著	380 元
JB0102	直顯心之奧秘：大圓滿無二性的殊勝口訣	祖古貝瑪．里沙仁波切◎著	500 元

橡樹林文化衆生系列書目

JP0001	大寶法王傳奇	何謹◎著	200元
JP0002X	當和尚遇到鑽石（增訂版）	麥可・羅區格西◎著	360元
JP0003X	尋找上師	陳念萱◎著	200元
JP0004	祈福 DIY	蔡春娉◎著	250元
JP0006	遇見巴伽活佛	溫普林◎著	280元
JP0009	當吉他手遇見禪	菲利浦・利夫・須藤◎著	220元
JP0010	當牛仔褲遇見佛陀	蘇密・隆敦◎著	250元
JP0011	心念的賽局	約瑟夫・帕蘭特◎著	250元
JP0012	佛陀的女兒	艾美・史密特◎著	220元
JP0013	師父笑呵呵	麻生佳花◎著	220元
JP0014	菜鳥沙彌變高僧	盛宗永興◎著	220元
JP0015	不要綁架自己	雪倫・薩爾茲堡◎著	240元
JP0016	佛法帶著走	佛朗茲・梅蓋弗◎著	220元
JP0018C	西藏心瑜伽	麥可・羅區格西◎著	250元
JP0019	五智喇嘛彌伴傳奇	亞歷珊卓・大衛－尼爾◎著	280元
JP0020	禪　兩刃相交	林谷芳◎著	260元
JP0021	正念瑜伽	法蘭克・裘德・巴奇歐◎著	399元
JP0022	原諒的禪修	傑克・康菲爾德◎著	250元
JP0023	佛經語言初探	竺家寧◎著	280元
JP0024	達賴喇嘛禪思 365	達賴喇嘛◎著	330元
JP0025	佛教一本通	蓋瑞・賈許◎著	499元
JP0026	星際大戰・佛部曲	馬修・波特林◎著	250元
JP0027	全然接受這樣的我	塔拉・布萊克◎著	330元
JP0028	寫給媽媽的佛法書	莎拉・娜塔莉◎著	300元
JP0029	史上最大佛教護法－阿育王傳	德干汪莫◎著	230元
JP0030	我想知道什麼是佛法	圖丹・卻淮◎著	280元
JP0031	優雅的離去	蘇希拉・布萊克曼◎著	240元
JP0032	另一種關係	滿亞法師◎著	250元
JP0033	當禪師變成企業主	馬可・雷瑟◎著	320元
JP0034	智慧 81	偉恩・戴爾博士◎著	380元
JP0035	覺悟之眼看起落人生	金菩提禪師◎著	260元
JP0036	貓咪塔羅算自己	陳念萱◎著	520元

JP0037	聲音的治療力量	詹姆斯・唐傑婁◎著	280 元
JP0038	手術刀與靈魂	艾倫・翰彌頓◎著	320 元
JP0039	作為上師的妻子	黛安娜・J・木克坡◎著	450 元
JP0040	狐狸與白兔道晚安之處	庫特・約斯特勒◎著	280 元
JP0041	從心靈到細胞的療癒	喬思・慧麗・赫克◎著	260 元
JP0042	27% 的獲利奇蹟	蓋瑞・賀許伯格◎著	320 元
JP0043	你用對專注力了嗎？	萊斯・斐米博士◎著	280 元
JP0044	我心是金佛	大行大禪師◎著	280 元
JP0045	當和尚遇到鑽石 2	麥可・羅區格西◎等著	280 元
JP0046	雪域求法記	邢肅芝（洛桑珍珠）◎口述	420 元
JP0047	你的心是否也住著一隻黑狗？	馬修・約翰史東◎著	260 元
JP0048	西藏禪修書	克莉絲蒂・麥娜麗喇嘛◎著	300 元
JP0049	西藏心瑜伽 2	克莉絲蒂・麥娜麗喇嘛◎等著	300 元
JP0050	創作，是心靈療癒的旅程	茱莉亞・卡麥隆◎著	350 元
JP0051	擁抱黑狗	馬修・約翰史東◎著	280 元
JP0052	還在找藉口嗎？	偉恩・戴爾博士◎著	320 元
JP0053	愛情的吸引力法則	艾莉兒・福特◎著	280 元
JP0054	幸福的雪域宅男	原人◎著	350 元
JP0055	貓馬麻	阿義◎著	350 元
JP0056	看不見的人	中沢新一◎著	300 元
JP0057	內觀瑜伽	莎拉・鮑爾斯◎著	380 元
JP0058	29 個禮物	卡蜜・沃克◎著	300 元
JP0059	花仙療癒占卜卡	張元貞◎著	799 元
JP0060	與靈共存	詹姆斯・范普拉◎著	300 元
JP0061	我的巧克力人生	吳佩容◎著	300 元
JP0062	這樣玩，讓孩子更專注、更靈性	蘇珊・凱瑟・葛凌蘭◎著	350 元
JP0063	達賴喇嘛送給父母的幸福教養書	安娜・芭蓓蔻爾・史蒂文・李斯◎著	280 元
JP0064	我還沒準備說再見	布蕾克・諾爾＆帕蜜拉・D・布萊爾◎著	380 元
JP0065	記憶人人 hold 得住	喬許・佛爾◎著	360 元
JP0066	菩曼仁波切	林建成◎著	320 元
JP0067	下面那裡怎麼了？	莉莎・瑞金◎著	400 元
JP0068	極密聖境・仰桑貝瑪貴	邱常梵◎著	450 元
JP0069	停心	釋心道◎著	380 元
JP0070	聞盡	釋心道◎著	380 元
JP0071	如果你對現況感到倦怠……	威廉・懷克羅◎著	300 元

JP0072	希望之翼：倖存的奇蹟，以及雨林與我的故事	茱莉安．柯普科◎著	380 元
JP0073	我的人生療癒旅程	鄧嚴◎著	260 元
JP0074	因果，怎麼一回事？	釋見介◎著	240 元
JP0075	皮克斯動畫師之紙上動畫《羅摩衍那》	桑傑．帕特爾◎著	720 元
JP0076	寫，就對了！	茱莉亞．卡麥隆◎著	380 元
JP0077	願力的財富	釋心道◎著	380 元
JP0078	當佛陀走進酒吧	羅卓．林茲勒◎著	350 元
JP0079	人聲，奇蹟的治癒力	伊凡．德．布奧恩◎著	380 元
JP0080	當和尚遇到鑽石 3	麥可．羅區格西◎著	400 元
JP0081	AKASH 阿喀許靜心 100	AKASH 阿喀許◎著	400 元
JP0082	世上是不是有神仙：生命與疾病的真相	樊馨蔓◎著	300 元
JP0083	生命不僅僅如此—辟穀記（上）	樊馨蔓◎著	320 元
JP0084	生命可以如此—辟穀記（下）	樊馨蔓◎著	420 元
JP0085	讓情緒自由	茱迪斯．歐洛芙◎著	420 元
JP0086	別癌無恙	李九如◎著	360 元
JP0087	什麼樣的業力輪迴，造就現在的你	芭芭拉．馬丁＆狄米崔．莫瑞提斯◎著	420 元
JP0088	我也有聰明數學腦：15 堂課激發被隱藏的競爭力	盧采嫻◎著	280 元
JP0089	與動物朋友心傳心	羅西娜．瑪利亞．阿爾克蒂◎著	320 元
JP0090	法國清新舒壓著色畫 50：繽紛花園	伊莎貝爾．熱志－梅納＆紀絲蘭．史朵哈＆克萊兒．摩荷爾－法帝歐◎著	350 元
JP0091	法國清新舒壓著色畫 50：療癒曼陀羅	伊莎貝爾．熱志－梅納＆紀絲蘭．史朵哈＆克萊兒．摩荷爾－法帝歐◎著	350 元
JP0092	風是我的母親	熊心、茉莉．拉肯◎著	350 元
JP0093	法國清新舒壓著色畫 50：幸福懷舊	伊莎貝爾．熱志－梅納＆紀絲蘭．史朵哈＆克萊兒．摩荷爾－法帝歐◎著	350 元
JP0094	走過倉央嘉措的傳奇：尋訪六世達賴喇嘛的童年和晚年，解開情詩活佛的生死之謎	邱常梵◎著	450 元
JP0095	【當和尚遇到鑽石 4】愛的業力法則：西藏的古老智慧，讓愛情心想事成	麥可．羅區格西◎著	450 元
JP0096	媽媽的公主病：活在母親陰影中的女兒，如何走出自我？	凱莉爾．麥克布萊德博士◎著	380 元
JP0097	法國清新舒壓著色畫 50：璀璨伊斯蘭	伊莎貝爾．熱志－梅納＆紀絲蘭．史朵哈＆克萊兒．摩荷爾－法帝歐◎著	350 元
JP0098	最美好的都在此刻：53 個創意、幽默、找回微笑生活的正念練習	珍．邱禪．貝斯醫生◎著	350 元

善知識系列 JB0102

直顯心之奧秘：大圓滿無二性的殊勝口訣

作　　者／祖古貝瑪・里沙仁波切
中　　譯／楊書婷
中文審閱者／索南倫珠
責任編輯／丁品方
業　　務／顏宏紋

總 編 輯／張嘉芳
出　　版／橡樹林文化
城邦文化事業股份有限公司
104 台北市民生東路二段 141 號 5 樓
電話：(02)2500-7696　傳眞：(02)2500-1951
發　　行／英屬蓋曼群島商家庭傳媒股份有限公司城邦分公司
104 台北市中山區民生東路二段 141 號 2 樓
客服服務專線：(02)25007718；25001991
24 小時傳眞專線：(02)25001990；25001991
服務時間：週一至週五上午 09:30 ～ 12:00；下午 13:30 ～ 17:00
劃撥帳號：19863813　戶名：書虫股份有限公司
讀者服務信箱：service@readingclub.com.tw
香港發行所／城邦（香港）出版集團有限公司
香港灣仔駱克道 193 號東超商業中心 1 樓
電話：(852)25086231　傳眞：(852)25789337
Email: hkcite@biznetvigator.com
馬新發行所／城邦（馬新）出版集團【Cité (M) Sdn.Bhd. (458372 U)】
41, Jalan Radin Anum, Bandar Baru Sri Petaling,
57000 Kuala Lumpur, Malaysia.
電話：(603) 90578822　傳眞：(603) 90576622
Email：cite@cite.com.my

版面構成／歐陽碧智
封面設計／崔壯華
印　　刷／韋懋實業有限公司

初版一刷／ 2015 年 4 月
初版三刷／ 2021 年 3 月
ISBN ／ 978-986-6409-98-1
定價／ 500 元

城邦讀書花園
www.cite.com.tw

國家圖書館出版品預行編目（CIP）資料

直顯心之奧秘：大圓滿無二性的殊勝口訣 / 祖吉貝瑪・里沙仁波切作；楊書婷譯. -- 初版. -- 臺北市：橡樹林文化，城邦文化出版：家庭傳媒城邦分公司發行, 2015.04
面；　公分. --（善知識系列；JB0102）
譯自：The great secret of mind : special instructions on the nonduality of Dzogchen
ISBN 978-986-6409-98-1（平裝）

1. 藏傳佛教　2. 佛教修持

226.96615　　104003008

廣　告　回　函
北區郵政管理局登記證
北 台 字 第 10158 號
郵資已付　免貼郵票

104 台北市中山區民生東路二段 141 號 5 樓

城邦文化事業股份有限公司
橡樹林出版事業部　收

請沿虛線剪下對折裝訂寄回，謝謝！

橡樹林

書名：直顯心之奧秘：大圓滿無二性的殊勝口訣　書號：JB0102

橡樹林文化

讀者回函卡

感謝您對橡樹林出版社之支持，請將您的建議提供給我們參考與改進；請別忘了給我們一些鼓勵，我們會更加努力，出版好書與您結緣。

姓名：＿＿＿＿＿＿＿＿＿＿ □女 □男 生日：西元＿＿＿＿＿年

Email：＿＿＿＿＿＿＿＿＿＿＿＿＿＿＿＿＿＿＿＿

●您從何處知道此書？

□書店 □書訊 □書評 □報紙 □廣播 □網路 □廣告 DM □親友介紹

□橡樹林電子報 □其他＿＿＿＿＿＿

●您以何種方式購買本書？

□誠品書店 □誠品網路書店 □金石堂書店 □金石堂網路書店

□博客來網路書店 □其他＿＿＿＿＿＿

●您希望我們未來出版哪一種主題的書？（可複選）

□佛法生活應用 □教理 □實修法門介紹 □大師開示 □大師傳紀

□佛教圖解百科 □其他＿＿＿＿＿＿

●您對本書的建議：

＿＿＿＿＿＿＿＿＿＿＿＿＿＿＿＿＿＿＿＿

＿＿＿＿＿＿＿＿＿＿＿＿＿＿＿＿＿＿＿＿

＿＿＿＿＿＿＿＿＿＿＿＿＿＿＿＿＿＿＿＿

＿＿＿＿＿＿＿＿＿＿＿＿＿＿＿＿＿＿＿＿

＿＿＿＿＿＿＿＿＿＿＿＿＿＿＿＿＿＿＿＿

我已經完全瞭解左述內容，並同意本人資料依上述範圍內使用。

＿＿＿＿＿＿＿＿＿＿（簽名）

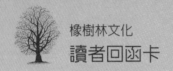

處理佛書的方式

佛書內含佛陀的法教，能令我們免於投生惡道，並且爲我們指出解脫之道。因此，我們應當對佛書恭敬，不將它放置於地上、座位或是走道上，也不應跨過。搬運佛書時，要妥善地包好、保護好。放置佛書時，應放在乾淨的高處，與其他一般的物品區分開來。

若是需要處理掉不用的佛書，就必須小心謹慎地將它們燒掉，而不是丟棄在垃圾堆當中。焚燒佛書前，最好先唸一段祈願文或是咒語，例如唵（OM）、啊（AH）、吽（HUNG），然後觀想被焚燒的佛書中的文字融入「啊」字，接著「啊」字融入你自身，之後才開始焚燒。

這些處理方式也同樣適用於佛教藝術品，以及其他宗教教法的文字記錄與藝術品。

ཡི་གེ་ཉི་ཤུ་རྩ་དྲུག་པ་འདི་དཔེ་ཆའི་ནང་དུ་བཞག་ན་དཔེ་ཆ་དེ་ཅི་འདྲར་
བགོམས་ཀྱང་ཉེས་པ་མི་འབྱུང་བར་འཇམ་དཔལ་རྩ་རྒྱུད་ལས་གསུངས་སོ། །

此咒置經書中　可滅誤跨之罪